中证中小投资者服务中心
CHINA SECURITIES
INVESTOR SERVICES CENTER

投资者

INVESTOR

第1辑
（2018年1月）

郭文英　徐　明　主编

法律出版社
LAW PRESS · CHINA

主编寄语

郭文英*　徐　明**

2018年伊始，我们期待已久的《投资者》终于与大家见面了。资本市场的改革、发展离不开法治的支持与保障，中证中小投资者服务中心（以下简称投服中心）创办《投资者》，希望能凝聚一大批法学、经济学学者、实务专家共同研究资本市场投资者保护的理论和实践问题。

投服中心是经过中国证监会批准设立并向国家工商总局登记，于2014年12月成立的，中国证监会直属的证券金融类公益机构。成立的目的和宗旨是全心全意为广大中小投资者服务，保护其合法权益不被侵犯。成立3年来，在中国证监会党委的领导和部署下，在证监会投资者保护局的指导和相关部门、各派出机构的支持下，在证监会系统兄弟单位和社会各界的大力支持下砥砺前行，始终致力于服务和保护中小投资者。通过在全国开展持股行权、纠纷调解、支持诉讼等业务丰富了中小投资者行权维权手段，在资本市场建立并推进多元化纠纷解决机制，完善中小投资者赔偿救济渠道，取得了一定成效。但是中国资本市场还是一个新型加转轨的新兴市场，还是一个中小投资者众多、投资者结构极不平衡的市场，保护中小投资者合法权益任重道远。要建立符合国情并行之有效的中小投资者保护体系依然筚路蓝缕，在具体业务的开展过程中，我们也遇到了很多理论上、制度上需要研究探讨的问题，也有大量的实践性问题需要解决。只有不断

* 投服中心党委书记、董事长。

** 投服中心党委副书记、总经理。

地学习新理论,研究新热点、难点,以虚怀若谷的心态不断充实头脑,通过社会各界积极出谋划策,总结并寻找出路,才是一个公益机构所承担的社会责任的应有之义,才能保障在维权道路上不断创新。为此,投服中心在2017年5月新增设研究部后,积极推进战略规划和业务研究等职责,部署策划出版《投资者》,明确以中心业务为蓝本、聚焦中小投资者权益保护。

《投资者》是一部投资者尤其是中小投资者自己的出版物,宗旨是"一切源于投资者、一切为了投资者、一切归于投资者"。这一宗旨以投资者为核心。《投资者》1年4辑,以法学领域探究为侧重点,展现国内外投资者权益保护的最新理论与实务动态,主要设置"政策解读""理论探究""公司治理""市场实务""投教园地""案例探析""域外视窗"等栏目;邀请法学界和经济学界的知名教授和专家为学术指导委员和编委,确保方向正确、主题专业权威;重在深挖投服中心业务实践,为投服中心业务的可持续发展提供智力支持;汇集致力于投资者保护研究的学术界和实务界人士,共同探讨资本市场热点、重点、难点问题,为资本市场立法、监管执法提供支撑,加强资本市场法治和其他方面的研究;充分借鉴境内外投资者保护经验,形成为投资者权益保护工作提供指导的理论成果和政策建议,进一步保护投资者的合法权益。

在大家的共同努力下,第1辑《投资者》正式面世。它像一棵刚破土的小苗,还很稚嫩,要走的路还很漫长,还存在这样或那样的不足,需要大家的关心与呵护、支持和帮助。我们深知责任重大,会尽所能办好这部出版物。我们将与大家一起砥砺学术与实务,为共同推动资本市场法治研究、促进资本市场长期稳定健康发展做出新的贡献。

序一:加强资本市场基础制度研究 推动中小投资者保护事业发展

阎庆民[*]

长期以来,党中央、国务院对我国资本市场发展高度重视,对投资者尤其是广大中小投资者各项权益的保护极为关注和重视。为此,对我国资本市场投资者保护工作做出了一系列决策部署,陆续颁布了国务院办公厅《关于进一步加强资本市场中小投资者合法权益保护工作的意见》和国务院《关于进一步促进资本市场健康发展的若干意见》等纲领性文件。习近平总书记在全国金融工作会议上,要求"要把发展直接融资放在重要位置,形成融资功能完备、基础制度扎实、市场监管有效、投资者合法权益得到有效保护的多层次资本市场体系",指明了资本市场的发展方向。党的十九大提出"必须坚持以人民为中心的发展思想"。于资本市场而言,切实保护好投资者尤其是中小投资者的合法权益就是人民性的体现,是服务实体经济的必然要求。

中国证监会全面贯彻落实党中央、国务院的整体部署,坚持以"依法监管、全面监管、从严监管"的监管理念推进资本市场稳健发展,始终将投资者保护尤其是中小投资者保护工作作为工作中的重中之重。刘士余主席多次强调"投资者保护重如泰山""保护投资者合法权益是证监会职责和使命所在""保护中小投资者合法权益是天大的事"。近年来,证监会更是紧紧围绕投资者需求,推出了一系

* 中国证监会党委委员、副主席。

列保护投资者尤其是中小投资者合法权益的创新举措,全面提升投资者保护水平。

一是加强顶层设计,夯实投资者保护基础性制度。着力推动国务院出台了资本市场投资者保护"新国九条",并以此作为投资者保护的行动纲领,为中小投资者保护提供系统、全面、多元的指导性意见,充分保障中小投资者的知情权、参与权、求偿权等各项权益,明确资本市场各方主体的权责关系;制定实施《证券期货投资者适当性管理办法》,通过一系列看得见、抓得着的制度安排,规范证券期货经营机构义务,确保各项适当性要求落到实处,保障投资者的合法权益;推动在《中华人民共和国证券法》修订中增加"投资者保护"专章,通过明确规范现金分红、强化适当性管理、持续信息披露、先行赔付制度、投资者教育等投资者权益保护内容,为投资者提供法律保障。

二是全方位覆盖,将投资者保护贯穿于各项监管工作。切实将保护投资者合法权益作为证监会监管工作的出发点和落脚点,从制度建设和日常监管上落实投资者保护要求。从证券的发行、上市、交易、结算等各个环节中,在多个层次的交易市场里,面临不同种类的市场参与者时,都将对广大中小投资者的合法权益保护贯穿始终,让投资者的知情权、参与权、回报权等各种合法权利得到保护、各种利益得以落实;依法全面从严监管执法,加强证券期货稽查办案力度,加大行政处罚频次和力度,严厉打击违法违规行为,守住投资者保护的底线;注重推进将投资者教育纳入国民教育体系的试点工作,提升投资者投资素质和权益意识。

三是探索机制创新,引领投资者保护进入新常态。中国证监会根据我国资本市场中小投资者占绝对多数这一特殊性,注重机制体制创新,为了最大限度、最优效率地保护广大中小投资者,近年来采取了包括探索推动多元化解纠纷、行政和解、先行赔付及示范判决等一系列新的机制,让受损投资者有了实实在在的获得感。这其中,创新组织建设,专门成立了专司中小投资者合法权益保护的公益性机构——中证中小投资者服务中心(以下简称投服中心)。这是我国资本市场满足中小投资者救济需求的现实选择和重要创新举措,更是我国资本市场法治化、市场化改革的重要标志之一，拓宽了投资者权益保护阵地，形成以中国证监会投保局、中国证券投资者保护基金公司和投服中心为“一体两翼”的专门负责投资者保护的工作体系。投资者保护局牵头抓总、统筹协调各方资源，依托中国证券投资者保护基金公司和投服中心开展各项具体工作，三驾马车正努力推动形成我国资本市场中小投资者保护的新格局。

三年来，投服中心不断推进理论探索和实践创新，立足股东身份、坚持市场角度、运用法律手段，创建了一套投资者保护机制和实现路径：坚持以投资者教育为基础，实行事前持股行权、事中纠纷调解和事后支持诉讼的“投服模式”，进一步填补了中小投资者法律保护和市场保护的短板和空白。其中，引导中小股东依法行权维权、督促上市公司规范运作的持股行权示范引领效应逐步显现，唤醒中小投资者权益意识，主动行权和维权；纠纷调解探索的小额速调机制正被市场各类主体认同，搭建覆盖全国的调解网络，加大调诉对接、调公对接、调仲对接力度，最大限度地化解中小投资者纠纷；支持中小投资者开展诉讼，作为打通切实解决权益受损救济“最后一公里”的创新模式，力求减少诉讼成本，起到了示范维权的作用。投服中心在落实法律保护、助力监管保护、支持自律保护、践行市场保护、提升自我保护等方面，为助推形成投资者保护新格局做出了大胆尝试。

中国资本市场的投资者保护体系还在不断完善中，我国资本市场的中小投资者保护工作仍然面临着艰巨任务，大量的制度创新、机制创新和实践探索亟须扎实的基础性、前瞻性研究作支撑。探索符合中国国情、切实保护中小投资者权益的工作任重道远。中国证监会一贯高度重视中小投资者保护研究工作，期待聚焦市场重点、难点、热点问题，期待聚焦投资者保护的基础性、根本性问题，期待理论和制度的创新、操作层面的落实。吸收借鉴学术理论界的研究探讨、市场实务界的问题与建议、境外市场的经验做法需要有一系列研究探索的阵地，《投资者》就是其中的一个阵地。《投资者》的出版体现了投服中心保护广大中小投资者合法权益的初心，是值得肯定的。

正值《投资者》出版之际，我提三点希望：

第一，不忘初心，牢记使命，以学习贯彻党的十九大精神的新气象、新作为，砥砺前行,聚力攻坚,将《投资者》打造成投资者保护的研究品牌。这是一件艰难的事情,希望投服人深入贯彻党的十九大和全国金融工作会议精神,认真落实习近平总书记提出的“投资者合法权益得到有效保护”的有关要求,学习借鉴境外资本市场投资者保护的经验,积极推进投资者合法权益保护工作,办好属于广大投资者自己的出版物。

第二,围绕业务,服务大局,以投资者保护的重大前沿理论问题和中国实践问题为核心,将《投资者》打造成投资者保护理论和实践的交流平台。坚持实践性与学术性并重的理念,兼顾现实性和前瞻性,根植于实践并超越实践。在理论上要做到“顶天”,突出投资者保护问题研究的学术含量和理论深度;在实践上要做到“立地”,强化应用价值。积极宣传、解读资本市场的重大政策,传递法治研究信息,交流资本市场投资者保护工作的最新实践。

第三,集思广益,博采众长,构筑境内外开放式研究网络,切实推动各界人士共同探讨投资者保护问题,将《投资者》打造成投资者保护的研究阵地。充分利用好学术指导委员会和国内外各类研究机构的智库资源,以开放的心态和敏锐的思维来聚集各类有志之士,深入探讨研究资本市场立法、监管执法与司法制度,为投资者保护工作提供可指导的理论成果和政策建议,为资本市场立法、监管执法提供支撑。

衷心祝愿投服中心以实际行动践行工匠精神,有决心、有信心、有恒心地把《投资者》越办越好!

序二：努力建构中国特色投资者保护的新机制

梁定邦*

乘着中国共产党十九大胜利召开的东风，中证中小投资者服务中心有限责任公司（以下简称投服中心）创办的《投资者》隆重面世。《投资者》专门针对投资者，是投资者尤其是广大中小投资者期盼已久的家园，专门鼓舞与呼吁投资者的权利。《投资者》的创办体现了投服中心为投资者服务的竭诚用心和积极实践的气魄。应投服中心之邀，笔者在此略说一二。祝贺之外，笔者想到的倒是投服中心本身。投服中心的成立是中国资本市场实现投资者保护的全新尝试，它开创了中国特色投资者保护的新机制，拓展了我国中小投资者保护的新局面。

中国内地资本市场是充满自身特色的散户型市场。中小投资者众多且高度分散是中国内地资本市场的主要特征，这与国际资本市场投资者结构的"去散户化"迥然不同。据不完全统计，截至 2017 年 8 月底，中国内地资本市场投资者开户数达到 1. 295 亿户，其中个人投资者近 1. 292 亿户，个人投资者占比达 99. 73%。散户投资者比机构投资者多的局面是每个资本市场发展初期的必经之路，但中国内地资本市场如此巨大的散户人数，是国外成熟资本市场从未遇到过的。这一鲜明的特色也使我国的投资者保护任重而道远：其一，高度分散的中小投资者在证券市场作为一个个独立的个体，很难聚合并形成整体力量来保护

* 香港执业资深大律师，原中国证监会首席顾问，香港首位华人证监会主席。

自身利益;其二,广大中小投资者的资金实力、投资能力、信息渠道、专业知识、法律意识、理性程度、风控水平总体较弱,且投资者在年龄、学历、背景等方面差异巨大;其三,中小投资者大多以追求交易利差为目的。与成熟证券市场不同的是,我国众多中小投资者短期投资往往多于长期投资,他们更多关注的是股市行情,以谋求股票交易的差价,长期投资、理性投资、价值投资的理念还有待进一步强化。

特殊的投资者结构,使广大中小投资者在证券市场中时刻面临着风险。相对缺乏的经济实力让中小投资者往往经不住市场波动的考验,有限的信息获取渠道致使其投资决策常常滞后于市场反应,相对感性的投资情绪与判断能力易使其跟风冒进,不足的专业知识和较弱的风险意识使之盲目追涨杀跌。面对起伏不定的资本市场,中小投资者只能跟着证券市场波动,更易成为某些机构投资者操纵市场的推手,因此中小投资者往往成为资本市场的最终受害者。

中国内地资本市场是新兴加转轨的市场,这是中国内地资本市场的又一特征。不可否认,经过20多年的发展,中国内地资本市场取得了辉煌成绩,业已成为全球第二大资本市场。但与成熟的资本市场比较,中国内地资本市场还存在这样或那样的不足:

一是立法制度还显不足,投资者权利保护须进一步加强。法律是影响投资者保护水平的重要因素,而目前中国国内法律对投资者保护的事前预防性保护与事后救济性规定并不完善。从总体上来看,尽管以《中华人民共和国公司法》《中华人民共和国证券法》为主的投资者保护法律体系初步形成,但从内容与实践上比不上成熟市场甚至比有些新兴市场还稍落后。在事前保护上,公司治理、信息披露制度还有待全面完善,投资者权利的行使机制仍须细化。在事后救济上,虽然我国监管部门已经付出很大努力,但内幕交易、操纵市场等证券违法行为依然严重,证券侵权行为归责原则以及主体资格的确定等方面还须进一步明确。尤其是虚假陈述诉讼前置程序的制约,使中小投资者的民事求偿范围受到限制,民事损害赔偿优先于行政罚款的执行在操作上还很难到位,司法解决中小投资者群体性诉讼的效率、成本和结果还不尽如人意,中小投资者诉讼立案难、审理难、执行难，通过司法手段实现中小投资者权利救济的最后途径效果有限。投资者保护立法机制还不完整、不系统，实操性不够，司法保护机制还不能完全适应。中小投资者维权、行权时间长、成本高、执行难、效果不理想在短时期内很难改变。

二是监管理念还须更新，监管机制有待完善。保护投资者尤其是中小投资者的合法权益是监管部门的重中之重，也是监管部门一切工作的出发点与落脚点。长期以来，中国内地证券市场监管部门为此做了大量工作，采取了一系列措施，获得了一定效果。但是中国内地特殊的投资者结构和不够成熟的证券市场，使保护中小投资者的任务仍很繁重。当前，资本市场违法违规行为层出不穷，其行为性质更趋恶劣，情况更显复杂、手段更加隐蔽、数额不断增大，这些都增加了保护中小投资者的难度，要求监管部门必须更新理念、创新机制，从而更加有效地保护中小投资者。因此，监管部门在处理监管与发展、市场稳定与投资者保护、审批职能与监管职能、监管部门与监管部门之间和监管部门内部之间等相关关系方面，需要进一步厘清思路，确定重点、明确目标并认真审视中国内地资本市场的现状和监管水平，并在此基础上，更新理念、创新机制，将投资者保护尤其是中小投资者保护作为监管的终结目标，使中国内地资本市场能够健康有序稳定发展。

三是中小投资者自身行权、维权能力是薄弱的。中小投资者作为资本市场的弱势群体，面对的是大量的潜在违法违规行为的损害，以及不对称的信息决策投资，涉及自身利益的政策出台时的默默无语。在许多情况下，他们大多数并不知晓自己有多少权利，即使知晓也不关心甚至忽视这些权利，很少行使包括查阅权、质询权、股东大会出席权等权利。中小投资者行权和维权意识的淡薄不仅使其自身利益受到损失，也助长了证券违法行为的滋生，最终使中小投资者在证券市场屡受损害。

中国资本市场特有的投资者结构，需要我们在中小投资者保护方面不断进行探索，寻找一条适合中国国情的中小投资者保护道路，建设好具有中国特色的投资者保护新机制，这是我们面临的艰巨任务。令人欣慰的是，中国证监会在这一方面迈出了坚实的一步,设立了专司保护中小投资者权益公益性机构——投服中心,探索出了一条充满中国特色中小投资者保护的新道路。这是中国证监会更新理念、大胆创新,在投资者保护上砥砺奋进的重大举措。

作为中国证监会批复设立并直接管理的金融证券类公益机构,投服中心的宗旨是保护中小投资者的合法权益,其核心业务是持股行权、纠纷调解、支持诉讼和投资者教育。在进一步加强投资者教育的基础上,投服中心通过事先持股行权、事中纠纷调解、事后支持诉讼,鲜活地、立体地构建了中小投资者保护网。自2014年年末成立以来,投服中心动作频频、举措不断,取得了较大成绩,逐渐成为证券市场的关注焦点,获得了方方面面的好评。

数字是最有力的证明,截至2017年9月,投服中心通过行权、调解和诉讼,保护中小投资者的行动达5500次件。在持股行权方面,1年多来,投服中心共持有3314家上市公司股票并成为沪深两个交易所所有上市公司的股东;持股行权644次,其中现场行权130次,包括参加58家上市公司的股东大会、27家重大资产重组的媒体说明会、4家投资者说明会、41次现场行使查阅权;非现场行权266次,其中向上市公司发送股东建议函255件、公开发声11次;共计行使质询权173次、建议权365次、表决权58次、查阅权41次。在纠纷调解方面,投服中心共登记纠纷案件4849件,涉及争议金额约15亿元。其中,正式受理2090件,调解成功1555件,成功率达88%,投资者获得赔偿金额达2.8亿元人民币。在支持诉讼方面,投服中心共有7起案件,其中提起4起支持诉讼、1起股东诉讼,2起支持诉讼案件正在公开征集。全国首例证券支持诉讼"匹凸匹"案,投服中心支持14名投资者全部胜诉,索赔合计233.89万元;"康达新材案"全部胜诉,赔偿金额已全部执行完毕;"上海绿新案"和"安硕信息案"正在庭审过程中,进展顺利;"鞍重股份"和"ST大控"公开征集诉讼案,近500位投资者提出诉讼请求,请求赔偿金额数千万元。投服中心首次以股东身份起诉"海利生物",法院也将择机开庭审理。

投服中心的这些行动充满着中国特色,不断地推进着我国中小投资者保护体制机制的创新。以持股行权为例,公益性的持有所有上市公司最少的100股股票,使之成为全世界拥有上市公司家数最多的股东,同时又是全世界每家上市公司最小的股东。持有上市公司的股票,就可以以股东的身份,从保护中小投资者的角度,用法律的手段参与上市公司治理,做积极股东、合格股东、示范股东,唤醒中小股东行权、维权意识,引领广大投资者积极行使股东权利,促进上市公司治理和规范运作,保护自身权益。

成立不久的投服中心,已在中国内地资本市场中小投资者保护方面发挥着独特作用,它开辟了中小投资者保护的新途径,与行政监管部门、自律监管机构一起,构筑了中国资本市场投资者保护的"三驾马车"。然而,投服中心投资者保护工作与前两者相比较还很弱小,投服中心的事业才刚刚起步。面对体量如此庞大的中国内地资本市场,人数如此众多的中小投资者,投服中心的工作范围还有限,人力、物力还很不足,集中解决中小投资者关注的重点、难点、热点问题应是投服中心目前的主要目标,而呵护、支持和帮助投服中心,又是中国特色中小投资者保护机制不断发展壮大的重要基础。笔者认为,一是在立法上进一步明确投服中心的法律地位,细化其功能职责,使之成为国家设立的公益性投资者保护机构,获得法律强有力的支撑;二是监管机构要在人力、物力和资源整合上给予大力支持,使其能够全面深入可持续地进行中小投资者保护;三是在舆论上不断宣传报道这一新生事物,使其形成广泛的影响力,达到示范引领作用,以唤醒广大中小投资者的权利意识,使广大中小投资者主动行权维权,实现自我保护。

回首过去,路途漫漫;畅想未来,新篇待写。借《投资者》面世之际,祝愿投服中心人不忘初心,砥砺前行,在办好一本属于投资者自己读物的同时,大展宏图,创造性地做好中小投资者保护这一伟大事业,建设好中国特色投资者保护的新机制。

序三：携手前行 共同推动投资者保护工作再上新台阶

赵　敏*

我国资本市场经过20多年的探索和实践，一步步地从新兴走到繁荣，目前正向建设一个更强大的、富有国际竞争力的资本市场而努力。我国资本市场是亿万投资者共同参与的市场，保护好投资者特别是中小投资者的合法权益，关系人民群众的切身利益，是监管工作人民性的根本体现，也是监管工作的初心和使命。中国证监会始终践行全心全意为人民服务的根本宗旨，坚持依法、从严、全面监管，将保护好广大中小投资者合法权益作为监管工作的出发点和落脚点。

投资者保护局始终秉持“一切为了投资者特别是中小投资者”的理念，认真贯彻落实党中央、会党委关于资本市场建设的一系列决策部署，坚持以“四个自信”推动投保工作向前发展，紧扣投资者现实需求，围绕投资者知情权、参与权、收益权、求偿权等各项基本权利，积极履行投资者保护工作的统筹规划、组织指导、监督检查、考核评估职能。陆续出台了一系列符合我国实际情况的创新制度和举措，初步形成一套包括国务院文件、司法政策、部门规章等多层次的投保制度体系。开展了持股行权试点、投资者教育纳入国民教育体系试点两项试点工作，建设了112家实体和互联网投教基地、开通了“12386”证监会服务热线、组织建设了投资者网站等三大交流平台；围绕中心工作开展了“公平在身边”“明规

* 中国证监会投资者保护局局长。

则、识风险”等系列专项教育活动;探索建立了纠纷调解、支持诉讼、先行赔付、示范判决等投资者权益救济机制。构建了由投资者保护局牵头、中国证券投资者保护基金公司和中证中小投资者服务中心(以下简称投服中心)为两翼,系统单位共同参与,市场经营主体履行主体责任的投资者保护组织体系。

投服中心作为资本市场中专司中小投资者合法权益保护工作的公益性维权和服务组织,不断创新投资者保护模式,在持股行权、纠纷调解、支持诉讼、示范判决等工作中做了大量的探索和实践,切实地维护了投资者特别是广大中小投资者的合法权益,取得了良好的社会效果。投资者保护局一直十分重视资本市场法治建设,与学术界、实务界开展了多次交流和研讨,今欣悉投服中心将策划出版《投资者》,向市场各方传递新政策、展现新举措,特别是关于我国投资者保护法律、诉讼等工作的新成果,为资本市场投资者权益保护研究再添新阵地,在此谨表示热烈祝贺!

投资者保护工作是一项永无止境的事业,需要不断研究、不断创新,需要社会各界的广泛参与和支持。在《投资者》诞生之际,希望投服中心能够不忘初心,继续依靠投资者、服务投资者,围绕“保护中小投资者合法权益”的宗旨,探讨研究投资者保护的重点、难点问题,使《投资者》成为社会各界交流投保思想的平台和桥梁,推动我国投保事业不断发展和进步。

目　录

投教园地

案例探析

域外视窗

CONTENTS

Policy Interpretation

Theoretical Exploration

Market Practice

Investor Education

Case Study

I 政策解读
INVESTOR

加强资本市场投资者保护：势在必行、任重道远

管清友*

在现代市场经济中，金融体系通过将资金从储蓄者手中引导至具有生产性投资机会的个体和企业，承担着优化社会总体资源配置、促进实体经济增长和提高社会总体福利的重要职能。中小投资者作为资本市场上的重要参与主体，因信息不对称导致的逆向选择和道德风险，其权益易受到包括内幕交易、市场操纵、金融欺诈等违法违规行为的侵害。这不仅不利于资本市场有效发挥资源优化配置的职能，而且可能通过"羊群效应"进一步放大市场波动、加剧系统性风险，继而影响整个金融体系的稳定与发展。因此，保护投资者的合法权益，是我国资本市场长期健康、有序发展的重要基础，其与广大人民群众的利益息息相关。

习近平总书记早在2015年12月举行的中央经济工作会议上就曾强调，要尽快形成融资功能完备、基础制度扎实、市场监管有效、投资者合法权益得到充分保护的股票市场，要抓紧研究提出金融监管体制改革方案，以统筹监管系统重要性金融机构、金融控股公司、重要金融基础设施为重点，强化综合监管和功能监管。[①] 2017年7月召开的全国金融工作会议上，习近平总书记再次强调，要把发

* 如是金融研究院院长，首席经济学家，经济学博士。

① 《中央经济工作会议在北京举行，习近平李克强作重要讲话》，载新华网：http://news.xinhuanet.com/politics/2015-12/21/c_1117533201.htm，最后访问日期：2017年9月10日。

展直接融资放在重要位置,形成融资功能完备、基础制度扎实、市场监管有效、投资者合法权益得到有效保护的多层次资本市场体系。[①] 据统计,截至 2016 年年末,我国各行业金融机构资产管理业务总规模已超过 60 万亿元,沪、深两市 3052 家上市公司的总市值超过 50 万亿元,日均成交金额近 5000 亿元,A 股市场投资者超 1 亿人,个人投资者交易额占比超过 80%。[②] 在当前我国资本市场改革不断深入、金融产品与服务创新层出不穷、投资者规模日益庞大的大背景下,维护投资者的合法权益,其重要性不言而喻。

长期以来,我国的投资者保护工作面临起步晚、任务重、相关监管基础设施不足、制度与机制建设相对落后、投资者教育明显滞后等问题。面对这些问题,中国证监会主席刘士余曾表示,我国资本市场上的一些行为往往是"披着合法的外衣",打着制度的擦边球在市场巧取豪夺,严重侵蚀广大投资者的合法权益;为此,务必要通过依法全面从严监管,维护住"公平、公开、公正"的市场秩序,没有"三公"原则,就谈不上对投资者权益的保护,为保护投资者利益,监管者要做到"不惜牺牲羽毛"。[③] 中国证监会投资者保护局局长赵敏也曾撰文指出,加强投资者教育,既是防范和化解金融风险、维护金融稳定的基础性工作,也是投资者保护工作的起点,有助于健全投资者权益保护长效机制,使投资者真正做到知权、依法行权和维权,增强自我保护能力。[④] 一方面,投资者教育可以通过提高投资者的专业知识水平,帮助投资者客观、理性地参与资本市场,继而提高投资者参与市场的能力与效率,增强投资者信心;另一方面,投资者教育也有助于增强投资者的风险防范意识,帮助投资者树立权利意识,更有效地维护自身合法权益,从而起到保障资本市场总体健康发展和社会稳定的作用。然而,当前中国资本市场上以散户为主的投资者结构、监管层面缺乏投资者教育的战略规划和长效

---

① 《习近平总书记在 2017 年 7 月 15 日全国金融工作会议的讲话》,载中华人民共和国中央人民政府网:http://www.gov.cn/xinwen/2017-07/15/content_5210774.htm,最后访问日期:2017 年 9 月 5 日。

② 中国人民银行《中国金融稳定报告 2017》,2017 年 7 月。

③ 《国新办协调推进资本市场改革稳定发展等方面情况新闻发布会》,载国务院新闻办公室网:http://www.scio.gov.cn/xwfbh/xwbfbh/wqfbh/35861/36298/index.htm,最后访问日期:2017 年 9 月 8 日。

④ 赵敏:《加强投资者教育 夯实资本市场投资者保护基础》,载《清华金融评论》2017 年第 6 期。

机制、经营机构普遍对投资者教育重视不够、资源投入严重不足的现实等情况，都使我国的投资者教育工作依然面临极大的困难与挑战。

尽管在国务院办公厅发布的《关于进一步加强资本市场中小投资者合法权益保护工作的意见》(以下简称国务院 110 号文)指引下，近年来我国逐渐搭建起了涵盖监管机构、交易所、经营机构等层面的一系列投资者保护制度与规则约束，形成了包括投资者保护局、中国证券投资者保护基金有限责任公司(以下简称投资者保护基金)和中证中小投资者服务中心有限责任公司(以下简称投服中心)在内的“一体两翼”的投资者保护机构设置，投资者保护工作取得了一定成效，但与投资者的期望，与我国资本市场发展的整体规模、水平、趋势和相关金融改革的客观要求，尚存在不小的差距。

2013 年国务院 110 号文对我国投资者保护工作进行了系统、全面的部署。在此文指引下，相关投资者保护的制度机制建设逐渐被提上日程，金融监管基础设施不断完善，在包括投资者保护局、投资者保护基金、投服中心等投资者保护机构设置基础上，围绕投资者的知情权、参与权、收益权、求偿权等各项基本权利，以投资者适当性管理、多元化解纠纷、诉讼支持、先行赔付、持股行权、投资者教育基地建设等方面为主要着力点，推出了一系列创新举措，投资者保护工作取得了阶段性成效。可以说，投资者保护已经成为当前我国金融监管工作的重要一环。

2017 年 7 月 1 日生效的《证券期货投资者适当性管理办法》(以下简称《办法》)作为我国证券期货市场首部投资者保护专项规章和资本市场重要的基础性制度，从多维度指标对投资者分类、产品与服务分级、经营机构适当性匹配等角度，围绕评估投资者风险承受能力、产品风险等级、充分揭示风险、提出匹配意见等核心内容做出一系列制度安排，成为维护投资者合法权益的第一道防线，顺应了国际资本市场的普遍规则，是落实证监会“依法监管、从严监管、全面监管”要求，进一步强化投资者保护的重要举措。

《办法》的实施，不仅有助于打破我国资本市场上长期以来的政府隐性担保导致的“行政管制—投资者依赖”之非良性循环，而且有助于从结构性管理的角度及时化解风险,有利于发挥市场的基础性作用,提高整体资本市场的效率与活力。其实早在2007年以来,中国证监会就已经陆续在包括基金销售、创业板、金融期货、融资融券、股转系统、私募投资基金等市场上,对不同产品或业务线逐步建立了投资者适当性制度,但这些制度相对零散而又相互独立,更多侧重于对准入门槛的设置,既未覆盖一些高风险产品,也未对经营机构的义务作出足够系统而明确的规定。为此,可以说此次《办法》的出台和实施,实现了适当性管理制度对我国证券基金市场业务的全覆盖。然而,正如中国证监会投资者保护局局长赵敏所言,《办法》的核心是将合适的产品卖给合适的投资者,尽管主要规范的是证券机构的行为,即机构有义务对投资者风险偏好进行分类、对金融产品进行分级,并在此基础上将投资者与产品进行匹配;但与此同时,投资者也有义务向金融机构提供真实资料,以便机构对投资者的风险承受能力做出准确评估与判断。

2016年由最高人民法院与中国证监会联合发布的《关于在全国部分地区开展证券期货纠纷多元化解机制试点工作的通知》,在认可证券期货试点调解组织制度、明确调解协议的司法确认、落实调解协议的督促程序、建立示范判决机制、确立在线调解方式有效性等方面进行了创新,填补了长期以来的法律空白,实现了投资者保护与司法的有效衔接,极大地提高了证券期货纠纷调解的效率与权威性,是我国推进资本市场法治化建设的重要体现。在2017年的全国金融工作会议上,进一步强调要推进构建现代金融监管框架、健全金融法治,并首次提出了功能监管和行为监管的理念,这无疑将对我国投资者保护未来的工作从理念到架构产生积极而重大的影响。2017年10月1日,中国证监会发布的《证券公司和证券投资基金管理公司合规管理办法》也已正式实施,该办法通过明确各方合规管理责任、经营机构内部评估与外部评估相结合、行业协会细化资质要求等,进一步健全投资者保护体系的顶层设计,夯实投资者保护屏障。据悉,正在进行的《中华人民共和国证券法》修订工作,也将考虑对投资者保护制度作出专章规定。①

① 黄炜:《体系化构建中小投资者损害赔偿救济制度》,载中国证监会网:http://www.csrc.gov.cn/pub/newsite/zjhxwfb/xwdd/201709/t20170901_322892.html,最后访问日期:2017年9月10日。

此外,近年来包括持股行权试点、成立投服中心、筹建全国证券期货纠纷调解中心、设立投资者民事赔偿专门制度、建立投资者教育基地等,正逐步成为创新投资者主动行权和维权方式、畅通投资者诉求处理渠道的重要补充。早在2005年,为建立防范和处置证券公司风险的长效机制,国务院就批准中国证监会、财政部和中国人民银行联合发布了《证券投资者投保基金管理办法》,继而设立国有独资的投保基金。正如投资者保护基金董事长刘洪涛所言,作为资本市场基础制度建设的重要安排,投保基金制度有效保护了投资者的合法权益,其也成为国家金融安全网的重要组成部分,在促进资本市场健康发展、提高资本市场服务实体经济能力方面,其越来越发挥起重要作用。① 此外,由投资者保护专门机构持股行权和支持诉讼,有助于促进上市公司的股东自治、改善公司治理,这对中小投资者依法行权、维权具有积极的引导和示范作用。据统计,截至2016年12月,投服中心已对全国177家上市公司在中小股东投票机制、利润分配等方面存在的问题发送了股东建议函,累计提出建议380余条,参与了3家上市公司股东大会或现场行权,积极行使质询权、建议权、表决权等股东权利。② 当前,投服中心持股行权已扩展到全国,截至2017年6月30日,共持有全国范围内沪深两个交易所共计3147家上市公司的股票,共计行权541次,向上市公司发送股东建议函240件,公开发声11次,行使质询权74次、建议权75次、表决权52次,5次行使了诉讼权利。③

在取得成绩的同时,我们也必须清醒地认识到,当前我国的投资者保护工作还面临包括违法成本低、纠纷调解仲裁效力低、民事赔偿诉讼制度执行不力、案件审理的司法"行政化""地方化"倾向严重等一系列问题,如何努力解决好这些问题,成为我国投资者保护工作未来不断努力和改善的方向。

习近平总书记曾指出:"实行什么样的金融监管,国际上有不同做法,我们要

① 王小伟:《"公平在身边"部署六大任务、保护投资者合法权益》,载《中国证券报》2015年5月25日,第A09版。

② 马婧妤:《证监会投保局:牢记使命 维护投资者合法权益》,载《上海证券报》2016年12月22日,第011版。

③ 朱宝琛:《资本市场需要更多"正义的麻烦制造者"》,载《证券日报》2017年7月17日,第A01版。

从我国国情出发,特别是要坚持问题导向,确定思路,避免争来争去、久拖不决。”[①]总体而言,有效保护投资者合法权益,既是一个庞大的系统工程,也是各国资本市场发展、改革和不断完善过程中的一项长期任务。我国的投资者保护工作才刚刚起步,未来发展任重而道远。

展望未来,我们需要按照依法、从严、全面监管的总要求,立足我国资本市场发展的现状与实际,同时针对投资者保护领域出现的各种新情况、新问题,不断进行制度创新和前瞻性探索,从司法、行政和市场角度逐步完善顶层设计,大力推进投资者保护的制度和机制建设,多管齐下,逐步探索和构建开放环境下既具中国特色又符合国际惯例,包括自律监管、行政监管、法律援助、投资者赔偿救济等内容在内,市场约束机制、行政监管机制和司法救济机制上下联动、彼此契合的多层次、全方位的投资者保护工作体系。具体包括:

第一,在推动适当性管理办法有效落实的基础上,开展投资者状况的评估与调查,强化市场一线的监管效能,优化投资回报机制,夯实持股行权工作。以交易所为例,[②]在“以监管会员为中心”的交易行为监管模式的基础上,各交易所应进一步通过规则制定、实时监控、会员合规培训、专项现场检查、纪律处分等手段,推动工作重心不断向一线监管转移,不断发展和夯实监管科技,逐步完善交易规则,加大事中监管的力度,进一步扩大与境内外交易所的协同合作,对跨境市场操纵的监管形成合力,切实承担起维护“公开、公平、公正”的市场秩序、保护中小投资者合法权益的重任。

第二,统筹建立高层次、多元化权威纠纷调解机制,完善自律组织、第三方机构等的调解仲裁与法律诉讼的对接机制;加强对侵害投资者利益的违法违规行为的打击力度,严肃市场纪律,切实提高违法成本,让违规者付出沉重的代价,对

---

① 《习近平在参加十二届全国人大四次会议上海代表团审议时的讲话》,载人民网理论频道:http://theory.people.com.cn/n1/2017/0619/c148980-29347273.html,最后访问日期:2017年9月11日。

② 2017年8月25日,中国证监会主席刘士余在上海举行的“证券交易所一线监管国际研讨会”上曾指出,交易所作为市场的组织者、运营者和自律监管者,应充分发挥和加强身处监管一线的独特优势,认真贯彻落实和履行包括交易所设立章程、《证券交易所管理暂行办法》、《证券法》等法律法规所赋予和规定的监管使命。参见朱宝琛:《刘士余:交易所绝不是单纯的交易平台,必须是强大的监管者》,载《证券日报》2017年8月26日,第A01版。

潜在违规者形成有效震慑,真正做到有法可依、执法必严、违法必究。

第三,完善投资者赔偿制度,全面加强中小投资者教育。应进一步研究推动建立先行赔偿制度,在既有的投保基金赔付、专项补偿基金赔付、行政和解金赔付组成的赔付体系基础上,进一步设立专项风险准备金,拓宽赔偿资金来源,畅通投资者损失补偿、救济渠道,推动建立包括国家补偿、行政补偿、民事赔偿等在内的多层次、多主体投资者赔偿、救济体系。

第四,逐步形成投资者教育的长效机制。努力将投资者教育提升到国家金融发展的战略高度,制订投资者教育中长期发展规划,进一步扩大试点,推动将投资者教育纳入国民教育体系,在结合中国国情建设各类投资者教育基地的同时,积极学习和借鉴发达国家的先进经验,探索建立专业的投资者教育机构,统筹现有教育资源,不断丰富教育手段,努力建设针对性强、制度化、专业化、全方位、多层次,兼具便利化和个性化的投资者教育基地,创新投资者服务方式,推动投资者教育向互动体验式、智能化的转变。

论公司决议效力瑕疵

——以《公司法司法解释四》为核心

诸佳晔[*]　罗培新[**]

摘　要:《公司法司法解释四》新增公司决议不成立之诉,正式确立了决议效力瑕疵的三分法模式,但其依然在原告主体资格、决议瑕疵效力认定等方面留下了空白。就其制度价值而言,三分法构建了相对清晰的决议瑕疵层级,在发挥纠偏与监督作用的同时,注重维护公司决议在效力上的安定性,保持司法介入公司治理的谦抑性。在上述价值取向的指导下,决议无效与不成立之诉的原告主体资格应限于公司股东、董事、监事,决议撤销之诉的原告主体资格不以出席或参与公司决议为必要,但应基于其持有的股权而在涉诉决议形成时具有诉的利益。

关键词:决议不成立　决议可撤销　股东资格

一、问题的提出:公司决议效力的规则留白

《中华人民共和国公司法》(以下简称《公司法》)第22条对公司决议诉讼作出了概括性的规定,将决议效力瑕疵分为无效和可撤销,其中仅对决议撤销之诉

* 华东政法大学国际金融法律学院2016级硕士研究生。

** 华东政法大学教授、博士研究生导师。

的股东原告资格作出规定，而未规定决议无效之诉的诉讼主体。[①]《最高人民法院关于适用〈中华人民共和国公司法〉若干问题的规定（四）》（以下简称《公司法司法解释四》）专门在第1条至第6条就公司瑕疵诉讼作出规定。《公司法司法解释四》摒弃此前征求意见稿中“决议不存在”和“未形成有效决议”的模式，将其改为“公司决议不成立”之诉，此举无疑将公司决议效力瑕疵确立为三分法，即决议无效、决议可撤销、决议不成立。在三分法之下，《公司法司法解释四》就原有公司决议效力瑕疵问题进行了补充，但依然在诉权的归属与行使条件上留下了探讨空间。

《公司法司法解释四》第1条规定：“公司股东、董事、监事等请求确认股东会或者股东大会、董事会决议无效或者不成立的，人民法院应当依法予以受理。”此处的疑问在于，如何理解“等”字，即除“公司股东、董事、监事”之外的其他主体，如公司高级管理人员、职工、债权人等，是否有权提起公司决议无效或不成立之诉。

《公司法司法解释四》第2条规定：“依据公司法第二十二条第二款请求撤销股东会或者股东大会、董事会决议的原告，应当在起诉时具有公司股东资格。”该条删除了《公司法司法解释四》征求意见稿中的第2条第2款“案件受理后不再具有公司股东身份的，应当驳回起诉”。这是否可以理解为，《公司法司法解释四》不要求原告在起诉期间持续具有股东资格。《公司法司法解释四》第4条规定：“股东请求撤销股东会或者股东大会、董事会决议，符合公司法第二十二条第二款规定的，人民法院应当予以支持，但会议召集程序或者表决方式仅有轻微瑕疵，且对决议未产生实质影响的，人民法院不予支持。”同时，《公司法司法解释四》第5条列举了四种公司决议不成立的具体情形。公司决议不成立或可撤销的部分原因均在于程序瑕疵，公司决议撤销之诉在瑕疵决议诉讼中更是处于“承

---

① 《公司法》第22条规定：“公司股东会或者股东大会、董事会的决议内容违反法律、行政法规的无效。股东会或者股东大会、董事会的会议召集程序、表决方式违反法律、行政法规或者公司章程，或者决议内容违反公司章程的，股东可以自决议作出之日起六十日内，请求人民法院撤销。股东依照前款规定提起诉讼的，人民法院可以应公司的请求，要求股东提供相应担保。公司根据股东会或者股东大会、董事会决议已办理变更登记的，人民法院宣告该决议无效或者撤销该决议后，公司应当向公司登记机关申请撤销变更登记。”

上启下”的位阶。[①] 审视《公司法》及《公司法司法解释四》的具体规定,就公司决议可撤销之诉而言,何为“轻微瑕疵”与“未产生实质影响”? 就公司决议不成立之诉而言,如何界定其与决议可撤销之间的界限? 上述问题均有待厘清。

《公司法司法解释四》将公司决议瑕疵诉讼划分为无效、不成立与可撤销之诉。无论公司决议瑕疵采二分法或三分法,其出发点均在于矫正决议瑕疵,但二者之间仍表现出不同的侧重点。《公司法司法解释四》旨在增加决议瑕疵规定的精细化和可操作性,侧重解决诉讼中的问题。因此,从法律解释层面上补全上述规则的空白,须关注《公司法》《公司法司法解释四》的价值及在法律体系中的定位。

二、从二分法到三分法:决议效力瑕疵的立法目的之辨

公司决议在内容与程序要件均完备的情况下,方能产生完满的效力,而在二者无法全备的情况下,公司决议效力存在瑕疵。根据不同的瑕疵划分方式,公司决议效力瑕疵存在二分法与三分法两种体例。二分法以程序与实体瑕疵为大框架,或根据违法的严重程度,或根据决议违法的原因,将公司决议分为可撤销、无效;在三分法下,根据程序瑕疵程度,分为决议可撤销、不成立,由此形成无效、不成立、可撤销三类公司决议效力瑕疵。《公司法》第 22 条将公司决议效力瑕疵分为无效及可撤销两种类型。概言之,根据《公司法》第 22 条,内容违法之公司决议无效,程序违法或内容违章之决议可撤销。《公司法司法解释四》出台后,从可撤销事由中剥离部分程序违法事由,此类程序瑕疵的程度严重以至于无法在法律上承认公司决议存在,如公司未曾召开股东会、股东大会或董事会,未对决议进行表决。

二分法的逻辑乃依据瑕疵的性质赋予决议不同效力,三分法则细分程序瑕

---

① 参见李建伟:《论公司决议可撤销的适用事由——基于司法适用立场的立法解释》,载《浙江社会科学》2009 年第 8 期。

疵之类别，认可三类决议效力瑕疵存在的独立制度价值。①《公司法司法解释四》明确将公司决议不成立作为决议效力瑕疵的一种类型，是与法律行为理论的对接。无论在二分法或三分法框架下，效力瑕疵分类之间泾渭分明，而究其根本原因，各类公司决议效力瑕疵在本质属性及规范价值上迥然不同。以三分法下的决议瑕疵划分为例。其一，导致公司决议可撤销、无效、不成立在瑕疵程度不同。决议无效之适用乃严重之内容违反，决议不成立则源于程序上的重大瑕疵，决议可撤销则为程序上可治愈之较小瑕疵。其二，与瑕疵属性对接，瑕疵决议之划分呈现不同的价值导向。决议在内容上之重大瑕疵通过公司后续行为影响公司外部人；决议不成立虽本质仍属程序瑕疵，但其瑕疵程度导致事实上与法律上均无法承认决议的存在；决议可撤销因程序瑕疵程度较小而具有在法律上承认决议效力的可能性。

概言之，公司决议效力瑕疵诉讼与瑕疵属性紧密相关。因瑕疵属性、程度、可治愈性不同，公司决议的影响范围截然不同。决议无效及不成立之诉否定决议效力的制度价值在于纠正重大违法，考虑可撤销决议之瑕疵属性，决议可撤销之制度价值在瑕疵纠偏的同时，须兼顾公司决议在效力上的安定性，保持司法介入公司治理的谦抑性。

三、公司决议效力瑕疵的规则补白

三分法旨在搭建相对清晰的效力瑕疵层级，但在三分法大框架下，《公司法司法解释四》留下的规则空白依然有待补充。《公司法司法解释四》所构建的三分法传递了特定的价值取向，在理解决议无效、不成立及撤销之诉的原告主体资格，决议撤销与不成立的事由时应考虑其制度目标。

（一）决议无效、不成立诉讼的原告主体资格

《公司法司法解释四》第1条规定，有权就公司决议无效或可撤销起诉的主

① 参见李建伟：《论公司决议可撤销的适用事由——基于司法适用立场的立法解释》，载《浙江社会科学》2009年第8期。

体为“公司股东、董事、监事等”。这一规定删除了此前征求意见稿中规定的其他主体,即“股东大会、董事会决议内容有直接利害关系的公司高级管理人员、职工、债权人”,但仍然保留了具有开放性指向的“等”字。此时,如何理解《公司法司法解释四》第1条中“等”字所指向的范畴?有学者提出,导致决议无效或不存在的“内容违法”或“程序违法”行为可能严重损害其他利益主体的利益,而增加诉权主体可以有效阻却此类违法行为,提升公司治理水平。[①] 但这一观点的问题在于,忽视了公司决议在公司法上的属性及法律关系的稳定性。

其一,公司决议或有外部效力,但其本质为内部行为,且在《公司法》已有救济措施与救济途径的情况下,也并无必要再增规制途径。在公司拟制法律人格下,股东会决议与董事会决议为表决权集合后形成的公司“意思表示”;就公司内外之别而言,股东(大)会决议与董事会决议或与公司外部行为相牵连,但决议作出后不直接产生与公司外部主体之间的法律关系,因此其本质为公司内部行为。具体而言,公司决议可以分为无直接外部效果和有直接外部效果两类:前者如董事会决定内部管理机构的设置;后者如股东会审议利润分配计划、上市公司股东会决定重大资产出售、股东会增资决议。前者对公司外部主体并不直接产生影响;后者或对公司外部人的权利义务产生影响,但一般并不直接创设与公司外部主体的法律关系。

公司与其职工之间存在劳动关系,与其债务人之间存在债权债务关系,与担保权人之间存在担保法律关系。易言之,公司决议或附带外部效力,但并未直接创设法律关系,而在既有法律关系之中,公司及其外部人之间的法律关系已存在规制路径。就债权人利益保护而言,《公司法》第20条就股东滥用公司法人独立地位和股东有限责任的情形提供了救济途径;若涉及重大关联交易,则可以引用《公司法》第21条提起普通之诉。就员工利益保护而言,《公司法》第17条、第18条明确规定了职工与公司之间的关系主要通过劳动合同和集体合同体现,第18条第2款明确职工通过职工代表大会来实行民主管理,但并未确认公司职工构

---

① 参见甘培忠、赵文冰:《对公司决议效力的一些思考——析〈最高人民法院关于适用中华人民共和国公司法若干问题的规定(四)(征求意见稿)〉中的相关规定》,载《法律适用》2016年第8期。

成公司法上的主体。

其二,考虑公司股东及其他主体之间的利益诉求差异,赋予员工、债权人等主体提起决议无效或不成立之诉的权利,将导致公司决策效率与稳定性受损。根据新古典经济学的公司合同理论,公司"乃一系列合同的连结",这一系列的合同包括借贷合同、劳动合同、供应合同以及股东之间的章程等。不同合同主体存在不同的利益诉求:股东承担风险,承诺公司管理层会尽力谋求公司和股东的长远利益,而其他合同参与方则可能追求获得固定的收益,如利息、薪水等。[①] 这种利益诉讼的差异,使公司决议、表决权之归属与行使事实上构成合同机制与风险分担的一个方面。[②] 在一般情况下,股东承担风险而有动力通过行使表决权追求长远利益,而债权人与雇员更多地要求公司经营的稳健性以保证其固定收益。[③] 由此推之,赋予公司债权人、员工提起决议无效或不成立之诉无异于赋予上述群体直接参与公司决策的权利,利益诉求的差异将导致决策的低效率。员工或因公司决议未倾向员工利益,债权人或因公司投资风险过高而提起决议无效或不成立之诉。[④] 可以想象的是,在上述情形下,此类诉讼的数量将激增,法院将被动介入公司利益分配。

其三,基于"法律关系确定性和安定性的考虑以及公司内部法律关系统一性"的要求,公司决议瑕疵诉讼在诉讼法上的既判力应同时及于公司股东、董事、

---

① 参见罗培新:《公司法学研究的法律经济学含义》,载《法学研究》2006 年第 5 期。

② 参见[美]弗兰克·伊斯特布鲁克、丹尼尔·费希尔:《公司法的经济结构》(第 2 版),罗培新、张建伟译,北京大学出版社 2014 年版,第 66 页。

③ "美国联邦判例,债权人只有在债务人公司提出破产申请之后,才有权对公司决议的有效性提出异议,原因是如果这个时候还不给债权人这种权利,那么公司破产了,债权人就只剩下申报债权的机会了。"参见方金刚:《公司法司法解释(四)与美国公司制度之比较》(上),载《人民法院报》2017 年 9 月 8 日,第 8 版。公司决策权(或表决权)随利益而流转。在公司濒临破产的情况下,股东作为剩余索取权人,在有限责任保护之下,有充分动力漠视经营风险而采取高风险、激进经营策略,此时债权人的利益可能受到极大损害。因此,在公司破产情况下,公司决策与管理机构也由股东会、董事会转为债权人会议,但在公司正常经营管理中,给予股东以外的其他主体以参与决策之间接权利,将导致公司决策中利益分化,影响公司决策之效率与稳定性。

④ 试举以下两例:公司董事会作出决议,决定向员工发放降温费、防暑费等补助,后为节约成本,董事会再次作出决议,取消上述安排,职工诉请确认第 2 项董事会决议无效;公司股东会作出决议,决定投资于某项目,但债权人认为该项目风险过高,诉请确认该项股东会决议无效。

监事。[①] 决议效力一经诉讼确定,即使公司其他股东、董事、监事非该项诉讼当事人,该判决依然对其生效,从而否定了公司其他主体就该决议的效力再次起诉权利,防止了公司内部法律关系再应诉讼陷入不稳定状态。概言之,公司决议撤销之诉在实体法层面上产生决议自始无效的效力,在诉讼法层面上也应产生既判力之效力,否则允许就同一决议再次起诉将导致公司内部法律关系将陷入不稳定状态。因此,因公司决议之内部行为效力,属于公司之"意思表示",约束公司内部主体。将公司股东、董事、监事之外的其他主体一并纳入原告范围将导致不平衡,同时影响公司内部法律关系的确定性与安定性。

综合公司决议的性质及法律关系的稳定性,公司决议不成立及撤销之诉的原告主体资格限定在公司内部的股东、董事与监事更恰当。

(二)公司决议撤销之诉的原告主体资格

《公司法司法解释四》将决议可撤销诉讼的原告主体资格作出了"起诉时具有股东资格"的规定,但这一规定依然未解答决议可撤销之诉的原告主体资格问题。未参与公司股东会或未行使表决权股东能否就公司决议瑕疵起诉?非决议作出当时的股东能够就决议瑕疵提起可撤销之诉?在公司股东权利受到一定限制的情况下,是否有权就公司决议程序瑕疵提起股东撤销之诉?再者,《公司法》第22条仅就决议撤销之诉作出了概括性的规定,《公司法司法解释四》则特别强调,在"会议召集程序或者表决方式仅有轻微瑕疵,且对决议未产生实质影响的",公司决议效力不受其程序瑕疵影响。如何认定决议在程序上的瑕疵对决议结果的影响?

下文试举一例具体说明上述情形:在公司章程无另外规定且全体股东无另有约定的情况下,公司未就召开股东会事项提前15天通知当时的A股东。[②]

---

① 公司决议瑕疵诉讼与普通确认或形成之诉不同,公司决议瑕疵诉讼的主体虽为某一特定主体与公司,但否定公司决议效力的判决则对公司所有股东、董事、监事发生既判力,即其他股东、董事、监事不得因同一事项再次起诉。因此,基于这种诉讼法上既判力的扩张,公司决议瑕疵诉讼的诉讼主体应限定于既判力约束的对象,即公司股东、董事、监事。参见丁勇:《公司决议瑕疵诉讼制度若干问题反思及立法完善》,载黄红元、徐明主编:《证券法苑》(第11卷),法律出版社2014年版,第265页。

② 《公司法》第42条第1款规定:"召开股东会会议,应当于会议召开十五日前通知全体股东;但是,公司章程另有规定或者全体股东另有约定的除外。"

情景一：已收到通知的B股东是否有权作为原告，就未通知A股东诉请法院撤销该项股东会决议？

情景二：A股东在公司股东会之后将其全部股权转让给C股东，则C股东在是否有权就未通知A股东诉请法院撤销该项股东会决议？A股东转让其全部股权后，是否有权继续以原告身份起诉？

情景三：A股东因抽逃出资而被限制股东权利，则A股东是否仍有权提起决议撤销之诉？

现代公司法区分决议行为效力瑕疵，在决议行为效力瑕疵理由、是否受除斥期间的限制、可治愈性上存在差异，上述区分在本质上均为公司法中的价值判断问题。[①] 对于公司决议撤销之诉原告资格及可撤销情形的理解须对《公司法司法解释四》中对决议撤销之诉的制度价值及其取向进行分析。

1. 决议可撤销诉讼的制度价值：在程序合法性与法律关系安定性之间

通说认为，股东就公司瑕疵而具有的诉权基础为其股东身份。[②] 就股东权利义务的角度而言，股东纠正公司内部行为的瑕疵并不表现为类似出资义务的股东义务，而是属于股东的一项权利，即股东具有要求公司作出合法且合章程决议的权利；就公司的角度而言，决议瑕疵诉讼具有恢复公司内部合法法律状态的作用。就公司决议可撤销之诉而言，股东要求合法合章程决议的权利实质上是意思形成的真实性问题。[③] 要求决议程序合法与内容合章程，乃旨在确保成员依民主程序形成真实体现多数成员意志的社团意思。[④]

就决议撤销之诉的性质而言，决议撤销之诉具有一定的"公益性"。一方面，决议撤销之诉侧重维护公司决议的合法合章程，确保决议真实体现成员意志，因

① 参见王雷：《公司决议行为瑕疵制度的解释与完善》，载《清华法学》2016年第5期。

② 在德国公司决议撤销之诉中，股东享有撤销权的实质条件为股东资格；韩国学者强调决议撤销之诉的目的在于回复股东大会意思形成的公正性及合法性，维持公司组织的健全性，因此现有的所有股东均有利害关系；日本通说认为，决议撤销之诉的本质为要求公司合法合章程经营。参见[韩]韩哲松：《韩国公司法》，吴日焕译，中国政法大学出版社2000年版，第417页；丁勇：《股东大会决议撤销之诉功能反思》，载《法学》2013年第7期。

③ 参见林国全：《诉请撤销程序瑕疵之股东会决议》，载《月旦法学杂志》2001年12月第79期。

④ 参见徐银波：《决议行为效力规则之构造》，载《法学研究》2015年第4期。

此就制度价值而言,决议撤销之诉保障成员参与管理共同事务之权益。另一方面,撤销瑕疵决议在实体效力上对所有股东发生效力,保障公司内部法律关系的合法性,事实上附带保障其他股东权利的实现,因而从决议被撤销的法律效果而言,决议撤销之诉具有一定的公益性。

在公司决议瑕疵诉讼的不同类型中,无效事由及不成立事由虽可诉诸法院,但决议无效与不成立的效力瑕疵则与公司成员主张与否无关,属于不可治愈的瑕疵;公司决议若非特别主张,导致公司决议可撤销的事由属于随时间流逝能够治愈的瑕疵。[①] 可撤销决议与无效、不成立决议之间的首要差异即在于可撤销决议在效力上的不稳定性,由此可撤销决议也成为公司内部法律关系的不确定因素。公司法对可撤销决议基于60日的除斥期间,股东未在60日内起诉,则该决议效力即归于稳定。在公司决议在程序违法或内容违反章程的情况下,此决议影响公司内部成员权利,一般而言并不影响该项决议对公司外部人的外部效力。因此,公司法允许决议中的部分瑕疵,股东未在60日除斥期间内提起决议撤销之诉,则视为以沉默的形式对公司决议瑕疵作出事后补正。

在决议不成立及无效之诉中,《公司法司法解释四》将原告主体资格扩充至董事、监事,而决议撤销之诉的股东依然限于股东。决议撤销之诉的特殊性在于,公司决议的核心在于自治,即成员以决议方式形成集体意思而对公司事项进行管理。[②] 这种自治的权利不仅表现在按照章程及法律规定作出决议,而且表现在对特定权利的放弃或对章程规定事项的修改。股东可放弃对决议提出撤销之诉,经过除斥期间后治愈决议瑕疵。将撤销权赋予董事及监事,或将有利于纠正决议瑕疵,但这同时会不必要地增加公司内部法律的不稳定性,与股东对瑕疵沉默认可的意愿相违背。因此,《公司法司法解释四》依然将决议撤销之诉的原告主体限于公司股东有其制度价值。

综合决议撤销之诉的宗旨及性质,公司决议撤销之诉旨在保障公司股东参

---

① 通说一般认为公司决议不成立及无效之诉为确认之诉。参见[韩]韩哲松:《韩国公司法》,吴日焕译,中国政法大学出版社2000年版,第416页。

② 参见徐银波:《决议行为效力规则之构造》,载《法学研究》2015年第4期。

与公司治理的程序权利和保障公司决议体现成员的共同意志,但因程序原因导致的公司决议在成员共同意思集合上的瑕疵,可在事后补正。因此,决议撤销之诉,须在考量制度价值的基础上平衡程序合法及公司内部法律关系稳定性两种利益。决议撤销之诉旨在追求公司决议程序的正义、集体意思形成过程的合法合章程性。

2. 决议撤销之诉的原告资格

回顾前文公司决议可撤销之诉的几类情形。情景一与情景二的核心问题均在于,如何认定股东就瑕疵决议起诉的权利基础。就这一问题,如前文所述,股东具有要求公司作出合法合章程决议的权利,这种权利在决议撤销之诉的层面上体现为以合乎法律与公司章程要求的形式形成公司集体意思。

在情景一中,A 股东因未收到通知而未参与股东会决议,则 A 股东在其股东权利受到侵犯的情况下,可就该程序瑕疵提起决议撤销之诉。与上述情形具有一定相似性的情况是,股东收到通知后,自行决定不出席股东会。此时,就决议过程中出现的程序违法与内容违章行为,股东是否仍具有提起决议撤销之诉的权利?就这一问题首先须明确的是,股东就瑕疵决议起诉的权利并非来源表决权行使,而是基于股东身份所具有的权利。① 其次,从对股东权益的保障而言,股东以不出席或不参与表决的方式事实上参与了公司集体意志的形成,因而未参与表决并不代表股东权利未受到损害。因此,综合上述两种情形,决议撤销之诉的原告主体资格与该股东是否出席或参与表决并不存在必然联系,股东仍可就决议瑕疵起诉。②

在情景一中,在公司决议过程中,尽管 B 股东自身的权利未受到直接损害,但在其他股东权利受到直接损害的情况下,公司决议体现成员集体意思的效能当然受到损害。因此,在部分股东未收到通知的情况下,公司决议依然存在瑕疵,而基于股东对合法合章程决议的权利,B 股东依然具有决议瑕疵撤销之诉的权利。在实践中,股东多在自身权益同时受损的情况下,方有动力就维护自身权

① 参见[韩]韩哲松:《韩国公司法》,吴日焕译,中国政法大学出版社 2000 年版,第 417 页。

② 参见王雷:《公司决议行为瑕疵制度的解释与完善》,载《清华法学》2016 年第 5 期。

益提起决议撤销之诉,[①]但这并不能因此否定法理层面上的股东的该项诉权。此外,决议撤销之诉在制度层面确有滥用之风险,其"公益性"之属性及效果并不能否认该种风险。但在情景一中,否定B股东的原告主体资格也可能导致公司股东被滥用,即选择性通知部分股东以通过特定决议。因此,在瑕疵未直接影响特定股东的情况下,该股东应仍享有决议撤销之诉的原告主体资格,而衡量决议的合法合章程性、决议效力的稳定性、防止滥诉多项目的,可在后续审理过程中做出判断。目前《公司法司法解释四》对于决议可撤销情形的做出的限定也体现了在司法中尽可能维护公司决议效力稳定的裁判思路。因此,实践中的滥诉可能性更多为技术层面的担忧,但并不能构成否定此类股东提起决议撤销之诉的权利。

在情景二股权转让的情况下,原告资格与"股东资格"之间的关系有待进一步阐明。股东决议撤销之诉的核心在于,股东参与公司治理的基础在于彼时持有公司股权,因而对公司决议具备相应诉的利益,股权流转不影响其对应的股东权利。

一方面,虽然导致决议可撤销的瑕疵行为发生在其作为股东期间,但其在退出公司、确认股权转让对价时应当已经充分考虑公司各项决策对其股价的影响。股权转让后成为公司外部主体,原股东通常对内部事务争议已经丧失诉的利益。另一方面,股权归属发生变化,但这部分股权所代表的实体权利不应受到影响,继受股权之股东基于该股权而享有原告股东资格。[②] 因此,尽管继受股权的B股东并非瑕疵决议作出之时的股东,但并不影响其基于继受的股东资格而对此前决议享有的诉权,即原股东A退出公司而不再具备原告资格,B股东基于股权获得相应的股东权益。情景二区别于"股东在决议之后因公司认缴新增注册资本而获得股东资格"的情形。在上述情形中,新增股东在瑕疵决议作出之时不持有股权,不具有在决议作出时要求该决议合法合章程的股东权利。

---

① 参见丁勇:《公司决议瑕疵诉讼制度若干问题反思及立法完善》,载黄红元、徐明主编:《证券法苑》(第11卷),法律出版社2014年版,第267页。

② 参见姜山:《公司机关决议瑕疵诉讼若干法律问题探析》,载《法律适用》2011年第8期;钱玉林:《论可撤销的股东大会决议》,载《法学》2006年第11期。

《公司法司法解释三》允许公司对于出资瑕疵股东的股东权利进行限制。[①]在情景三的情形下，股东就瑕疵诉讼起诉的权利是否受其限制？情景三的主要问题在于，股东就合法决议具有的权益为股东在公司治理中的固有权利与基础性权利。根据《公司法司法解释三》，在股东出资瑕疵的情况下，对股东权利的限制主要体现在利润分配请求权、新股优先认购权、剩余财产分配请求权等财产性权利的限制。一方面，即使前述财产性权利受限，股东基于股东身份享有的诉权依然不受影响；另一方面，公司无权限制股东基于股份身份而享有的诉权。

综合情景一至情景三对原告资格存疑的数种情形，公司法决议撤销之诉的基础在于，股东持有公司股权而享有的参与公司治理的权利。换言之，股东具有要求公司作出合法合章程的决议的权利。这一权利不受股东是否具有或行使表决权影响，不因股东未出席股东会而消灭，属于股东固有的权利。因此，股东就瑕疵决议起诉的权利属于固有权利，不受限制；股东全部转让其股权后，其不再具有决议撤销之诉的原告股东资格；受让股权的股东，虽非决议作出时的股东，但随股权一并继受就决议瑕疵起诉的原告主体资格。

公司决议撤销之诉在原告主体资格的法理基础与其裁判实践之间存在实然与应然的界限，有权提起决议撤销之诉与决议在法律层面上撤销之间必然存在间隙。在维护决议合法合章程性的同时，司法保障介入与公司自决之间要保持适当距离，否则将徒增决议成本与法律关系的不稳定性。《公司法》及其司法解释对决议撤销之诉在除斥期间、原告主体资格、程序违法与内容违章的撤销事由层面上作出了限定。《公司法司法解释四》出台后，公司决议瑕疵诉讼从二分法转为三分法，明确决议不存在的瑕疵类型，实际间接界定了可撤销决议的情形。[②]同时，《公司法司法解释四》限制了司法实践中决议撤销的情形。可以看出，公司

---

① 《公司法司法解释三》第17条规定："股东未履行或者未全面履行出资义务或者抽逃出资，公司根据公司章程或者股东会决议对其利润分配请求权、新股优先认购权、剩余财产分配请求权等股东权利作出相应的合理限制，该股东请求认定该限制无效的，人民法院不予支持。"

② 参见甘培忠、赵文冰：《对公司决议效力的一些思考——析〈最高人民法院关于适用中华人民共和国公司法若干问题的规定（四）（征求意见稿）〉中的相关规定》，载《法律适用》2016年第8期。

法意图保持司法的谦抑性而保障公司决议效力最大限度的稳定。因此,在法律解释与适用的层面上保持撤销之诉的制度价值是决议瑕疵诉讼的重要命题。同样,在整个决议瑕疵诉讼中,在公司自决、股东权益与司法介入之间保持平衡具有重要意义。

I 理论探究

INVESTOR

证券投资者保护基金的法律性质

——兼论“赔偿基金制度”

叶　林*　王　琦**

摘　要：现有保护基金的主要功能在于通过事后补偿方式保护投资者利益，进而维护证券市场秩序的稳定。保护基金是以众多证券公司为共同委托人，以基金公司为受托人，以合格投资者为受益人设立的他益信托。作为受托人的保护基金公司采用“非营利国有独资公司”的特殊模式，借助公司制度的优势建立起安全高效的内部治理体系。随着先行赔付制度的成功运用以及证券行政执法和解制度的确立，我国应当在保护基金模式已取得成功经验的基础上，建立保护基金与赔偿基金并存的模式，完善投资者的事后救济机制，更好地保护投资者的利益。

关键词：证券投资者　保护基金　赔偿基金　先行赔付　行政和解

一、问题的提出

“投资者保护”（protection of investors）是国际证监会组织（International Organization of Securities Commission，IOSCO）所列的证券监管三大核心目标之

* 中国人民大学法学院教授、博士研究生导师。

** 中国人民大学2017级民商法学博士研究生。

一。[①] 国务院办公厅《关于进一步加强资本市场中小投资者合法权益保护工作的意见》明确提出"健全中小投资者赔偿机制","研究扩大证券投资者保护基金和期货投资者保障基金使用范围和来源"。建立证券投资者保护制度,既是与国际证券市场接轨的客观要求,也是完善我国证券市场运行机制、促进证券市场良性发展的必然选择。除建立充分的信息披露制度、加强和改善证券监管机制等制度性安排之外,对遭受损失的投资者予以事后救济也是各国证券投资者保护制度的重要内容。

投资者从事证券交易,必须先将证券和资金交存给证券公司控制。如果证券公司因被托管、接管、关闭或者破产而失去支付能力,难免给投资者造成巨大经济损失。在21世纪初,国内多家证券公司就先后被关闭、撤销、托管、取消业务资格或者清算。为了因应当时的客观需要,保护证券投资者权益,国务院于2005年6月批准中国证监会、财政部、中国人民银行发布《证券投资者保护基金管理办法》(以下简称《管理办法》),同意设立国有独资的中国证券投资者保护基金有限责任公司(以下简称保护基金公司)。2005年8月30日,保护基金公司在国家工商总局注册成立,其主要职责之一即为在证券公司被撤销、被关闭、破产或被证监会实施行政接管、托管经营等强制性监管措施时,按照国家有关政策规定对债权人予以偿付。[②] 保护基金公司的成立是我国证券投资者保护制度日益完善的标志性事件,表明我国证券公司风险处置模式已从单纯注重制度层面的风险防范,转为将风险防范机制与通过保护基金补偿投资者的市场方式并重。[③] 全国人大常委会于2005年10月修改《中华人民共和国证券法》时,首次规定了证券投资者保护基金(以下简称保护基金)的地位,该法第134条授权国务院对保护基金的筹集、管理和使用作出具体规定。国务院随后在2008年4月发布的《证券公司风险处置条例》中,对包括证券公司停业整顿、托管、接管、行政重组、撤销、破产清算和重整等各方面问题设置了相应规范。上述法律、行政法规和规章

---

① See IOSCO, Objectives and Principles of Securities Regulation, Report of IOSCO(2010).

② 参见《证券投资者保护基金管理办法》第7条第3项。

③ 参见陈红:《设立我国证券投资者保护基金法律制度的思考》,载《法学》2005年第7期。

初步形成了我国投资者保护基金制度的法律框架。

保护基金的基本功能在于通过补偿投资者的财产损失以增强投资者信心，进而维护证券市场的稳定。与全面的信息披露制度、严格的证券监管措施和其他法律救济机制相比，保护基金能够为中小投资者提供更简便高效的赔偿渠道，在很大程度上消除投资者从事证券活动时对投资风险的顾虑，避免证券市场发生震荡时投资者“挤兑”现象的出现，有效防止金融风险的传递和扩散。有数据显示，保护基金在2016年累计筹集金额172.921亿元，累计使用保护基金净额-52.643亿元。截至2016年12月底，保护基金公司累计向24家被处置证券公司发放保护基金款项达到225.205亿元。[①] 可见，作为证券公司风险处置的市场化长效机制，保护基金在维护投资者权益方面发挥着不可或缺的作用。但我国保护基金建立时间较短，理论研究不足，各项配套机制仍存在诸多有待完善之处。

就规范层面而言，《管理办法》仍将保护基金的主要功能限定于偿付投资者因证券公司关闭、破产等原因而遭受的损失，而未将实践中业已出现的投资者保护新模式纳入规范视野。例如，在2013年“万福生科虚假陈述案”中，平安证券主动出资设立万福生科虚假陈述事件投资者利益补偿专项基金，委托保护基金公司担任专项基金的管理人。专项基金采取“先偿后追”方式，即平安证券先行以专项基金财产偿付符合条件的投资者，再通过法律途径向万福生科虚假陈述事件的主要责任方及其他连带责任方追偿。[②] 这种由证券公司自愿设立专项赔偿基金并委托保护基金公司担任管理人的做法，维护了证券市场秩序的稳定，取得了良好的社会效果，同时也印证了设置专项基金的合理性以及保护基金公司在投资者保护工作中的重要性。但是，目前赔偿基金在实践中仅以专项基金的

---

① 参见《中国证券投资者保护基金有限责任公司2016年年度报告》，载中国证券投资者保护基金有限责任公司官网：http://www.sipf.com.cn/images/zwz/gywm/nbyb/2017/04/19/FFF6847E56 9437437196F6B0D81FA88E.pdf，最后访问日期：2017年10月25日。

② 参见《平安证券有限责任公司关于设立万福生科虚假陈述事件投资者利益补偿专项基金的公告》，载万福生科虚假陈述事件投资者利益补偿专项基金专设网：http://www.wfskjj.com/special_detail_1.html，最后访问日期：2017年11月1日。

形式存在,尚未在规范层面上建立起一般性的规则,而仅仅是作为特定案件中先行赔付投资者损失的特殊机制。鉴于此,有必要认真审视保护基金的法律性质,厘清保护基金与赔偿基金的功能差异,逐步健全我国证券投资者权益保护的制度体系,充分发挥保护基金和赔偿基金在保护投资者权益上的积极作用。

二、保护基金公司的法律定位

保护基金虽然是法定基金,却渗透了浓厚的信托观念。各证券公司应当将依照规定缴纳并汇集的保护基金,全部交由保护基金公司管理;在证券公司遇到停业整顿、托管、接管、行政重组、撤销、破产清算和重整等情形时,保护基金公司应当向证券公司客户(或者投资资者)支付一定数额或者比例的补偿款。就此而言,保护基金是以众多证券公司为共同委托人,以基金公司为受托人,以合格投资者为受益人设立的他益信托。

(一)"非营利国有独资公司"的特殊模式

我国的保护基金公司采用财政部全额拨款的方式组建。保护基金公司系非营利国有独资公司,在功能上充当保护基金的法定受托人。保护基金公司也是投资者补偿事务的管理人和组织者,负责保护基金的筹集、管理和使用。

在理论上,保护基金受托人既可以采用公司制,也可以由信托公司等充当受托人。保护基金受托人采用公司制的,应当依照公司法规定设置董事会、监事会和经理等公司机关,并遵循公司法规定的公司运行规则。若受托人采用信托公司等其他形式的,就不得不面临从众多潜在受托人中进行遴选的问题。

遴选受托人的做法看似符合市场化运行模式,却面临众多客观难题:一是必须形成与信托公司等充当受托人相配套的一系列法律规范。我国现行法律并未对信托公司等充当受托人的问题作出规定,因此,若受托人采用信托公司等组织形式,必须建立与其相适应的制度规范以妥善解决受托人的遴选、更换、监督以及协调缴纳资金的证券公司与受托人之间的关系等现实问题。二是必须事先消除信托公司等受托人运行保护基金过程中诱发的各种利益冲突问题。信托公司等受托人作为商主体，必然带有盈利冲动，难免与保护基金的公益性目的发生冲突。如果无法事先消除利益冲突的可能性，保护基金就难以获得市场认可，甚至会加剧投资者的担心和顾虑。

相对而言，我国采用“非营利国有独资公司”的特殊形式组建单一的保护基金公司，可以直接以公司法相对成熟的制度规范为依据，建立相对稳定、安全的内部治理机制，从而提升基金筹集、管理和使用的效率，高效便捷地向受损害投资者办理偿付事务，进而减少投资者的担心和顾虑，增强投资者和证券市场的信心。

（二）保护基金公司的公益性

保护基金公司主要负责保护基金的筹集、管理和使用，并担任投资者补偿事务的管理人，它既不具有证券市场监管职能，也不直接参与证券市场监管，但具有强烈的特许性和公益性，不应是以营利为目的的商事公司。

2017 年 3 月 15 日通过的《中华人民共和国民法总则》（以下简称《民法总则》）以营利性为标准，将法人区分为营利法人和非营利法人。依照《民法总则》的规定，“营利”是指“以取得利润并分配给股东等出资人为目的”；与之相对应，公司等企业法人全部划入营利法人的范畴。[①] 但就保护基金公司而言，其虽采用公司制模式，却非以取得利润并向其成员分配为目的，因而无法直接归入营利法人。同时，保护基金公司也并非《民法总则》第 87 条规定的事业单位、社会团体、基金会、社会服务机构等主体，从而不属于非营利法人。笔者认为，《民法总则》的法人分类方法对保护基金公司法律地位的界定造成了障碍。如果将保护基金公司定位为以营利为目的的公司法人，必然与其补偿投资者的宗旨发生严重冲突。如何协调保护基金公司性质与《民法总则》规范之间的冲突，在立法和理论上都存在极大的探讨空间。

公司在理论上可以视为一种纯粹意义上的法律组织形式，可以用来从事各种合法事业。公司发起人、创办人或者投资者可以利用这种法律组织形式从事

---

① 参见《民法总则》第 76 条。

营利事业,也可以从事非营利事业。境外立法也有将公司用于非营利事业的先例。德国《有限责任公司法》第1条就明文规定,任何人可以为任何合法目的而设立公司。依此规定,有限责任公司既可以是营利性或商业公司,也可以是非营利性或非商业性公司。在法国,公司有民事公司与商事公司之别,民事公司无须适用公司法。美国多数州的立法机关制定了《商业公司法》(Business Corporation Act),但未排除非营利事业采用公司制的组织形式,因而存在非营利公司的情况。

在我国实定法上,《中华人民共和国公司法》(以下简称《公司法》)虽未明确规定公司必须是"营利"法人,但从该法第4条关于"公司股东依法享有资产收益、参与重大决策和选择管理者等权利"、第34条关于有限责任公司"股东按照实缴的出资比例分取红利"及第166条第4款关于"公司弥补亏损和提取公积金后所余税后利润,有限责任公司依照本法第34条的规定分配;股份有限公司按照股东持有的股份比例分配,但股份有限公司章程规定不按持股比例分配的除外"等规定来看,凡是依公司法成立的公司,自应向股东分配税后利润,因而均属于营利法人的范畴。

需要指出,我国规范企业法人的法律,除包括《公司法》及《公司登记管理条例》以外,还包括《民法通则》和《企业法人登记管理条例》。而《民法通则》和《企业法人登记管理条例》仅规定了公司以外的企业法人的多种形态,①并未提及企业法人是否应向投资者或股东分配税后利润的问题。换言之,如果设立保护基金公司的准据法是《民法通则》及《企业法人登记管理条例》,保护基金公司就无须向其发起人、创办人或者投资者分配利润。由此,保护基金公司成为"非营利企业法人"就符合现行法律规定,进而与其公益性相互衔接。

三、保护基金的法律属性

在我国,保护基金是由法定来源的资金构成的信托财产,是保护基金公司负

---

① 参见《企业法人登记管理条例》第2条。

责管理的财产集合,属于特殊目的之财产。有学者通过对域外保护基金的资金来源进行考察,将保护基金的资金来源划分为以下三类:(1)启动资金。启动资金一般由政府财政或者中央银行出资,是保护基金得以建立的重要前提。(2)经常性资金来源。作为基金运作的基础性条件,经常性资金的来源渠道主要依靠与会员收入相关联的会费,保护基金的投资收益和各种证券交易税收或者部分手续费也是保护基金的重要资金来源。(3)非经常资金来源。保护基金在资金不足时可以向政府财政部门、中央银行或者其他特许金融机构借款的权利。此外,还可能包括捐赠和特别收费。①

这种观点混淆了保护基金、保护基金公司自有资金以及赔偿基金的相互关系,未能在理论上揭示保护基金的本质,可能推演出以国家出资为证券公司担保的错误结论,在实务上也必然造成混乱。笔者认为,在分析保护基金的法律属性时,应当首先澄清保护基金与保护基金公司自有资金、赔偿基金之间的根本差异,不能将三者混淆起来。

(一)保护基金的特殊目的:收购债权

在我国,保护基金的筹集、管理和使用由保护基金公司负责。保护基金主要用于偿付投资者因证券公司关闭、破产等原因而遭受的损失。《管理办法》没有规定保护基金的具体补偿范围及限额。在实践中,保护基金公司通常依照《个人债权及客户证券交易结算资金收购意见》(以下简称《收购意见》)的相关规则组织投资者赔付事务。

《收购意见》按照“依法清偿、适当收购”的原则,将收购范围限定于客户证券交易结算资金和个人债权。其中,对于个人储蓄存款及客户证券交易结算资金的合法本息全额收购,对于其他个人债权则仅收购本金部分,债权金额累计在10万元(含10万元)以内的,予以全额收购;债权金额累计在10万元以上部分按9折价格收购。② 据此,《收购意见》采取了“客户证券交易结算资金全额收购”与

① 参见陈共炎主编:《证券投资者保护系列课题研究报告5》,中国财政经济出版社2008年版,第295页。
② 参见《个人债权及客户证券交易结算资金收购意见》第3条。

“个人债权有限收购”相结合的政策。[①] 全额收购和有限收购似乎是根据投资者所从事证券活动的风险状况所进行的区分,即对于低风险投资采取全额收购政策,对于高风险投资采取有限收购政策。但是,《收购意见》将风险状况差异明显的客户交易结算资金与储蓄存款同等对待,与前述依据风险状况区分收购政策的意旨并不相符。此外,投资者因持有金融债券形成的债权或者因其证券被证券公司挪用而形成的债权,其风险程度与客户交易结算资金更接近,但却适用不同的收购政策,其妥当性也值得探讨。[②]

笔者认为,比较合理的做法是按照统一标准对客户证券交易结算资金和其他债权进行收购,这既可以避免对于被挪用证券或者资金如何定性的学术争论,亦可大幅度提高保护基金公司的运行效率。采用统一标准可以省去对证券交易结算资金和个人债权的复杂甄别程序,投资者可以尽快获得赔付,这有助于增强投资者信心和维护证券市场的稳定性。[③]

(二)保护基金的资金来源

保护基金资金来源的稳定是其建立和运行的基础条件。我国保护基金制度产生于证券公司大量关闭、破产而导致证券市场震荡的特殊历史时期,证券公司巨大的亏损和资金缺口严重危及金融市场稳定,因此,尽可能地拓宽保护基金的资金来源渠道,扩大保护基金规模以弥补证券市场的亏损和资金缺口,在当时的特殊背景下具有迫切性和必要性。但在该特定背景终结时,则有必要重新检视规则的合理性。

保护基金主要是由对会员的强制收费而形成的。根据《管理办法》第2条规定,保护基金是指按照该办法筹集形成的、在防范和处置证券公司风险中用于保护证券投资者利益的资金。根据现有规定,会员强制缴费规则主要源于会员自我保险的基金本质。[④] 目前,我国保护基金的来源主要包括以下几种方式:(1)证券交易所收取的部分交易经手费;(2)证券公司按照风险程度缴纳的基金;(3)发

---

① 参见叶林:《证券投资者保护基金制度的完善》,载《广东社会科学》2009年第1期。

② 参见廖凡:《证券客户资产风险法律问题研究》,北京大学出版社2005年版,第172页。

③ 参见叶林:《证券投资者保护基金制度的完善》,载《广东社会科学》2009年第1期。

④ 同上。

行股票、可转债等证券时,申购冻结资金的利息收入;(4)向责任方追偿所得和从证券公司破产清算中受偿收入;(5)捐赠;(6)其他合法收入。① 就此而言,保护基金是汇集会员缴费而形成的特殊目的财产,完全不同于运行该财产的管理人的自有财产。

是否应将对违规证券公司的罚没款纳入保护基金,是值得探讨的问题。证券执法机关向违规证券公司收取的罚款和没收违法所得等款项,按照目前规定,应当一律上缴国库,投资者并未从中获得任何补偿,甚至可能导致证券公司因行政处罚而无力赔偿投资者。为使投资者权益得到切实维护,有必要将证券公司所缴纳罚金或者违法所得用于投资者的补偿。投资者通过民事诉讼方式寻求赔偿往往会面临举证困难和高昂的时间及金钱成本,监管机关职能的发挥在投资者权益保护中具有不可或缺的作用。② 证券执法机关如能通过运用执法权帮助投资者追究证券公司的责任,并将罚没款项纳入保护基金用于偿付投资者损失,一方面能够拓宽保护基金资金来源渠道;另一方面能够有效恢复投资者信心和维护证券市场稳定。

(三)保护基金 vs. 保护基金公司自有资金

保护基金公司自有资金是保护基金公司运行的财产基础。保护基金公司是国家财政出资设立的非营利国有独资公司,其自有资金是由国家财政出资形成的,目的在于维持保护基金公司正常运行。该自有资金即使可以被称为启动资金,也仅是以维持保护基金公司正常运作为目的,绝不存在动用自有资金向投资者支付补偿款或者赔偿款的问题。即使保护基金公司需要在特殊情况下临时动用自有资金,也应当确保保护基金公司能够事后全额收回该垫付的款项。根据防范和处置证券公司风险的需要,基金公司可以以多种形式进行融资。在满足法定条件时,基金公司可以通过发行债券等方式获得特别融资以及向中国人民银行申请再贷款。③

---

① 参见《证券投资者保护基金管理办法》第14条。

② 参见洪艳蓉:《证券执法的制度价值及其实现——来自美国的经验借鉴》,载《北大法律评论》编辑委员会编:《北大法律评论》(2016年第1辑),北京大学出版社2016年版,第149页。

③ 参见《证券投资者保护基金管理办法》第15条、第16条。

保护基金公司只是保护基金的管理人,而不是投资者的担保人或者保险人。如果动用保护基金公司自有资金向投资者支付补偿或者赔偿款,必然产生要以国家财产为投资者的损失担保的错误分析。

四、保护基金与赔偿基金的并存模式

保护基金受到"防范和处置证券公司风险"的特殊限定,其有别于不法行为人基于加害而向受害投资者给付赔偿款所形成的赔偿基金。从实务方面来看,因不法行为致损的受害者,既可以是单一或个别投资者,也可以是数量众多的投资者;不法行为人既可以向单一或个别投资者直接赔偿,也可以通过赔偿基金的形式向众多受害投资者赔偿。所谓赔偿基金,主要是由不法行为人支付的赔偿款所构成的另一种特殊目的的基金。在我国实践中,先行赔付制度已初步成功运用,证券行政执法和解制度也已在规章层面上得到确认。目前,有必要在法律上确立赔偿基金的地位,搭建保护基金和赔偿基金并存的投资者救济机制。

(一)赔偿基金与保护基金的差异

保护基金与赔偿基金是性质迥异的两类基金。保护基金旨在防范和处置证券公司风险,其仅适用于证券公司关闭、破产等特殊情形,主要通过采用收购投资者对证券公司的债权的方式,实现对投资者的适当补偿。赔偿基金的设置目的则在于将违法者所付赔偿款支付给受损害投资者,或者部分用于投资者教育。两种基金的目的有别,其基金来源和使用等方面也存在明显差别。

保护基金主要是由证券公司常规缴纳费用而形成的,证券公司向保护基金缴纳的款项,类似于投保人向保险人缴纳的保险费,目的在于减少证券公司由于破产、关闭等情况而给投资者造成的损失。赔偿基金是由不法行为人向单一投资者或众多投资者支付的赔偿款集合,其在形成上带有一次性或者临时赔偿的特点,因而在形成渠道上明显有别于保护基金的筹集渠道。因此,保护基金公司应当根据证券公司关闭、破产的实际情形,按照保护基金公司事先拟定的债权收购等相关规则,向投资者支付一定数量或比例的补偿款;赔偿基金在向投资者支付赔偿款时,其依据既可能是人民法院的生效判决,也可能是违法行为之责任人做出的赔偿承诺。

以大庆联谊虚假陈述诱发的民事赔偿案为例,该案原告总计678位投资者以共同诉讼方式起诉大庆联谊,要求被告大庆联谊承担因虚假陈述、欺诈上市给投资者造成的损失总计2000多万元。2004年12月23日,黑龙江省高级人民法院对该案作出终审判决:对一审判决予以维持,大庆联谊应赔偿金额为884.5万元。因为该案采用共同诉讼形式,法院在该案判决及执行中,不得不分别计算、判决每位原告应得赔偿款。这种做法无谓地增加了法院的裁判工作量,当被告无力全部支付赔偿款时,还难免产生哪个执行申请人获得清偿的顺序在先的问题。相反,如果将被告支付的赔偿款设为一项赔偿基金,并交由某一管理人按照裁判办理赔偿款的分配,既可以实现公平分配,也可以节省司法资源,乃至妥善处理赔偿款分配后的余额问题。

(二)先行赔付中的赔付金

先行赔付,是指在虚假陈述民事赔偿案件中,由承担连带赔偿责任的数人中之一人先行垫资向投资者进行赔付,然后再由先行赔付者向其他连带责任人进行追偿。先行赔付制度能够有效保护投资者权益,维护证券市场的稳定秩序。因证券监管机关对虚假陈述行为的查处需要一定时间,投资者通过诉讼机制主张损害赔偿也会面临举证困难以及时间和金钱的大量消耗,现行规则无法满足投资者及时、简便获得救济的强烈需求。投资者能否获得赔偿的不确定性无疑会导致投资者信心的丧失,进而危及证券市场的稳定运行。

先行赔付制度避免了责任主体之间因责任分配不均所可能导致的对投资者赔偿事项上的推诿,同时避免了投资者陷入复杂的诉讼程序,简化了投资者维护自身权益的程序障碍并降低了维权成本。先行赔付作为一种诉讼外和解方式通过当事人自愿协商,就赔偿投资者损失事项达成协议并加以履行。这种纠纷解决模式在兼顾投资者与责任主体双方利益的同时,对投资者的损害进行及时补偿,更易于获得投资者的谅解进而缓和双方矛盾,对于稳定证券市场秩序大有裨益。[1] 如今,先行赔付已经成为保护证券投资者权益的重要机制。

在先行赔付的实践中,保护基金公司接受委托担任专项基金管理人,积极探索和尝试证券市场投资者权益保护的新模式。例如,2013年5月10日,平安证券独家出资3亿元设立万福生科虚假陈述事件投资者利益补偿专项基金,以补偿投资者因万福生科虚假陈述事件而受到的损失。[2] 2014年7月18日,海联讯4名控股股东出资2亿元设立海联讯虚假陈述事件投资者利益补偿专项基金,赔偿因海联讯虚假陈述受到损害的投资者。[3] 2017年6月9日,兴业证券出资5.5亿元设立欣泰电气欺诈发行先行赔付专项基金,用于先行赔付适格投资者因欣泰电气欺诈发行而遭受的投资损失。[4] 在上述案件中,均由保护基金公司接受专项基金出资人的委托,担任专项基金的管理人。

从效果来看,专项补偿基金的运作模式为投资者提供了诉讼途径之外的利益补偿机制。通过调动证券市场各方力量,专项基金能够在相对较短的时间内对投资者进行赔付。除具有简便高效的优点之外,专项基金的覆盖范围较广,尤其是运用股东投票系统和结算系统进行申报和补偿金的派发,最大限度地降低了投资者的维权成本。实践证明,由保护基金公司担任专项补偿基金管理人,充分运用市场化方式对投资者遭受的损失进行补偿,获得了投资者和证券市场的认可,是一种可以复制推广的模式。[5]

(三)行政和解中的和解金

经国务院批准,中国证监会在证券期货领域试点行政和解制度,将行政相对

---

① 参见陈洁:《证券市场先期赔付制度的引入及适用》,载《法律适用》2015年第8期。

② 参见《平安证券有限责任公司关于设立万福生科虚假陈述事件投资者利益补偿专项基金的公告》,载万福生科虚假陈述事件投资者利益补偿专项基金专设网:http://www.wfskjj.com/special_detail_1.html,最后访问日期:2017年11月1日。

③ 参见《深圳海联讯科技股份有限公司股东章锋、孔飙、邢文飚、杨德广关于设立海联讯虚假陈述事件投资者利益补偿专项基金的公告》,载中国证券投资者保护基金有限责任公司网:http://bcjj.sipf.com.cn/notice_detail_1.html,最后访问日期:2017年11月1日。

④ 参见《兴业证券股份有限公司关于设立欣泰电气欺诈发行先行赔付专项基金的公告》,载中国证券投资者保护基金有限责任公司网:https://zxjj.sipf.com.cn/investor/notice/notice32.do,最后访问日期:2017年11月1日。

⑤ 参见投保基金公司专项补偿基金工作组:《证券市场投资者保护新机制探索》,载《证券市场导报》2015年3月号。

人在行政执法和解程序中交纳的行政和解金用于补偿因行政相对人涉嫌违法违规行为受到损害的投资者。中国证监会于2015年公布《行政和解试点实施办法》(以下简称《实施办法》)及《行政和解金管理暂行办法》(以下简称《暂行办法》),以规范行政和解试点相关工作及行政和解金的管理和使用工作。《暂行办法》规定由保护基金公司履行行政和解金的管理职责,并对行政和解金的管理、使用、补偿方案的内容、补偿范围等作出规定。

依据《实施办法》第2条之规定,所谓行政和解,是指中国证监会在对行政相对人涉嫌违法违规行为进行调查执法过程中,根据行政相对人的申请,与其就改正涉嫌违法行为,消除涉嫌违法行为不良后果,交纳行政和解金补偿投资者损失等进行协商达成行政和解协议,并据此终止调查执法程序的行为。[①] 从该办法对证券行政和解所作定义来看,其所称行政和解实际上仅指证券行政执法和解。证券执法和解机制作为化解证券行为日益复杂化、专业化与证券执法资源有限性之间矛盾的有效措施,能够为投资者提供更为便捷地获得经济补偿的渠道。证券行政执法和解实质上是将民事领域自愿平等协商的私法理念引入证券执法实践。证券监管机关与被监管者就被调查的证券市场行为通过自愿平等协商达成和解协议以终结案件,在本质上是以自愿和解代替行政处罚,对于有效节约和配置证券执法资源、实现证券执法效果具有积极作用。[②] 因此,将证券行政执法和解金纳入保护基金公司管理范畴能够增加投资者获得偿付的可能性,进一步有效维护投资者利益。

因证券执法和解制度以证券执法权为基础,立法的授权性规定是行政执法和解合法性的直接依据,其在理论上最大的障碍即行政权的非处分性。这可能是实践中尚未有案件适用行政和解金的主要原因。但是,行政过程中存在广泛的自由裁量权,面对行政执法资源有限性的事实,如何配置有限的执法资源,应当属于行政机关自由裁量的范围。[③] 而且,行政权力不可处分是指行政权力不得

---

① 参见《行政和解试点实施办法》第2条。

② 参见叶林、张辉、张昊:《证券执法和解制度的比较研究》,载《西部法学评论》2009年第4期。

③ 同上。

任意转让和抛弃,自由裁量权的行使属于行政机关行使行政权的表现而非对行政权的处分。证券行政执法和解作为行政自由裁量的表现形式之一,其获得合法性和合理性的根本原因即其在性质上属于行使行政自由裁量权的范畴。① 因此,证券行政执法和解理应在投资者保护方面发挥更重要的作用。当然,证券监管机关应当进一步完善证券和解制度的有关规则,以增强其在证券执法实践中的可操作性。

通过以上论述可知,我国初步建立了保护基金的筹集、管理和使用的运行规则,但尚未针对赔偿基金的筹集、管理和使用等作出明确规定。在实践中,已存在的赔偿基金究竟是何种性质,保护基金公司是否可以参与以及以何种方式参与赔偿基金的设立,其他机构是否可以充当赔偿基金的管理人,管理人应当承担何种义务,都值得深入研究。

五、结　　语

我国的保护基金制度产生于证券市场经营风险高发的特殊背景下,其相应的规则设计、保护基金公司的运行机制在特定阶段适应了社会现实的实际需要,对于稳定证券市场秩序和保护投资者权益发挥了重要作用。保护基金公司作为非营利国有独资公司,在依法管理保护基金的同时,也在特定的证券虚假陈述先行赔付案件中承担了管理赔偿基金的职能。

保护基金与赔偿基金作为性质迥异的两类基金,在设立目的、基金来源和使用等方面存在明显差别。随着先行赔付制度的成功运用以及证券行政执法和解制度的确立,有关部门应当在总结既有理论和经验的基础上完善具体规则,建立投资者保护的赔偿基金模式。同时,应当鼓励更多市场化组织充当"赔偿基金"的受托人,尽可能地调动社会力量参与投资者保护,以彰显投资者赔偿基金制度的市场化本意,进一步完善我国证券投资者保护体系。

---

① 参见李东方:《论证券行政执法和解制度——兼评中国证监会〈行政和解试点实施办法〉》,载《中国政法大学学报》2015年第3期。

虚假陈述民事司法的实践

——回顾与思考

汤　欣[*]　陈　旺[**]

摘　要：统计数据显示，我国证券虚假陈述民事赔偿案件的赔付率，高于美国集体诉讼机制，在小规模投资者索赔案件中的赔付率也要高于我国台湾地区团体诉讼司法实践。同时，我国相关案件中的诉讼时长短于美国和我国台湾地区的法院。但目前国内证券虚假陈述民事诉讼的综合成本仍然较高，由于投资者受损数额较小，同时缺乏合适的诉讼形式来降低诉讼成本，投资者提起诉讼的积极性不高。在诉讼人数较少且赔偿责任多由上市公司承担的背景下，民事诉讼震慑不法行为的效果受到制约。

关键词：证券法　虚假陈述　民事赔偿　司法实践

一、概　　述

允许证券市场投资者通过司法程序获取赔偿，是投资者保护的重要途径。《中华人民共和国证券法》（以下简称《证券法》）规定了在虚假陈述、内幕交易、操纵市场、证券公司欺诈客户等情形下投资者有权通过诉讼要求相关责任人承担赔偿责任。但《证券法》的规定较简单，在因果关系认定、损失认定以及诉讼时

* 清华大学法学院教授。
** 美国盛信律师事务所律师助理。

效等关键问题上没有明确具体的认定标准,人民法院在司法实践中也一度对证券民事赔偿案件不予立案。[①] 最高人民法院2002年下发通知,允许受理虚假陈述类民事赔偿案件,[②]直到2007年才开始受理内幕交易、操纵市场、证券公司欺诈客户等其他各类证券民事赔偿案件。即便如此,最高人民法院仅对虚假陈述类案件发布了较详尽的司法解释,而关于内幕交易、操纵市场等类型案件的司法解释则虽已酝酿多年却始终未见出台。

现行的虚假陈述民事赔偿制度建立于2003年《最高人民法院关于审理证券市场因虚假陈述引发的民事赔偿案件的若干规定》(以下简称2003年司法解释)。2003年司法解释就虚假陈述类型案件中"(民事责任)主体的确认、责任的构成、归责的原则、损失的计算等方面"[③]作出了详细的规定。[④] 其基本的价值取向是"通过依法追究虚假陈述行为人的民事赔偿责任,有效填补投资人的合理损失,从而预防和遏止侵权行为的发生,依法规范证券市场秩序"。[⑤] 截至2016年年末,证券市场上虚假陈述案件频发,中国证监会和财政部就上市公司虚假陈述作出的行政处罚案件已逾240件,有70多起虚假陈述案件中的受损投资者已提起民事赔偿诉讼。随着2015年立案登记制改革的展开,理论上虚假陈述民事诉讼可以不再以行政处罚作为诉讼前置要件。[⑥] 但在实体法层面上,最高人民法院尚未进行较大变革。

相比之下,我国对于内幕交易和操纵市场等类型案件尚未颁布专门的司法解释,相关的民事诉讼主要由证券维权律师直接依照《证券法》的相关规定提起,

---

① 《最高人民法院关于涉证券民事赔偿案件暂不予受理的通知》,法明传〔2001〕406号。

② 《最高人民法院关于受理证券市场因虚假陈述引发的民事侵权纠纷案件有关问题的通知》,2002年12月26日最高人民法院审判委员会第1261次会议通过。

③ 李国光:《在公布最高人民法院〈关于审理证券市场因虚假陈述引发的民事赔偿案件的若干规定〉新闻发布会上的讲话》,载李国光、贾纬编:《证券市场虚假陈述民事赔偿制度》,法律出版社2003年版,第271页。

④ 《最高人民法院关于审理证券市场因虚假陈述引发的民事赔偿案件的若干规定》,法释〔2003〕2号,2003年1月9日。

⑤ 李国光:《在公布最高人民法院〈关于审理证券市场因虚假陈述引发的民事赔偿案件的若干规定〉新闻发布会上的讲话》,载李国光、贾纬编:《证券市场虚假陈述民事赔偿制度》,法律出版社2003年版,第277~278页。

⑥ 《最高人民法院关于人民法院登记立案若干问题的规定》,法释〔2015〕8号,2015年4月15日;《最高人民法院关于当前商事审判工作中的若干具体问题》第2条。

案件数量非常有限。据学者统计，自2005年至2013年，仅出现了3起内幕交易民事赔偿案件，结果都是在因果关系认定上判决投资者败诉，[①]直到2015年才首次出现投资者胜诉的内幕交易案件。[②] 证券市场上出现的首例操纵市场民事赔偿案件最终也以投资者败诉告终，后续的案件也因投资者无法证明损失与操纵市场行为间的因果关系而败诉。

笔者将选取虚假陈述案件分析我国法院对投资者提供司法救济的运行情况。此类案件的特殊性在于，已有专门的司法解释明确规定因果关系、损失计算等争议点的举证责任，而且有较多的诉讼案件可供研究。因此，虚假陈述类民事诉讼能够反映具有明确的法律规则时投资者的司法救济状况。

二、虚假陈述类案件的数据统计

自2002年人民法院开始受理虚假陈述民事侵权案件以来，民事诉讼长期是投资者挽回损失的主要途径。这些年发生了多少起虚假陈述民事诉讼？在诉讼中，投资者在多大程度上得到了赔偿？投资者索赔所付出的诉讼成本有多少？关于这些问题，既有文献给出的回答难以令人信服，学界对此也只有一个模糊印象。本文通过收集和整理所有公开发表的行政处罚决定书、上市公司公报、法院判决及新闻报道，期望更加全面地回答上述问题。

（一）数据来源

2003年司法解释为虚假陈述民事诉讼设定了前置条件，即只有在行政机关就虚假陈述行为作出行政处罚决定或法院作出刑事有罪判决后，投资者才能向相关责任人索赔。[③] 尽管2015年立案登记制改革后，理论上该项前置条件被废除，但仍然较少出现法院先于行政机关认定虚假陈述的情形。因此可以检索上市公司受行政处罚情况和虚假陈述刑事判决书，找到所有符合诉讼前置条件的

---

① 张心向：《我国证券内幕交易行为之处罚现状分析》，载《当代法学》2013年第4期。

② 曹中铭：《光大证券内幕交易案宣判意义非同寻常》，载《上海证券报》2015年10月12日，第6版。

③ 《最高人民法院关于审理证券市场因虚假陈述引发的民事赔偿案件的若干规定》第6条。

案件,再逐一检索是否发生民事诉讼。

笔者通过国泰安"中国上市公司违规处理研究数据库"检索了从2003年1月1日至2016年12月31日所有上市公司的信息披露违规的处理数据,①并筛选其中处理方式为"警告、罚款、没收违法所得"及其以上的数据,共得到247起上市公司受到行政处罚的案件。② 在刑事有罪判决方面,笔者从北大法宝和法意案例库中找到了2003～2016年共2份无相关行政处罚的刑事有罪判决。③ 据此本文统计出2003～2016年我国所有符合诉讼前置条件的虚假陈述案件,共289起。④

在此基础上,笔者在巨潮资讯网上逐一手工检索了这289起案件所涉及的上市公司。根据上海证券交易所和深圳证券交易所新修订的《股票上市交易规则》,"上市公司应当及时披露涉案金额超过1000万元,并且占公司最近一期经审计净资产绝对值10%以上的重大诉讼、仲裁事项。"⑤通过阅读公司的诉讼类临

① 虽然2002年全国各地法院就开始受理虚假陈述民事赔偿案件,但当时此类案件的法律适用尚不明确,与2003年司法解释颁布以后的案件数据合并统计的意义不大,因此笔者将统计的时间起点设在2003年。

② 这里的行政处罚包括两类:一类是中国证监会及其下属的各证监局作出的行政处罚;另一类是财政部对金融企业会计信息质量年度检查中对不合格企业作出的行政处罚。根据相关法律规定,"行政处罚"的范围即"警告、罚款、没收违法所得",参见《证券法》第189条、第193条,《行政处罚法》第8条。

③ 这两起案件涉及的上市公司分别为沙钢股份和宏达兴业。检索方法为阅读北大法宝和法意案例库中案由为"欺诈发行股票、债券罪""提供虚假财会报告罪""违规披露、不披露重要信息罪""提供虚假证明文件罪""出具证明文件重大失实罪"的所有案例。其中,判决日期在2003年以后,且与证券市场虚假陈述相关的共3起,分别为"郭照湘等职务侵占、非国家工作人员受贿、违规披露重要信息案",(2011)苏中刑二终字第0117号;"于在青隐瞒上市公司为他人提供担保的重要信息构成违规不披露重要信息罪案",(2012)扬邗刑初字第0005号;"董某、李某某、丁某某、阎某某、刘某某、徐某某提供虚假财会报告、出具证明文件重大失实案"("银广夏案")。另外,笔者通过巨灵网检索了2003年以后的相关新闻报道,关键词为"刑事+虚假陈述",找到了2起刑事判决,分别为"何某某等欺诈发行股票、违规披露重要信息、伪造金融票证、故意销毁会计凭证案"("绿大地案"),(2012)昆刑一初字第73号;"王某某、山东巨力股份有限公司欺诈发行股票案",(2005)奎刑初字第50号刑事判决书。

④ 这里的案件数量指的是虚假陈述被揭露的次数。1起虚假陈述案件可能包含多个虚假陈述行为,并引发数百名投资者单独提起民事诉讼。例如,中国证监会在2011年对宜宾五粮液股份有限公司(以下简称五粮液)的行政处罚决定中分别认定了五粮液在2001年、2004年、2007年和2009年的信息披露违规行为,随后有259名投资者依据该行政处罚决定书提起诉讼要求赔偿。所以按虚假陈述被揭露的次数计算案件数量更加方便和准确。相关信息见《中国证监会行政处罚决定书(五粮液、唐某等8名责任人员)》,〔2011〕17号,2011年04月29日,载中国证监会网:http://www.csrc.gov.cn/pub/zjhpublic/G00306212/201105/t20110530_195958.htm,最后访问日期:2016年5月17日;五粮液(000858),"2014年度报告",2015年5月4日,第21页。

⑤ 《上海证券交易所股票上市规则》(2014年修订),上证发〔2014〕65号,2014年10月17日,第11.1.1条、第11.1.2条;《深圳证券交易所股票上市交易规则》(2014年修订),深证上〔2014〕378号,2014年10月19日,第11.1.1条、第11.1.2条。

时公告和案发后 3 年的年报,笔者找到了较大涉案金额的虚假陈述诉讼情况。此外,为了找到涉案金额在1000 万元以下的诉讼数据,笔者通过巨灵财经资讯数据库逐一检索了各个上市公司2003 ~2016 年的新闻报道。[①] 两项合计共有98 起确定存在民事诉讼的虚假陈述案例,其中有 77 起案件截至 2016 年 12 月 31 日诉讼时效已经过。[②]

(二)统计结果

笔者统计了这 98 起案件的结案方式、原告请求金额、最终赔付金额、原告数量、诉讼时长和赔付率等数据。"结案方式"包括判决与和解,对于数据不明的案件则标记为受理。"原告请求金额"、"最终赔付金额"和"原告数量"在统计时都按已确定的最低数量计算。[③]"诉讼时长"是指案件从诉讼前置条件满足之日至案件完全判决或和解的时长。"赔付率"是指原告请求金额与最终赔付金额之比。

在案件数量方面,2003 ~2015 年符合前置条件的案件共计 289 起,实际提起数量为 98 起,提起诉讼的比率约为 33.91% 。剔除 2014 年和 2015 年数据(诉讼时效尚未经过)后,符合前置条件的案件共 218 起,实际提起数为 77 起,提起率约为 36.67% 。从时间上来看,2003 ~ 2007 年的诉讼提起率为 22%(22/100),2008 ~2014 年的诉讼提起率为 46.61%(55/118),提起率有所提升。2014 年可诉案件数(30 起)、实际提起数(14 起)和提起率(46.7%)都大幅提高。2015 年可诉案件数有所增多(34 起),截至 2016 年 12 月 31 日已提起 12 起民事诉讼;2016 年可诉案件数进一步增多(37 起),截至 2016 年 12 月 31 日已提起 8 起民事诉讼。2015 年和 2016 年还有一部分可诉案件的诉讼时效尚未经过(见图 1)。

---

① 检索关键词为"公司简称 and 虚假陈述"。

② 根据2003 年司法解释第 5 条,此类案件诉讼时效期间为 2 年,自诉讼前置条件满足之日起算。

③ 相当一部分案件数据是通过新闻报道找到的,而新闻报道可能只涵盖了一部分投资者的诉讼信息。在统计时,笔者只记录了新闻报道中明确给出的数据。例如,在"杭萧钢构案"中,共 127 名投资者提起诉讼,索赔金额总计 590 万元,但新闻报道只能确定其中 118 名投资者获赔 400 万元。在统计时,最终赔付金额记为 400 万元,请求金额记为 590 万元,原告数量记为 127 名。参见陆媛:《杭萧钢构 118 名投资者历时两年索赔成功:赔付比例 82%获赔金额合计约 400 万元》,载《第一财经日报》2009 年 5 月 21 日,第 B1 版。

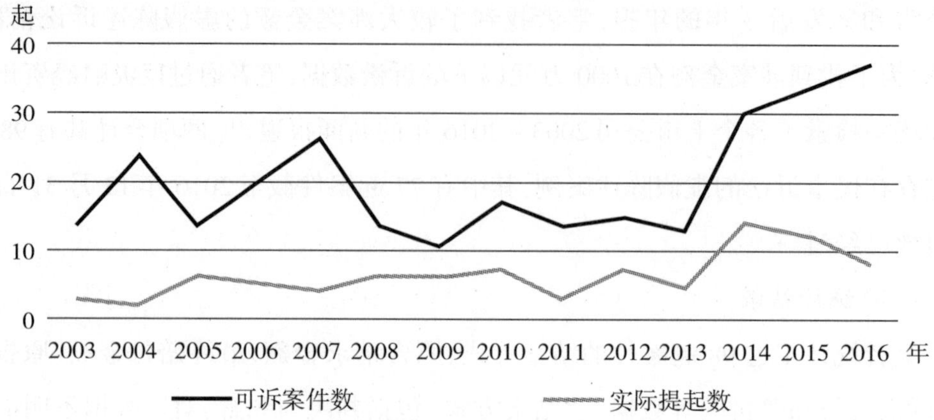

图1　可诉案件数与实际提起数

在结案方式方面,诉讼时效已过且存在民事诉讼的案件有77起,其中26起案件确定是以和解方式结案,35起案件法院作出了明确判决(判决后的执行过程中仍可能产生和解),剩余16起案件虽然能够确认法院已经受理投资者起诉,但无法判别最终的结案方式。在有法院判决的案件中,有8起案件投资者集体败诉,另有1起案件的赔付率几乎为零。①

在赔付情况方面,2003~2014年共218起虚假陈述案件中有77起引发了民事诉讼。有42起民事诉讼能够确定请求金额、赔付金额、原告人数和诉讼时长,请求金额总计92,301万元,赔付金额总计31,323.9万元,原告人数总计6108人次,赔付率为33.94%。剩余34起案件中,有17起案件的请求金额确定总计8906.2万元,还有17起案件的请求金额总和最高不超过17,000万元。② 假设投资者请求金额按最高额计算,且在这34起案件中投资者获得全额获赔,那么2003~2013年投资者的请求金额应为118,207.2万元,赔付金额应为57,230.1万元,赔付率应为48.42%。因此在全部民事诉讼中,投资者的实际赔付率应当介于33.94%~48.52%。如果剔除投资者完全败诉的案件(共10起,请求金额

---

① 在“大唐电信案”中,66名投资者的诉讼请求高达3324.6万元,但最终赔付金额仅有3.5万元。在该案中,多数投资者主张以行政处罚事先告知日为虚假陈述揭露日,而法院最终认定立案调查日为揭露日。参见大唐电信2009年年报。

② 相关上市公司没有公告这10起案件,可以推定这些案件不构成涉案金额在1000万元以上的“重大诉讼”。因此这10起案件的实际涉案金额应当低于10000万元。

共计 16189.1 万元)，那么在全部胜诉判决中投资者的实际赔付率应当介于 41.16% ~56.10%。

在诉讼时长方面，从行政处罚决定或刑事有罪判决作出到完全结案平均需要30.5 个月。如图2 所示，2007 年以后的年度平均诉讼时长都低于2007 年以前的水平，但下降幅度并不大；2009 ~2013 年大体稳定在 31.4 个月，2014 年则进一步降至 21.4 个月。

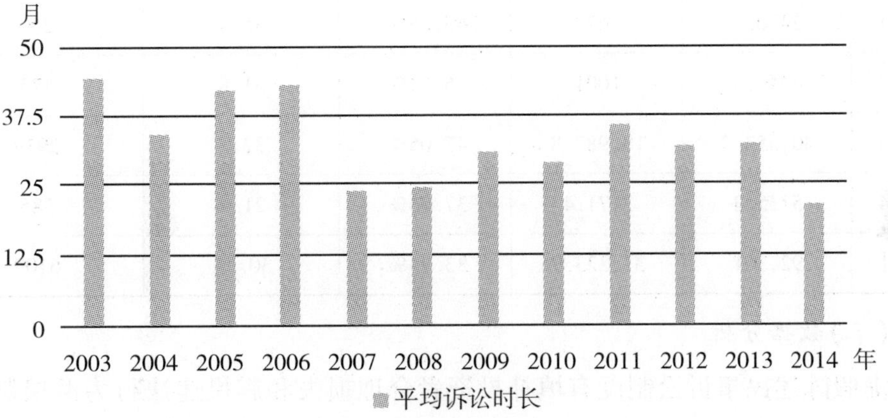

图2　平均诉讼时长

在原告人数方面，2003 ~2013 年共 54 起民事诉讼中，有 26 起起诉人数不足 50 人，有 36 起起诉人数不足 100 人。如果除去"佛山照明案"，[①]剩余 53 起民事诉讼中的平均起诉人数仅为 34 人。各年度的赔付情况整理见表 1。

表1　各年度赔付情况

年度	请求金额（万元）	赔付金额（万元）	赔付率	平均诉讼时长(月)	原告数量（人）
2003	50	46.8	93.60%	44	5
2004	400	124	31.00%	34	14
2005	655.5	301.7	46.03%	41.7	72
2006	3058.9	1681.1	54.96%	42.7	224

① 在"佛山照明案"中，2767 名原告提出合计 38,784 万元的诉讼请求，佛山照明最终赔偿 19,009 万元。该案的请求金额、赔付金额和原告数量都远远高于其他案件，在统计上不具有代表性，因此在计算时予以剔除。

续表

年度	请求金额(万元)	赔付金额(万元)	赔付率	平均诉讼时长(月)	原告数量(人)
2007	590	415	70.34%	24	136
2008	16,017.8	2122.5	35.27%	27.2	1129
2009	8347.9	201.3	2.41%%	26.3	109
2010	8380.9	2649.3	31.61%	27.8	261
2011	2470.7	1622	65.65%	35.5	260
2012	6240.3	1001	16.04%	31.8	375
2013	40,353.7	18,987.8	47.05%	32.3	2939
2014	5735.3	2171.4	37.86%	21.4	585
总计	92,301	31,323.9	33.94%	30.55	6109

(三)数据分析

虚假陈述民事诉讼制度有填补投资者合理损失和震慑违法行为两层制度目的,其中震慑不法行为是通过充分赔偿投资者损失来实现的。① 仅就填补投资者损失而言,民事诉讼需要确保受损投资者能通过参与诉讼挽回因虚假陈述而遭受的损失。这一目标不仅要求每位提起诉讼的投资者能获得合理赔偿,还需要尽可能地降低投资者的诉讼成本,使更多受损投资者能获得实质赔偿;震慑不法则需要尽可能地增加原告数量进而提高赔偿数额,并且安排由虚假陈述的实际责任人最终来承担赔偿责任。② 假定所有受损投资者都是理性人,那么只要参与诉讼所能获得的赔偿大于诉讼成本,受损投资者就会选择参与诉讼。因此"增加原告数量"的要求与"填补投资者损失"是一致的。总结来看,衡量虚假陈述民事诉讼成效的因素有三:提起诉讼所能获得的赔偿,投资者参与诉讼的成本,以及

① 李国光:《在公布最高人民法院〈关于审理证券市场因虚假陈述引发的民事赔偿案件的若干规定〉新闻发布会上的讲话》,载李国光、贾纬编:《证券市场虚假陈述民事赔偿制度》,法律出版社2003年版,第277~278页。

② John C. Coffee, Jr., "Reforming the Securities Class Action: An Essay on Deterrence and Its Implementation", 106 *Colum. L. Rev.* 1534, 1547 - 1554 (2006).

赔偿责任的最终承担者。[①] 接下来,本文尝试从这三方面来检视我国的虚假陈述民事诉讼制度。

1. 参考系:域外的经验

要衡量制度实施的成效,首先就要明确参照的对象是什么。在虚假陈述民事诉讼的比较法视野下,学界常将美国集体诉讼体制引为借鉴,不少学者和实务人士提出我国应当移植或借鉴美国式的集团诉讼体制。[②] 美国集团诉讼制度以"明示退出"机制和风险代理机制为典型特点。[③] 前者规定集团诉讼涉及的当事人在收到通知后如果不声明退出,"就自动成为集团成员,诉讼结果对其发生效力。"[④]后者是原告律师的收费方式,即原告只有在胜诉时才需要支付律师费,通常为赔偿金额的30%左右。[⑤] 集团诉讼极大地调动了原告律师提起诉讼的积极性,同时诉讼当事人也乐于坐享其成,由此形成了充满活力的诉讼市场,企业化的律师成了证券集团诉讼的主导者。[⑥]

同时,新兴证券市场上由非营利组织主导的诉讼模式也备受关注,尤其是我

---

① 对投资者获赔数额的分析,参见黄辉:《中国虚假陈述民事赔偿制度:实证分析与政策建议》,载《证券法苑》2013年第9卷,第979页;James D. Cox, Randall S. Thomas& Dana Kiku, "Does the Plaintiff Matter?: An Empirical Analysis of Lead Plaintiff in Securities Class Action", 106 *Colum. L. Rev.* 1587, 1621(2006)。对投资者参与诉讼的成本的分析,参见何朝丹:《"虚假陈述证券民事诉讼"法律时效研究》,载张育军、徐明主编:《证券法苑》(第5卷),法律出版社2011年版,第1192~1193页。对赔偿责任最终承担者的分析,参见John C. Coffee, Jr., "Reforming the Securities Class Action: An Essay on Deterrence and Its Implementation", 106 *Colum. L. Rev.* 1534, 1547 – 1554(2006)。

② 汤维建、陈巍:《缝隙策略:我国集团诉讼制度的移植路径探析》,载《政治与法律》2008年第1期;郭雳:《证券集团诉讼的功用与借鉴:一个基于现实的批判性解读》,载张育军、徐明主编:《证券法苑》(第2卷),法律出版社2010年版,第165~191页;郭丹:《证券集团诉讼在中国的制度价值:法经济学与法社会学的悖论》,载《北方法学》2012年第2期;宋一欣、薛洪增、臧小丽、厉健等:《六大维权律师纵论投资者保护制度》,载《证券时报》2014年3月15日,第A4版;肖玉航:《A股市场应加快建立集体诉讼制度》,载《证券时报》2015年2月6日,第A8版。

③ 郭雳:《美国证券集团诉讼的制度反思》,载《北大法律评论》2009年第10卷第2期。

④ 同上。

⑤ John C. Coffee, Jr., "Reforming the Securities Class Action: An Essay on Deterrence and Its Implementation", 106 *Colum. L. Rev.* 1534, 1545 – 1547(2006).

⑥ John C. Coffee, Jr., "The Regulation of Entrepreneurial Litigation: Balancing Fairness and Efficiency in the Large Class Action", 54 *U. Chi. L. Rev.* 877, 882 – 890(1987).

国台湾地区投资人保护中心模式。[①] 我国台湾地区"证券投资人及期货交易人保护中心"(以下简称台湾地区"投保中心")由我国台湾地区2002年"证券投资人及期货交易人保护法"设立,其董事和监事都由我国台湾地区"金融监督管理委员会"(以下简称我国台湾地区"金监会")遴选或指派,并受金监会监督。[②] 就同一虚假陈述事件,投保中心经20人以上受害投资者授权后,可以以自己的名义提起诉讼;辩论终结前,其他受害投资者可加入授权。[③] 我国台湾地区"投保中心"在提起团体诉讼时享受案件裁判费的减免,并在申请保全措施时无须提供担保。[④] 我国台湾地区"投保中心"胜诉后获得的赔偿金在扣除诉讼费用后须交付给受害投资者,而不得请求报酬。[⑤] 此外,我国学者还研究和讨论了德国式法院主导的示范诉讼和同样受高度监管的英国式集团诉讼等体制。[⑥]

公共强制理论认为,任何制度设计"都需要两种社会成本间进行权衡:无序和专制":前者指私人当事人在自由市场下为自身利益损害他人利益;后者指政府官僚对私人利益的损害。[⑦] 美国式集团诉讼受国家权力的干预程度较低,原告律师和投资者为追逐市场利益而提起或参与诉讼,"无序"的成本较高。一方面,在市场激励下,集团诉讼存在"滥诉"的风险;另一方面,律师为自身利益希望尽快达成和解,而不关心和解方案是否能充分弥补当事人损失,存在当事人利益受损的风险。[⑧] 我国台湾地区"投保中心"官方色彩浓厚,受权力干预程度较高,由

---

① Curtis J. Milhaupt, "Nonprofit Organizations as Investor Protection: Economic Theory and Evidence from East Aisa", 29 *Yale J. Int'l L.* 169, 175 - 181 (2004);汤欣:《论证券集团诉讼的替代性机制:比较法角度的初步考察》,载张育军、徐明主编:《证券法苑》(第4卷),法律出版社2011年版,第183~188页、第199~200页;何朝丹:《"虚假陈述证券民事诉讼"法律时效研究》,载张育军、徐明主编:《证券法苑》(第5卷),法律出版社2011年版,第195~197页。

② 中国证券投资者保护基金有限责任公司:《投保基金公司2014年年度报告》,载中国证券投资者保护网:http://www.sipf.com.cn/NewCH/zt/05/97951.shtml,最后访问日期:2016年5月17日;中国台湾地区"证券投资人及期货交易人保护法"(2002年7月17日制定,2015年2月4日修正),第11~16条。

③ 中国台湾地区"证券投资人及期货交易人保护法"第28条。

④ 中国台湾地区"证券投资人及期货交易人保护法"第34~36条。

⑤ 中国台湾地区"证券投资人及期货交易人保护法"第33条。

⑥ 杨严炎:《示范诉讼的分析与借鉴》,载《法学》2007年第3期;汤欣:《论证券集团诉讼的替代性机制:比较法角度的初步考察》,载张育军、徐明主编:《证券法苑》(第4卷),法律出版社2011年版,第188~190页。

⑦ 汤欣:《私人诉讼与证券执法》,载《清华法学》2007年第1卷第3期。

⑧ 郭雳:《美国证券集团诉讼的制度反思》,载《北大法律评论》2009年第10卷第2期;耿利航,《群体诉讼与司法局限:以证券欺诈民事集团诉讼为例》,载《法学研究》2006年第3期。

行政机关主导的我国台湾地区“投保中心”代表受害投资者向违法者索赔,“专制”的成本较高,存在政府失灵和不当干预的风险。[①]

本文尝试以美国集团诉讼和我国台湾地区“投保中心”团体诉讼为参照系,检视中国大陆虚假陈述民事诉讼制度。美国集团诉讼和我国台湾地区“投保中心”团体诉讼分别代表了市场化和集权化两种模式。以它们为比较参照系,可以展现我国民事诉讼的特点,并更好地评价我国民事诉讼制度在保护投资者和震慑违法方面的数据。本文注意到美国集团诉讼和我国台湾地区“投保中心”团体诉讼与我国民事诉讼在制度设计和社会环境上都存在巨大差别,三种立法体例在赔偿力度、诉讼成本和责任承担数据上的差异不能说明总体上孰优孰劣。正如学者所指出的:“群体诉讼中能否采用集团诉讼制度更多的是一个司法政策问题,受到司法权限、能力、政治、经济、社会需求等多种因素的制约”,“不存在一个最优模式。”[②]本文所作的比较将仅限于赔偿力度、诉讼成本和责任承担这几个小切面,无意仓促得出我国应当参照何种制度的结论。

2. 诉讼所能获得的赔偿:赔付率

现有文献一般通过赔付率(赔付金额与请求金额之比)来衡量投资者参与诉讼所能获得赔偿。[③] 根据 Cox 和 Thomas 的研究,美国集团诉讼的平均赔付率为12.7%;也有观点认为赔付金额与投资者实际损失的比例为5.1%。[④] 相对比的是,我国台湾地区“投保中心”提起的虚假陈述类证券团体诉讼判决赔付率约为76.4%(胜诉判决的平均赔付率为93.3%),但实际执行到位的金额与请求金额之比仅为8%。[⑤]

① 王文宇、张冀明:《非营利组织主导的证券集团诉讼:论投资人保护中心》,载《月旦民商法杂志》2007年第15期;汤欣:《论证券集团诉讼的替代性机制:比较法角度的初步考察》,载张育军、徐明主编:《证券法苑》(第4卷),法律出版社2011年版,第187页。

② 耿利航:《群体诉讼与司法局限:以证券欺诈民事集团诉讼为例》,载《法学研究》2006年第3期。

③ 黄辉:《中国虚假陈述民事赔偿制度:实证分析与政策建议》,载黄红元、徐明主编:《证券法苑》(第9卷),法律出版社2013年版,第979页;James D. Cox, Randall S. Thomas & Dana Kiku, “Does the Plaintiff Matter?: An Empirical Analysis of Lead Plaintiff in Securities Class Action”, 106 *Colum. L. Rev.* 1587, 1621(2006).

④ James D. Cox, Randall S. Thomas & Dana Kiku, “Does the Plaintiff Matter?: An Empirical Analysis of Lead Plaintiff in Securities Class Action”, 106 *Colum. L. Rev.* 1587, 1621, FN 132(2006).

⑤ 具体数字由笔者根据我国台湾地区学者林郁馨的研究整理,参见林郁馨:《投资人的诺亚方舟:投资人保护中心与证券团体诉讼之实证研究》,载《月旦法学杂志》2014年第229期。

曾有学者撰文认为我国同类民事诉讼的赔付率高达78.6%,[①]仅就统计数据而言,此结论值得进行更加精细的研究。该文的数据来源是媒体报道、律师博客和与律师的私下访谈,不易保证数据的全面性与客观性。例如,在被誉为“迄今最成功的证券维权案例”的“杭萧钢构案”中,[②]127名投资者中的118名以82%的比例与杭萧钢构达成和解获赔400万元,其余9名投资者则以败诉收场。[③]该案有不少投资者后续加入和解,最终的赔付率为70%。从经验上来看,难以相信我国虚假陈述民事诉讼的赔付率可高达78.6%——高于“杭萧钢构案”中的平均赔付率。

基于广泛收集的案例,笔者认为我国民事诉讼赔付率应当介于33.94%~48.52%(胜诉判决中的赔付率为41.16%~56.10%)。与其他司法区相比较,这一数据虽然低于我国台湾地区“投保中心”同类诉讼的赔付率76.4%,但也远远高于美国集团诉讼的平均赔付率5.1%~12.7%。美国集团诉讼的赔付率低下,赔偿金中的30%还要被用于支付原告律师费,已有学者诟病这一制度难以实现填补投资者损失的功能。[④]

我国台湾地区“投保中心”代理的诉讼虽然总赔付率较高,但案件胜诉率只有47.37%(2002~2012年共提起19起,胜诉9起),[⑤]胜诉案件赔付率高达93.3%,而败诉案件中投资者分文未得,各个案件赔付率的平均数仅为39.65%(我国大陆的同类数据为45%)。[⑥]在规模前五的案件中,我国台湾地区“投保中

---

① 黄辉:《中国虚假陈述民事赔偿制度:实证分析与政策建议》,载黄红元、徐明主编:《证券法苑》(第9卷),法律出版社2013年版,第979页。

② 陆媛:《代理律师谈杭萧钢构案投资者维权:“银广夏”时代成历史证券维权立法、司法环境大大改善》,载《第一财经日报》2009年7月14日,第A7版。

③ 宋一欣:《杭萧钢构案:和解之路不寻常》,载《证券时报》2009年5月23日,第A13版。吴敏:《杭萧钢构民事赔偿案尘埃落定,近120名股民将获500万赔偿》,载《证券日报》2009年5月21日,第B2版。

④ John C. Coffee, Jr., “Reforming the Securities Class Action: An Essay on Deterrence and Its Implementation”, 106 *Colum. L. Rev.* 1534, 1545 - 1547 (2006).

⑤ 2002~2012年共提起财报不实和公开说明书不实类诉讼共19起,胜诉9起。参见林郁馨:《投资人的诺亚方舟:投资人保护中心与证券团体诉讼之实证研究》,载《月旦法学杂志》2014年第229期。

⑥ 这里的“案件平均赔付率”是指各个案件赔付率的平均数。“规模前五”是指原告人数在100人以上、请求金额数量前五的案件。

心”都获得胜诉,个案赔付率都在94%以上(中国大陆的同类数据为37.38%)。[①]而在委托人数低于100人的案件中,我国台湾地区“投保中心”共提起8起、胜诉3起,赔付率不足1%(中国大陆的同类数据为提起32起,胜诉24起,赔付率为31.38%)。

由此看来,我国台湾地区“投保中心”在代理社会影响较大的案件时往往能获得更高的赔付率,在代理小规模投资者索赔时的表现乏善可陈;而中国大陆民事诉讼制度虽然社会影响较大的案件中赔付率较台湾地区低,但在小规模投资者索赔案件中的赔付率则要远高于中国台湾地区。一个可能的原因是,我国台湾地区“投保中心”具有较强台湾当局的色彩,需要在社会影响较大的案件中集中更多精力和资源,并会向被告公司施加更大的政治影响,而在小规模投资者索赔案件中,我国台湾地区“投保中心”则积极性不高。[②] 至少到2016年年末为止,中国大陆虚假陈述民事诉讼仍主要由原告律师主导,在利益驱动下会尽力提高赔付率,在小规模投资者索赔案件中表现相对出色。

我国大陆赔付率较我国台湾地区偏低的另一个原因是,原告在确定请求金额时一般不剔除系统风险,而系统风险恰恰是被告公司最有力的抗辩之一。根据相关统计数据,截至2016年10月,在剔除撤诉、调解及驳回的情况后,共计23个案例扣减了证券市场系统风险的因素,仅有11个不予扣除。在德棉股份、宝安地产等案件中,律师在代理征集公告里计算的投资者损失范围都没有考虑扣除系统风险部分,[③]而法院最终就是以系统风险为由驳回了原告全部诉请。[④] 相

---

① 规模前五的案件指“顺大裕案”(16,116.7万元,435人)、“东隆五金案”(62,129.8万元,1431人)、“皇统案”(33,191.8万元,1590人)、“大颖案”(30,926.8万元,714人)和“纽新案”(39,382.5万元,759人)。此处金额按新台币计算。参见林郁馨:《投资人的诺亚方舟:投资人保护中心与证券团体诉讼之实证研究》,载《月旦法学杂志》2014年第229期。

② 王文宇、张冀明:《非营利组织主导的证券集团诉讼:论投资人保护中心》,载《月旦民商法杂志》2007年第15期。

③ 刘国华:《诉讼期不足5月,德棉股份虚假陈述案索赔征集》,载《证券时报》2011年1月22日,第A4版。宋一欣:《征集宝安地产民事赔偿案诉讼委托代理》,载新浪博客网:http://blog.sina.com.cn/s/blog_3f549ab301018zdp.html,最后访问日期:2016年5月17日。

④ ST德棉(002072)《2011年年度报告》,2012年4月27日,第47页;许峰:《不要以系统风险名义二次伤害投资者》,载《证券时报》2012年5月19日,第A4版;宝安地产(000040)《2015年年度报告》,2016年3月29日,第38页。

比较之下,我国台湾地区"投保中心"受制于其公益性的特点,在提起诉讼和确定请求金额时会更加谨慎。[①]

由此看来,我国大陆民事诉讼制度在赔偿投资者损失方面的表现差强人意,虽然在重大案件中不如我国台湾地区"投保中心"成绩斐然,但投资者只要愿意参加诉讼,经过一系列诉讼与和解程序,就能挽回相当一部分损失。

3. 投资者的诉讼成本

投资者的诉讼成本典型的表现为金钱成本,包括法院收取的案件受理费和律师费。虚假陈述案件的受理费由国务院《诉讼费用交纳办法》统一规定,根据诉讼请求金额分段累计交纳,由败诉方负担。[②] A股市场上出现证券律师维权案例后,虚假陈述案件大多采用风险代理收费机制。[③] 按照相关规定,投资者获得赔偿后才需要支付律师费,最高收费金额不超过获赔金额的30%,[④]律师费的负担大大降低。客观地说,我国大陆市场上投资者提起诉讼的金钱成本虽然高于我国台湾地区"投保中心"模式(投资者可授权或加入台湾地区"投保中心"提起的团体诉讼,免收代理费并享受案件受理费减免),[⑤]但与美国集团诉讼模式下的金钱成本相差无几。

诉讼的时间成本同样会影响投资者加入索赔的意愿。投资者为了提起诉讼需要提交"进行交易的凭证等投资损失证据材料",[⑥]损失发生(虚假陈述被揭发)与提起诉讼距离的时间越长,准备这些材料所需要的时间成本也就越长。在案件受理后,投资者需要不断与代理律师沟通诉讼进展、决定是否和解等事项,

---

① 邵庆平:《投保中心代表诉讼的公益性:检视、强化与反省》,载《台湾大学法学论丛》2015年第44卷第1期。

② 《诉讼费用交纳办法》,国务院令第481号,2006年12月19日,第13条、第29条。

③ 黄辉:《中国虚假陈述民事赔偿制度:实证分析与政策建议》,载黄红元、徐明主编:《证券法苑》(第9卷),法律出版社2013年版,第974~976页;《臧小丽律师:状告上市公司成本很低》,载金融界网:http://stock.jrj.com.cn/2016/03/16181820700391.shtml,最后访问日期:2017年5月17日。

④ 《律师服务收费管理办法》,发改价格〔2006〕611号,2006年4月13日,第13条。另外,投资者还可能需要承担部分差率费。参见《律师服务收费管理办法》第20~22条。

⑤ 汤欣:《论证券集团诉讼的替代性机制:比较法角度的初步考察》,载张育军、徐明主编:《证券法苑》(第4卷),法律出版社2011年版,第183~84页。

⑥ 《最高人民法院关于审理证券市场因虚假陈述引发的民事赔偿案件的若干规定》,法释〔2003〕2号,2003年1月9日,第6条第2款第2项。

审理时间越长,投资者所耗费的时间也就越长。所以从损失发生到案件审结的时间长度可以一定程度上反映出投资者参与诉讼的时间成本。为统计方便,本文以行政处罚决定作出之日为起点(实践中通常以《立案稽查通知》或《调查通知书》公告日为虚假陈述揭露日),[①]计算投资者的诉讼时间成本,即前文所定义的"诉讼时长"。

我国民事诉讼平均诉讼时长为30.5个月,2009~2013年大体稳定在31.4个月左右,2014年则进一步降至21.4个月。虽然法律规定的审理期限是立案后的6个月,[②]但法院的通常做法是"分别立案,集中审理",[③]等到案件诉讼时效经过后再合并审理所有案件。比较而言,我国大陆法院的审理速度依然快于我国台湾地区法院和美国法院。我国台湾地区财报不实和公开说明书不实类案件的诉讼时长分别为65.6个月和63个月,几乎是我国大陆诉讼时长的2倍。美国法院的表现相对较好,但诉讼时长仍长于我国大陆法院。根据Cornerstone研究中心的统计,2014年美国证券集团诉讼的平均诉讼时长为36个月,2015年诉讼时长的中位值也是36个月。[④] 准此而言,我国大陆投资者的诉讼时间成本似乎不算太高。

尽管如此,我国投资者提起诉讼的积极性依然不高。只有33.91%的行政处罚案件引发了民事赔偿诉讼;2003~2014年,投资者共提起了77起民事诉讼,原

① 参见刘雯亮:《三上市公司信披认定违规,受损股民债民可速速前来索赔》,载《证券时报》2015年4月25日,第A4版。

② 《民事诉讼法》,2012年8月31日修正,第149条。

③ 黄辉:《中国虚假陈述民事赔偿制度:实证分析与政策建议》,载黄红元、徐明主编:《证券法苑》(第9卷),法律出版社2013年版,第977页。

④ Laarni T. Bulan, Ellen M. Ryan & Laura E. Simmons, "Securities Class Action Settlements:2014 Review and Analysis", Cornerstone Research, Accessed on May 17th, 2016, https://www.cornerstone.com/Publications/Reports/ Securities-Class-Action-Settlements-2014-Review-and-Analysis.pdf. Laarni T. Bulan, Ellen M. Ryan & Laura E. Simmons, "Securities Class Action Settlements:2015 Review and Analysis", Cornerstone Research, Accessed on May 17th, 2016, https://www.cornerstone.com/Publications/Reports/ Securities-Class-Action-Settlements-2015-Review-and-Analysis.pdf. 但在美国集团诉讼体制下,1997~2014年,从虚假陈述被揭露到提起集团诉讼间隔的时间中位数仅为25日。See "Securities Class Action Settlements:2015 Year in Review", Cornerstone Research, Accessed on Dec 18th, 2016, https://www.cornerstone.com/Publications/Reports/Securities-Class-Action-Filings-2015-Year-in-Review.pdf.

告数量约有6500人次,平均每起仅有84名原告。[①] 相对比的是,在我国台湾地区"投保中心"2002~2012年提起的19起证券团体诉讼中,共有6309人次的投资者加入了诉讼,平均每起有332名原告。在美国集团诉讼体制下,1997~2014年,从虚假陈述被揭露到提起集团诉讼间隔的时间中位数仅为25日。

一个可能的解释是,我国采用的诉讼形式难以解决"小额多数"的证券虚假陈述诉讼中单个投资者诉讼成本过高的问题。[②] 一起虚假陈述案件往往涉及上万名中小投资者,给投资者造成的损失可能上亿元,但每位投资者所遭受的损失可能仅有一两万元,[③]诉讼预期能获得的赔偿平均仅有四五千元,[④]此类诉讼明显具有"小额多数"诉讼的特点。在我国,这个特点尤为明显。我国证券市场上散户是股票交易的主力军,[⑤]在虚假陈述案件中受损的投资者也大多是持股数量较少的散户。目前我国法院尚不允许在虚假陈述案件中采用人数不确定的代表人

---

① 此处数据与宋一欣律师估计的数据有较大差距,有两方面原因:一是统计的时间范围。宋一欣律师统计的时间跨度为1993~2015年,而本文只关注2003年以后发生的虚假陈述案件。二是统计标准不同。宋一欣律师可能根据自身执业经验对不确切的数据进行了预估,而本文对不确切的数据一律按最低标准计算,详见本文二、(二)。

② 仲崇玉、王燕:《论虚假陈述民事案件的诉讼方式》,载《现代法学》2003年第1期。

③ 例如,在"万福生科案"中,有12,756名适格投资者与先行赔付人平安证券达成和解,约占适投资者总数的95%,而和解总金额约为17,857万元,平均每位投资者获得1.4万元补偿。假定投资者获得的补偿数额即为其损失数额(实际上的补偿数额可能高于损失数额),那么该案中平均每位投资者的损失数额仅有1.4万元。在"海联讯案"中,平均每位投资者的损失数额为0.9万元。"万福生科案"信息,参见《平安证券有限责任公司关于万福生科虚假陈述事件投资者利益补偿后续工作的公告》,2013年7月11日,载新浪财经网:http://finance.sina.com.cn/stock/t/20130711/005916082474.shtml,最后访问日期:2016年12月18日;海联讯案例信息,见海联讯(300277),《中国证券投资者保护基金有限责任公司关于海联讯虚假陈述事件投资者利益补偿专项基金的终止公告》,公告编号:2014-054,2014年9月19日。

④ 以"万福生科案"的数据为例,如果按50%计算赔付率,那么平均每位投资者获赔金额约为7000元,扣去150元案件受理费和胜诉金额中20%的律师费,平均每位投资者能得到实际赔付金额约为5450元。如果按"海联讯案"的数据计算,平均每位投资者能得到的实际赔付金额约为3550元。关于律师费的计算方法,参见黄辉:《中国虚假陈述民事赔偿制度:实证分析与政策建议》,载黄红元、徐明主编:《证券法苑》(第9卷),法律出版社2013年版,第975页,脚注21。

⑤ 据中国证监会统计,2014年"沪深两市股票总成交金额74.39万亿",其中"自然人成交占比为85.37%"。参见中国证券监督管理委员会:《中国证券监督管理委员会年报·2014》,中国财政经济出版社2015年版,第22页。

诉讼方式,投资者需要单独委托律师、单独提起诉讼,[①]在诉讼过程中需要与律师保持沟通,而这些都需要花费金钱和时间。此外,中国传统社会中对权力和熟人的信任度较高,而对法律和契约的信任度较低,[②]投资者对赔付率的预期可能低于实际情况。所以,面对小额的损失和不高的预期赔偿,中小投资者缺乏委托律师诉诸诉讼的动力,而是更多地选择观望其他投资者的诉讼进展,[③]或者自认倒霉,放弃诉讼的打算。[④]

相比之下,美国集团诉讼制度采用"明示退出"机制(opt-out),中小投资者尽可以坐享其成,而没有充分动力和足够信息来监督原告律师的行为,也很少退出集团提起单独诉讼;[⑤]而持有上市公司一半以上股票的机构投资者也大多不愿意担任首席原告(lead plaintiff),对原告律师的监督作用有限。[⑥] 代理监督的缺位降低了诉讼时间成本,原告律师为了谋取利益可以不受制约地"奔向法院"(race to courthouse)。[⑦]

---

① 《最高人民法院关于审理证券市场因虚假陈述引发的民事赔偿案件的若干规定》第12~15条。有学者认为2003年司法解释已排除了人数不确定的代表人诉讼的适用,参见李伟群、吴丹青:《论我国中小投资者对证券市场的信心构建:以证券民事赔偿诉讼方式的选择为视角》,载《政法学刊》2013年第3期;但也有学者认为2003年司法解释所规定的"共同诉讼"就是代表人诉讼,参见杨严炎:《共同诉讼抑或群体诉讼:评我国代表人诉讼的性质》,载《现代法学》2007年第2期。法院在审判实践中"以单一诉讼或共同诉讼立案,但在诉讼中均适用合并审理",尚未采用人数不确定的代表人诉讼方式。参见罗斌:《我国证券群体诉讼实践形式的理论分析:"大庆联谊案"、"银广夏案"、"东方电子案"诉讼形式比较》,载《法学杂志》2010年第5期。

② 季卫东:《法治与普遍信任:关于中国秩序原理重构的法社会学视角》,载《法哲学与法社会学论丛》2006年第1期;董进、韦冰一:《对中国律师职业信任问题的分析与解决思路》,载《学术论坛》2015年第1期。

③ 例如,在"佛山照明案"中,第一批起诉的900余名投资者获得一审胜诉,随即起诉的投资者人数大幅增加,最终约有2700名投资者提起了诉讼。参见胡飞军:《佛山照明案二审,索赔投资者大幅增加》,载《每日经济新闻》2015年4月10日,第7版;佛山照明(000541):《2015年年度报告》,2016年3月28日,第37页。

④ 黄辉:《中国虚假陈述民事赔偿制度:实证分析与政策建议》,载黄红元、徐明主编:《证券法苑》(第9卷),法律出版社2013年,第976页;何朝丹:《"虚假陈述民事诉讼"法律实效研究》,载张育军、徐明主编:《证券法苑》(第5卷),法律出版社2011年版,第1192~93页。

⑤ Elliott J. Weiss & John S. Beckerman, "Let the Money Do the Monitoring: How Institutional Investors Can Reduce Agency Costs in Securities Class Actions", 104 *Yale L. J.* 2053, 2060 – 64 (1995); John C. Coffee, Jr., "Accountability and Competition in Securities Class Actions: Why 'Exit' Works Better than 'Voice'", 30 *Cardozo L. Rev.* 407, 416 (2008).

⑥ James D. Cox, Randall S. Thomas & Dana Kiku, "Does the Plaintiff Matter?: An Empirical Analysis of Lead Plaintiff in Securities Class Action", 106 *Colum. L. Rev.* 1587, 1590 (2006).

⑦ Elliott J. Weiss & John S. Beckerman, "Let the Money Do the Monitoring: How Institutional Investors Can Reduce Agency Costs in Securities Class Actions", 104 *Yale L. J.* 2053, 2062 (1995);美国1995年通过的 *Private Securities Litigation Reform Act* 并没有改变这一状况,参见 Michael A. Perino, "Did the Private Securities Litigation Reform Act Work", 2003 *U. Ill. L. Rev.* 913, 962 – 699 (2003)。

中国台湾地区“投保中心”模式采用“明示加入”机制,虽然投资者需要在辩论终结前声明加入,但我国台湾地区“投保中心”是以自己的名义提起诉讼,可以自行决定诉讼策略和是否和解,代理监督成本同样较低。[①] 此外,我国台湾地区“投保中心”浓厚的当局背景比较普通律师更容易获得我国台湾地区投资者的信任。投资者会基于对当局机构的信赖而相信参与我国台湾地区“投保中心”代理的诉讼可以获得一定赔偿,因而即使损失金额较小也有充分动力参与诉讼。与此相印证的是,在我国台湾地区“投保中心”提起的虚假陈述类团体诉讼中,平均每位投资者的请求金额约为新台币39.9万元,约合人民币7.98万元;[②]而我国大陆平均每位投资者的请求金额约为人民币15.55万元。可见在中国大陆,只有受到较大规模损失的投资者才愿意提起诉讼,而多数中小投资者没有提起诉讼的动力。

4. 赔偿责任的实际承担者

只有当虚假陈述案件的实际责任人支付赔偿金额时,此类民事诉讼才具有震慑不法的效果。如果全部赔偿金都只由上市公司支付,那无异于用后来股东的钱去赔偿虚假陈述揭露时股东的损失;如果投资者持续持有股票,那就是用投资者自己的钱赔偿自己了。[③] 而操纵虚假陈述的上市公司董事、监事、高级管理人员或/和实际控制人却不需要自己的不法行为埋单。这样的财产循环会产生分配成本,相当一部分赔偿金要用于支付律师费、案件受理费等,[④]使投资者因索赔而再次受损。因此,必须由上市公司董事、监事、高级管理人员或/和实际控制人以其自身财产承担赔偿责任,否则赔偿毫无意义,震慑不法也无从谈起。

关于责任实际承担者的信息难以从新闻报道中获知,笔者只能基于2003~

---

① 汤欣:《论证券集团诉讼的替代性机制:比较法角度的初步考察》,载张育军、徐明主编:《证券法苑》(第4卷),法律出版社2011年版,第183~188页。

② 2002~2012年,中国台湾地区“投保中心”虚假陈述类团体诉讼的总请求金额约为新台币251,962万元,共6309名投资者加入诉讼。参见林郁馨:《投资人的诺亚方舟:投资人保护中心与证券团体诉讼之实证研究》,载《月旦法学杂志》2014年第229期。

③ 汤欣、谢日曦:《从洪良国际到证券民事赔偿》,载黄红元、徐明主编:《证券法苑》(第12卷),法律出版社2014年版,第79~80页。

④ John C. Coffee, Jr., “Reforming the Securities Class Action: An Essay on Deterrence and Its Implementation”, 106 *Colum. L. Rev.* 1534, 1556-1561 (2006).

2016 年存在上市公司公告的 33 起虚假陈述民事赔偿诉讼的数据做出统计。这 33 起案件中有 8 起是投资者败诉,13 起是由上市公司作出赔偿,2 起是由上市公司作出赔偿后向控股股东、实际控制人及董事、监事、高级管理人员追偿,[①] 5 起是完全由控股股东作出赔偿。[②] 由此看来,我国上市公司董事、监事、高级管理人员、控股股东和实际控制人承担赔偿责任的情况并不普遍,民事诉讼在震慑违法方面效果不明显。

这点可以在实体法上找到原因。根据《证券法》和 2003 年司法解释,发行人、上市公司应承担虚假陈述赔偿责任,董事、监事、高级管理人员能证明无过错的可以免责,控股股东和实际控制人有过错的应当承担连带责任。[③] 由于向发行人和上市公司索赔的举证责任最轻,投资者在诉讼时倾向于将发行人和上市公司列为被告,而较少通过民事诉讼追究董事、监事、高级管理人员及实际控制人的责任。对于投资者而言,尽可能多地获得金钱上的赔偿比惩罚实际违法者更重要。[④]

三、小　结

通过以上分析可以看出,我国证券虚假陈述民事诉讼制度是以填补投资者合理损失为核心。数据显示,我国证券虚假陈述民事赔偿案件的赔付率远高于美国集体诉讼体制。虽然在社会影响较大的案件中赔付率较我国台湾地区低,但在小规模投资者索赔案件中的赔付率要高于我国台湾地区。同时,受益于法

---

① 分别为"科龙电器虚假陈述案"和"绿大地虚假陈述案",参见 ST 科龙(000921)《诉讼进展公告》,公告编号 2009-048,2009 年 6 月 12 日;云投生态(002200)《2015 年年度报告》,2016 年 4 月 30 日,第 32 页、第 35 页。

② 分别为"中捷股份虚假陈述案"和"华盛达虚假陈述案",见中捷股份(002021)《关于中小股民诉讼进展情况的公告》,公告编号:2010-036,2010 年 9 月 1 日;刚泰股份(600687)《2010 年年度报告》2011 年 4 月 28 日,第 29~30 页。

③ 《证券法》(2014 年修正),第 69 条;《最高人民法院关于审理证券市场因虚假陈述引发的民事赔偿案件的若干规定》第 21~22 条。

④ 陈岱松:《试论证券民事诉讼制度之完善》,载张育军、徐明主编:《证券法苑》(第 1 卷),法律出版社 2009 年版,第 259~260 页。

律规则的明确性,我国法院对于相关案件的审理效率差强人意,虽然无法在6个月期限内审结,但已经明显快于美国法院和我国台湾地区法院。民事诉讼制度能够挽回投资相当部分的损失,在这方面已不逊于美国和我国台湾地区的类似制度。

目前证券虚假陈述民事诉讼制度的核心问题在于投资者的诉讼成本过高。目前我国大陆投资者参与民事诉讼的金钱成本高于我国台湾地区"投保中心"模式,投资者仍需要负担相当一部分律师费。[①] 更重要的是,投资人需要单独委托律师提起诉讼,在诉讼过程中投资者需要投入较多时间和精力。由于投资者受损数额较小,同时缺乏合适的诉讼形式来降低诉讼成本,因此投资者提起诉讼的积极性并不高。在诉讼人数较少、赔偿责任多由上市公司承担的背景下,民事诉讼震慑不法的效果也就无从谈起。

① 有说法认为,律师费约为赔偿金额的20%。参见黄辉:《中国虚假陈述民事赔偿制度:实证分析与政策建议》,载黄红元、徐明主编:《证券法苑》(第9卷),法律出版社2013年版,第975页,脚注21。

中国示范诉讼机制的法律构建

——以证券欺诈民事纠纷案件为视角

陈　冲*

摘　要：示范诉讼与集团诉讼、代表人诉讼的机制均是群体性纠纷处理机制的解决方式，三种诉讼机制和而不同。示范诉讼是基于我国目前国情处理证券欺诈民事纠纷的有益尝试，其有制度构建的必要性和可行性基础，可以有效化解当下亟待解决的净化资本市场、维护中小股东权益的司法需求与有限司法资源之间的矛盾。英美法系及大陆法系均有示范诉讼的制度雏形和实践经验，这些实践经验对我国有借鉴意义。但在构建我国本土化示范诉讼机制时，要具体考量程序设计、示范案件的挑选、生效判决的扩张以及其他案件当事人诉权的保障。在现有法律框架下进行谨慎的制度设计，发挥示范诉讼延伸的功能价值，也是司法改革与能动司法的应有之义。

关键词：示范诉讼　示范判决　证券欺诈诉讼　诉权　判决扩张

法律的任务和作用在于以最小限度的阻碍和浪费来尽可能满足各种相互冲突的利益。

——罗科斯·庞德

---

* 华东政法大学2016级经济法学博士研究生。

引　言

《最高人民法院关于当前商事审判工作中的若干具体问题》中提及了证券欺诈类民事诉讼的立案将不再以行政和刑事案件为前置程序,这意味着证券民事诉讼可能将逐渐降低诉讼门槛,司法将可能给投资者打通救济渠道。但就目前而言,在中国资本市场不完善的当下,证券欺诈民事纠纷体量大,由于立案前置程序的限制、中小投资者诉讼能力的弱势等原因而长久处于压抑状态。随着中证中小投资者服务中心有限责任公司(以下简称投服中心)支持中小投资者对多伦实业、鲜言等主体提起的虚假陈述民事诉讼案件的开展,投服中心在政府支持的背景下承担着唤醒中小投资者维权意识以及提升维权能力的职责。中小投资者维权意识之觉醒以及诉讼能力之提升,势必导致证券欺诈民事诉讼的数量激增,这对法院处理群体性案件以及应对大规模诉讼的能力是挑战与考验。长久以来,法院在处理群体性纠纷时,迫于审判力量和专业性不足、负有社会维稳的政治任务、代表诉讼等民事诉讼原则性规定落实不到位、司法救济对群体纠纷救济乏力。其固守传统的民事诉讼模式,难以有效地解决人数众多的证券民事赔偿案件。① 民事审判制度不应是法治国家的装饰品,而应成为完成权利救济、法的实现这一文化国家的重大使命而存在的制度。因此,审判制度要在不断变化的社会中完成这一伟大使命,必须使理论结构弹性化,以适应现实生活的需要。② 笔者旨在从司法改革为背景,以示范诉讼机制构建为契机,探究其对证券欺诈纠纷的案件管理,对群体性案件繁简分流,提升法院审判能力和司法救济力度,增强司法公信力。

① 参见仲崇玉:《论证券欺诈民事案件的诉讼方式》,载《法学论坛》2003年第4期。
② [日]小岛武司:《诉讼制度改革的法理与实证》,陈刚等译,法律出版社2001年版,第61~62页。

一、示范诉讼之机理

某一诉讼的纷争事实，与批量多数案件的主要事实相同，该诉讼事件经法院判决后，其结果可以成为其他事件在诉讼上或诉讼外处理的依据，该判决就称为示范判决，形成示范判决的程序就称为示范诉讼(model litigation)。[①] 有些国家也称实验诉讼或试验诉讼(test litigation)。在群体性案件中，被选定审理的案件即成为示范案件或实(试)验案件，其他当事人通过法院登记，表明接受该实验案件判决结果的扩张，对于案件主要事实部分的审理和争议焦点的认定适用于其他案件。该制度起源于德国，伴随着大规模、扩散性群体纠纷增多、社会冲突与矛盾凸显而产生。群体性纠纷产生的根源，在于社会转型时期，资源稀缺导致利益分化而积聚的社会矛盾。示范诉讼与集团诉讼、代表人诉讼均为群体诉讼民事审判管理方式，其在法院处理群体性纠纷中发挥着重要作用。

(一)与集团诉讼之甄别

集团诉讼(class action)，是指一个或数个代表人，为了集团全体成员的共同利益，代表全体集团成员提起的诉讼。法院对集团所作的判决，不仅对直接参加诉讼的集团具有约束力，对于没有参加诉讼的主体，甚至对于没有预料到损害发生的相关主体，也同样具有适用效力。该种诉讼方式对于其他成员采用了选择性退出(opt out)机制，即未向法院表明排除适用裁判结果的当事人，自动受裁判结果之约束。而代表人诉讼则是对成员采用选择性加入(opt in)机制，即在法院选定示范案件的公示期内，由其他当事人向法院进行登记申报，表示接受示范判决的当事人才受裁判结果之约束，也即通过诉讼主体自动申报的方式让渡部分诉讼权利，接受示范案件判决力的扩张。

目前我国民事诉讼领域没有集团诉讼机制，一项机制的推演事实，需要存在能力与激励机制：在能力上，需要有专业机构和专业组织可以代理集团诉讼；在

---

① 沈冠伶：《诉讼权保障与裁判外纷争处理》，台北，元照出版有限公司2006年版，第210页。

激励机制上,需要有胜诉酬金和风险代理的市场模式。我国欠缺的是后者,主要的原因在于群体性纠纷裁判的社会效果之隐忧,出于社会稳定等因素之考量。纵观世界各国,集团诉讼之实施能在美国得以良好推行,这与美国发达的律师服务市场和高额的胜诉酬金有直接关系。法律界对集团诉讼研究中往往对其优势和意义做出过高的价值判断,却忽视了其潜在的巨大风险。当代的实证和经验研究已经越来越多地发现,集团诉讼的优势难以证实,而成本、风险和滥用的危害确实存在,[①]如存在"合法性勒索"(legalized blackmail)[②]的现象。因此,只要有可替代的方式,应尽可能避免选择集团诉讼解决群体性纠纷,可以采用诸如分案受理或实验诉讼等方式。

(二)与代表人诉讼之填补

我国目前解决群体性民事纠纷采用的是代表人诉讼,这一制度也是对美国式集团诉讼的一种改良式取代。根据《中华人民共和国民事诉讼法》(以下简称《民事诉讼法》)第53条、第54条之规定,代表人诉讼指诉讼标的是共同的或同一种类的共同诉讼,其当事人一方或双方为多数时,可以从中选出一人或数人作为诉讼代表人,进行起诉或应诉的法律制度。代表人诉讼是一种明示加入制度,是一种扩大的共同诉讼,其意味着很多没有起诉和参加登记的当事人将丧失赔偿机会。司法实践表明,我国群体性纠纷的数量与代表人诉讼并不匹配,代表人诉讼机制适用不足,其根本原因在于法院在国家权力配置体系中的地位与内部的司法行政评价机制,民事案件审判的司法效果不仅指法律效果的考核维度,而是赋予了案件社会效果和政治效果的多重考量。这就迫使法院(官)顾虑甚至过分关注审判的社会效果,因为,即使是合法的判决,但如果引起了社会的剧烈震动、造成了群体性上访等社会不稳定的事件,也会导致"一票否决"的评价。于是,法院系统内部出现了对于代表人诉讼形式的一致排斥的现象,而这其实是法

① 参见范愉:《群体性侵害事件的多元化解决》,载章武生等:《中国群体诉讼理论与案例评析》,法律出版社2009年版,第152页。

② Deborah R. Hensler, "Revisitig the Monster: New Myths and Realities of Class Action and Other Large Scale Litigation", *Duke J. of Comp. & Int' L*, 2001.

院系统基于“自我保护意识”下的集体行动的逻辑。[①]

对于群体性纠纷,法院常采用一人一案、分案受理、批量开庭与结案的方式,这造成了法院审判压力大、重复的程序性事务烦冗,牵掣司法资源,且批量案件存在一案审判瑕疵则造成多案改发,纠错成本大。与代表人诉讼将群体性纠纷立为一案不同,示范诉讼与目前的分案处理方式耦合,但在示范案件审理终结前,其他案件经过当事人登记同意,暂时中止审理,等待示范案件对于相同事实和争议焦点做出认定。对于示范案件的率先审理,可以通过上诉予以提前纠错,并给予其他案件当事人较稳定的预期和接受司法裁判的心理缓冲期,可以较好地实现司法裁判的社会效果。故有观点认为示范诉讼就是建构这样的一种国家与私人之间的对话模式,其能够通过个案的纠纷形成一种对于政策的问询质疑甚至于新政策形成的呼声。[②]

我国现有的群体诉讼制度实际上是个案受理的批量案件,代表人诉讼也不多见。实际上即使是同一事件引发的弱势群体,其利益也无法联合,诉讼能力和谈判能力都处于弱势,因此法院的这种案件管理方式不利于弱势群体利益的保护。很多人期待法院通过解决群体诉讼展现其造法的功能或形成社会政策。在司法实践中,法院在面对群体性纠纷时,这一期待并不是法院的工作目标。提升司法能力是司法改革的重要目标之一,法院的司法能力包含几项重要指标,而在解决群体纠纷中,司法能力的决定性因素则为两个维度:对外是司法与其他组织的权力制衡关系;对内是法院及时妥善处理群体事件的业务水平。[③] 中国目前有上市公司 3,249 家,上市证券 14,565 只,投资者 124,749,700 人。[④] 一般证券市场投资者多为经济上有一定富余资产之个体,属于我国目前平均中产及以上的阶层,放之家庭单位来看,投资者撬动的是 4 亿人左右的体量,故证券市场投资者保护无论基于资本市场的良性发展还是社会稳定均是一个核心工程。我国的能动司法是将法院立足于作为国家治理工具的组成部分,故在证券欺诈民事纠

① 参见江伟主编:《民事诉讼法》,中国人民大学出版社 2007 年版,第 172 页。
② 参见陈慰星:《民事纠纷的多元化解决机制研究》,知识产权出版社 2008 年版,第 80 ~ 81 页。
③ 参见汤维建等:《群体性纠纷诉讼解决机制论》,北京大学出版社 2008 年版,第 370 页。
④ 该数据分别统计自上交所、深交所及中国证券登记结算公司网站,截至 2017 年 5 月 18 日。

纷领域应有所作为,通过制度安排使投资者有司法救济途径,破除起诉不受理、受理不开庭、开庭不判决以及其后的“判决不执行”的“司法无能”局面。

(三)与支持诉讼之结合

支持诉讼规定于《民事诉讼法》第15条,即相关组织可以支持受害的个人或单位提起诉讼。这一制度历经两次“修法”仍然保留,但30多年鲜为使用,仅在个别如环保类、国有资产流失类等案件中,由环保组织或检察院出庭支持诉讼,故又被称为“搁置的原则”,理论界不乏废止该条规定的建议。① 其被搁置的根本在于前述的解决诉讼能力但未解决激励机制的原因。近期,随着投服中心在上海市第一中级人民法院开展了全国首例证券支持诉讼,②帮助中小投资者在匹凸金融信息服务(上海)股份有限公司(原上海多伦实业)虚假陈述案件中挽回损失,又将支持诉讼在证券欺诈民事纠纷领域的应用重新引入视野。③ 投服中心作为政府支持背景下保护中小投资者的专业化市场机构,解决了前述的能力和激励机制问题,支持中小股东进行民事诉讼是该公司主要业务之一,其通过诉讼唤醒中小投资者的诉权。该案已落下帷幕,中小股东胜诉,涉案股东与公司承担连带赔偿责任,④可以预见会有更多该公司的中小股东通过诉讼手段寻求民事救济、挽回损失。

随着证券民事诉讼逐渐不以行政和刑事处罚为前置程序,以及中国资本市场违规现象的众多,可以预见大体量的证券欺诈民事诉讼将会进入法院,如何在专业审判能力提升的前提之外,提前做好体制机制的安排,也是司法能力的考验。在有投服中心支持起诉的情况下,可以选定该支持诉讼作为示范案件进行精细化审判,其他案件中止审理,投服中心除对案件给予专业性代理意见之外,

---

① 参见蒋集跃、梁玉超:《存在未必合理——支持起诉原则的反思》,载《政治与法律》2004年第5期。

② 虽然该案对外宣传称为支持诉讼,但笔者认为该案仅为一般意义上的诉讼代理,虽有公益性质,但在程序上并非支持诉讼的模式。参见陈冲:《我国证券支持诉讼长效机制的构建》,载《上海政法学院学报》(法治论丛)2017年第1期。

③ 陈慰星:《民事纠纷的多元化解决机制研究》,知识产权出版社2008年版,第80~81页。

④ 该案中匹凸匹金融信息服务(上海)股份有限公司虽然可能不具备偿付能力,但作为被告之一的实际控制人鲜言被中国证监会处以34.8亿元的罚款,行政处罚前对鲜言的资产状况和偿付能力做过调查,应非“空头罚单”。目前我国法律框架下的安排是该罚款上缴国库,可能导致后续的民事赔偿落空。我国证券法修订草案已经在研讨将行政罚款予以提存或者纳入投资者保护基金,以优先实现民事赔偿。

也可以在投资者教育的同时协助投资者进行数据采集、证据固定,并承担部分释法与缓和判决结果冲击的作用,这将会是支持诉讼与示范诉讼相结合的有益尝试。

二、示范诉讼在证券欺诈民事纠纷中应用之缘由

(一)必要性论证

长期以来,我国资本市场违规案例居高不下,中小投资者受制于维权能力与维权成本,极少在真正意义上提起民事诉讼。违规公司通过行政处罚多被处以金额相对不高的罚金,但其市场违规行为的直接受害主体即投资者个人却并未得到赔偿。罚金数额较之民事赔偿金额较小,也即上市公司违规成本相对较低,这在一定程度上反而会“激励”上市公司造假,不利于资本市场的良性发展。中国中小投资者基数庞大,其贡献了资本市场80%的交易额,但其权益却屡受侵犯,而长久以来民事诉讼的不畅也阻隔了受害主体的获偿,在此问题上,司法的回避使正义最后一道防线被虚置。立案登记制的推出与部分地区试点开展证券纠纷民事赔偿取消行政、刑事处罚前置程序,潜在案件体量庞大,审判任务艰巨。群体诉讼制度的改革成效取决于司法制度的改革,法院提升司法权威和地位,享有解决一切法律争议的终局权力且司法应受到绝对的尊重,才能更好地担负起群体性社会纠纷的争端解决功能。提升司法权威、落实司法最终解决原则,才能增强法院在应对群体性纠纷方面的能力,并可能通过群体性案件的审判充分体现群体诉讼的价值与功能。①

随着司法改革的推进,法院应该在更多社会问题的处理上更加有底气,对于此类纠纷的处理不应避让,而是提前、积极进行机制的探讨与构建。只有法院做好预案准备,才能从根本上提升司法公信力。在转型时期的中国,法院必须服务于大局,其面临的现实选择是在既有的实体法律框架内,依法裁判、解决纠纷、保

① 洪冬英:《代表人诉讼制度的完善——以职权型示范诉讼为补充》,载《华东政法大学学报》2011年第3期。

障公民合法的权利,[①]而非通过自我设障,回避司法需求。以示范诉讼作为代表人诉讼的补充,以一种缓和的分案方式处理群体纠纷,既不会直接造成传统群体诉讼可能直接导致的社会矛盾,也能够弥补当前我国当前支持诉讼与代表人诉讼的不足问题,更加契合本土化特征化解我国群体性纠纷司法处理的难点。

(二)可行性基础

我国司法机关对于证券欺诈类民事诉讼从排斥到有条件接受,[②]避开集团诉讼,采用共同诉讼的方式处理此类纠纷,在司法实践领域也有一定尝试,具备应对能力,如“东方电子案”“银广夏虚假陈述案”“大庆联谊案”等。其中以“银广夏虚假陈述案”最具代表性,通过个案的审理判决原告投资者胜诉,对于事实和证据进行了固定,并确定了损失计算标准和方式,使此类案件后续的大量原告与被告在此基础上进行了和解,虽然该系列案件并未采用示范诉讼机制,但其在一定意义上达到了示范诉讼的预期效果。多地区的法院设置了专业的金融庭,我国已具备了此类案件示范诉讼的试点资源。

《〈最高人民法院关于进一步推进案件繁简分流优化司法资源配置的若干意见〉读本》中明确列明“探索实行示范诉讼方式”。在司法实践中已有地区试点开展了示范诉讼机制,如浙江省三门县人民法院出台了《关于涉众型案件适用示范诉讼模式的意见》,对于群体性纠纷,法院根据当事人的意愿,前期选取一个或几个典型案件进行精细化审判,形成判例或调解方案,再对等候处理的其他案件或同类纠纷进行统一裁判或调解处理。对于涉众的批量案件达到统一裁判尺度、提高司法效能、缓解办案压力、减少涉诉信访,实现了“审理一案,化解一片”的良好社会效果。上海市第一中级人民法院也在对群体性证券民事诉讼探索“示范诉讼”或“示范判决”的模式。在目前法院案件管理的繁简分流机制中,有诉讼调

---

① 汤维建等:《群体性纠纷诉讼解决机制论》,北京大学出版社2008年版,第370页。

② 2001年9月24日,最高人民法院向全国各级法院下发通知,要求各级法院暂时不予受理涉及证券民事赔偿的案件,理由是受我国立法及司法解释的局限,法院尚不具备受理及审理这类案件的条件。2002年1月15日,《最高人民法院关于受理证券市场因虚假陈述引发的民事侵权纠纷案件有关问题的通知》第4条规定:“对于虚假陈述民事赔偿案件,人民法院应当采取单独或共同诉讼的形式予以受理,不宜以集团诉讼的形式受理。”

解中心、快速审理部门,均为示范诉讼的常态化开展提供了有力支持。同类型案件分案受理、批量审理,实际上也是示范诉讼的一个雏形和缩影,只是需要在庭审环节对事实和法律问题进行重复性调查,基本上也做到了类案同判。

三、域外参考

(一)英美法系

在英国,示范诉讼机制的法理起源于案件管理理论。根据英国《最高法院规则》指令4、英国《集团诉讼指引》第19B章及英国《民事诉讼规则》第19章规定,示范诉讼依法院职权启动,判决扩张至所有参加诉讼的当事人,诉讼费用由当事人分担,与代表人诉讼机制互为替代。司法实践中示范诉讼多见于产品责任纠纷领域。

在美国,该机制的法理起源于契约主义及司法能动主义。根据美国《联邦民事诉讼规则》23(b)(3)及美国《国际贸易法院规则》第84条、第85条规定,示范诉讼的示范案件依当事人达成诉讼契约并法院批准启动,法院也可以采取一定的标准随机挑选。[①] 除非存在示范案件当事人的密谋串通行为,否则判决直接扩张至诉讼契约当事人,[②]诉讼费用由败诉方支付。示范诉讼是集团诉讼的有机构成,在群体诉讼中较为常见。

(二)大陆法系

在日本,示范诉讼机制尚无立法明文规定,只是实践中的尝试。其法理基础是程序保障理论,由法院依职权启动且由法院指定示范案件,判决扩张至起诉的所有当事人,是该法域选定当事人诉讼制度的补充。示范诉讼在司法实践中见于消费者诉讼和公害诉讼领域,但启动概率非常低。

在德国,示范诉讼机制的法理亦为程序保障理论。根据德国《行政诉讼法》

---

① 如随机选择或分层随机选择,See D. Alan Rudlin, "Packaging Toxic Tort Cases for Trial: Use of Test Cases, Bigurcation and Class Actions", 406 *PLI Plit* 185。

② 参见[日]小岛武司:《范示诉讼之提倡》,郭美松译,载陈刚主编:《自律型社会及争议的综合体系——小岛武司先生七十华诞纪念文集》,中国法制出版社2006年版,第153页。

第93条[①]及德国《投资人示范诉讼法》[②]之规定,出现大量扩散性损害赔偿群体纠纷案件时,由当事人申请或法院依职权启动示范诉讼程序,判决扩张至被通知参与示范诉讼程序的所有利害关系人,其他非示范诉讼的当事人作为案件有利害关系的"第三人"或"参加人",诉讼费用由所有当事人负担,取消鉴定费用的预先缴纳制度,与现有的团体诉讼制度互为补充。示范诉讼在司法实践中常见于证券诉讼领域以及行政措施合法性争议的领域。

(三)于我国之借鉴

存续示范诉讼之国家大多在立法上有明确概括或明确规定,法院在适用时于法有据,且适用范围在于违法行为具有单一性、争议焦点具有共同性。[③] 但是英美立法缺少具体示范诉讼程序的立法规定,笔者建议推行示范诉讼的主要法理基础是案件管理理论,以此有效化解群体性纠纷,与我国现有的代表人诉讼互为补充,并可尝试与支持诉讼进行结合。但对于机制构建的细节处理,如费用负担、公告期限、相关权利人对于示范案件审理的参与程序以及异议权的行使等,均须在各地试点进行中探索总结适于中国本土的经验。但他国示范诉讼之框架性及关键问题的处理亦能给予我国示范诉讼关键流程以参考启示。

四、示范诉讼机制构建

(一)关键程序性问题

如前所述,证券欺诈民事纠纷是典型的具有共通事实的案件,宜采取分案受理、选取典型案件作为示范案件,通过对该类案件的精细化审理对此类案件的主要事实和争议焦点做出认定,对于损失的时间节点和计算方式做出计算公式,对其他案件的处理提供样板参照。目前证券欺诈民事纠纷的一审法院为中级人民法院,在机制相对成熟的情况下可以逐渐、有条件地下移至基层法院,以配置更

① 参见[德]平特纳:《德国普通行政法》,朱林译,中国政法大学出版社1999年版,第288页。

② 该法律起源于德国"电信案",涉及16,000名股东要求被告赔偿虚假陈述造成的损失,司法审判压力之大,直接导致该法的颁布。

③ 参见杨瑞:《示范诉讼制度探析——兼论我国代表人诉讼制度之完善》,载《现代法学》2007年第5期。

多的司法资源满足此类纠纷司法实践的需求；抑或随着专业法院的建立，将此类群体性纠纷统一由金融法院管辖，以保障其专业性和适法统一性。该制度设计有下列程序性要点和难点。

1. 示范诉讼的启动

并非所有的群体性案件均适宜适用示范诉讼，该程序的开启需要一定的前提条件：首先，案件须达到一定数量以上，如德国行政类案件要求20件以上，投资人诉讼案件要求10件以上。我国可以规定具有相同目的和相同事实的20件以上同类案件可以启动示范诉讼。其次，批量案件具有相同指向，即示范确认目标涉及的法律事实相同。示范确认目标是关于某个请求权基础事实或排除事实存在与否的确认，或对某个法律问题的澄清。① 适用该机制的请求可以由原告或被告提出，对于适用的案件可以在审理程序上进行精简、诉讼费用给予一定减免，法院在立案之后可以预先审查，对于认为适用的须经报批程序。再次，要取得当事人的同意。诉权是当事人的基本权益，判决力的扩张来源当事人的同意或自认，对于不同意适用示范诉讼的当事人，应尊重其程序权利。最后，对于被告无法送达的公告类案件，因部分当事人不到庭而无法对事实进行充分查明，故不适于适用完全适用示范诉讼，但可以适用示范判决，即对于同批次群体性案件，可以通过一案的精细化审理确定庭审模板、损失认定标准和计算公式，对于其他案件仍要根据模板进行全部庭审调查，但判决标准尺度各案件统一。

2. 挑选示范案件

通过个案审理的试验，每一个案件都得到司法的关注，不仅案件的共通问题可以得到重视，而且案件的个性差异也能呈现。通过个案审理的试验，使示范诉讼案件有一个"做试验"的机会，从而能够试验不同的救济方法，从而发现什么才是最好用的。② 一般而言，起诉的多位投资者会委托同一位或几位诉讼代理人同时立案，针对同时立案的批量案件则首选需要挑选出作为样板的示范案件。示

① 参见吴泽勇：《投资者示范诉讼法：一个群体性法律保护的完美方案？》，载《中国法学》2010年第1期。

② Mark v. Tushnet, *Making the Civil Rights Law: Thurgood Marsh all and the Supreme Court, 1936 – 1961*, Oxford University Press, 1994, p. 272.

范案件须具有事实和法律争议焦点的显著性和代表性,其选择分为当事人契约型和法院职权型,前者类似于代表人诉讼中选择代表人,后者需要法院根据案件和当事人情况进行指定。示范案件存在诉讼成本和风险的负担,但由于相对其他案件提前审结可以先行获赔,故案件的挑选存在一定博弈,主要通过诉讼代理人或支持人进行协调,在一定情况下法院可以进行职权干预。

3. 中止审理与权利登记

对于启动示范诉讼程序和选定示范案件后,法院以决议的形式进行公告,在公告期内建立诉讼登记册,允许"观望型"投资者通过立案登记"选入"(Opt in)参与,法院审核选入案件是否具有相同事实和法律问题,对于示范案件主干型审理能否免于其他案件的事实和法律认定,通过初审筛选适合适用示范诉讼的批量案件。当事人权利登记的先后可以作为批量执行阶段获赔顺序的依据之一。当事人通过签订意向书,放弃部分诉权,表示接受中止审理,等待示范案件先行审理,并接受示范案件裁判结果的扩张,再对自己的案件进行快速审理、批量宣判。

4. 通过审理示范案件确立证据认证标准及损失计算方式

在各被害人的举证事项中确定共通的部分和相异部分,共同的争点是关于被告的过失及因果关系等责任事项。与之相对的是,各被害人的损失不同。就"共通的事实问题",并非指当事人的举证事实完全一致,而是指被告的过错行为以及由此导致众多受害人的损失之间的因果关系对所有当事人而言是相同的,虽然每一个受害人的具体损害未必相同。以证券欺诈民事纠纷的处理方式为例,审理的事实与法律要点在于证券欺诈事实的成立、投资者的损害事实、欺诈行为与损害的因果关系之认定、损失的起始点与计算方式。尤其在此类案件的审理逐渐不以行政或刑事处罚为前置条件的趋势下,欺诈事实是否成立为审理查明难点,如果认定欺诈事实不成立,示范案件驳回起诉也将导致同批次案件的批量驳回。证据的认定则通过后台数据的梳理,选定损害结果的起止时间点予以计算损失。金融案件的证据因有专门的数据记账与管理系统,在信息安全的前提下杜绝了人为修改,故系统记录和生成的数据一般具有证据的证明力。但由于金融的专业化属性,对于系统生成数据的解读较为困难,故可以引入专业机构进行认定和认证,以缓解司法裁判的压力。可以尝试由诉讼代理人或支持人对后续案件进行证据梳理与认证。

5. 生效判决扩张至类案

示范判决具有包含全体被害者的和解和救济计划的“间接波及效益”。[①] 法院对于示范案件的判决,对于其他登记选入示范诉讼的案件有拘束力,对于证券欺诈类纠纷,省去事实和法律的重复审理,只需对损失进行计算,故可以同时开庭,批量宣判。对于未登记或后续起诉之案,可以移至快审部门处理,无须再次鉴定或证人出庭,参照示范案件的庭审调查,对于类案在征得双方当事人同意的情况下进行摘要性审理,快速审结。

(二)诉权保障

示范诉讼中的“等待”案件,其实是当事人部分让渡了自己的诉权,如参与庭审调查、参与损失标准和计算公式的制定等,故要充分保证诉讼当事人的相关权益。

1. 公告

法院在选定示范案件之后,可以以决议的形式进行公告,已立案的原告可以书面申请加入,其他潜在案件的受害人获得知情权,可以通过立案形式加入诉讼,并对接受示范判决的扩张和约束做出明示。此公告不同于送达程序中的公告,而是示范诉讼开启示范诉讼的公示与宣告。通过此公告,产生两个法律效应:一是批量案件原告的选择加入;二是加入案件的中止审理。但是,在公告结束之后,同意加入审理的案件低于一定数量(如20件),则法院可终止示范诉讼的程序,进入个案或批量案件的审理。

2. 知情权与异议权

对于表示接受示范案件判决约束的当事人来说,其放弃了参与实质庭审调查的权利,故对其知情权和异议权的保障是保障其诉权的应有之义。其他案件的原告有旁听庭审、了解示范案件的审理进程、提出异议等权利,对于当事人提

---

① 参见陈刚主编:《自律型社会与正义的综合体系——小岛武司先生七十华诞纪念文集》,中国法制出版社2006年版,第57页。

出的异议,法院须以谈话等形式记录在卷并做出处理。原则上,示范案件应以判决方式结案,如若所有程序参与人均同意和解,则可以以调解或撤诉形式结案。

3. 上诉权

示范诉讼的个案试验,是为了达到预先纠错的功能,故对于示范案件的裁决应给予充分审视。但从诉权的角度上,只有示范案件的当事人可以提起上诉,其他接受示范判决的当事人并不应享有上诉权。[①] 但鉴于其他诉讼参与人均在实体上受示范案件裁决结果之影响,故可以允许对示范判决有异议的当事人在一定情形下享有退出权,包括其有证据证明一审裁判事实不清、证据不足或法律适用错误等情况,能否退出应由法院依职权认定。

(三)流程设计

示范诉讼具体流程见图1。

五、结　　语

示范诉讼的制度理性体现在,它不仅是民事诉讼目的之体现,也是现代型诉讼的高级形式,更是解决群体性纠纷的新路径。[②] 其优势在于统一裁判:避免多次诉讼导致裁判之间的矛盾,借助判决效力的扩张实现其示范效应,在个案试验后进行反思实现预先纠错,基于对法律的可预测性促进和解,通过诉讼经济与分配正义实现公平正义,并与传统诉讼制度实现优势互补。该制度的功能价值还可以进一步延伸,包括发掘示范诉讼的公益价值、提高其预防和救济功能、提倡适度司法能动主义,以及发挥示范诉讼在影响和改变公共政策制定方面的空间。该制度在我国具有实务运作的基础性、技术层面的可行性、法律继受上的亲和性及本土诉讼文化的适应性,且在司法实践中已经尝试开展。可通过在证券欺诈民事纠纷案件领域探索适用示范诉讼制度,构建我国示范诉讼的本土化制度,强化此

---

① 德国《投资人示范诉讼法》赋予了全体示范诉讼当事人上诉权。参见《德国投资人示范诉讼法》(中文本),载新浪博客网:http://blog.sina.com.cn/fanlongduanfazw,最后访问日期:2017年5月18日。

② 参见郑妮:《示范诉讼制度研究》,西南政法大学2010年法学院博士学位论文,第6页。

类案件的民事追责制度，降低当事人诉讼成本且缓解司法审判负担，并借助司法的判决效力，形成一种有效的宣导，构建一种司法后特殊秩序，净化资本市场。

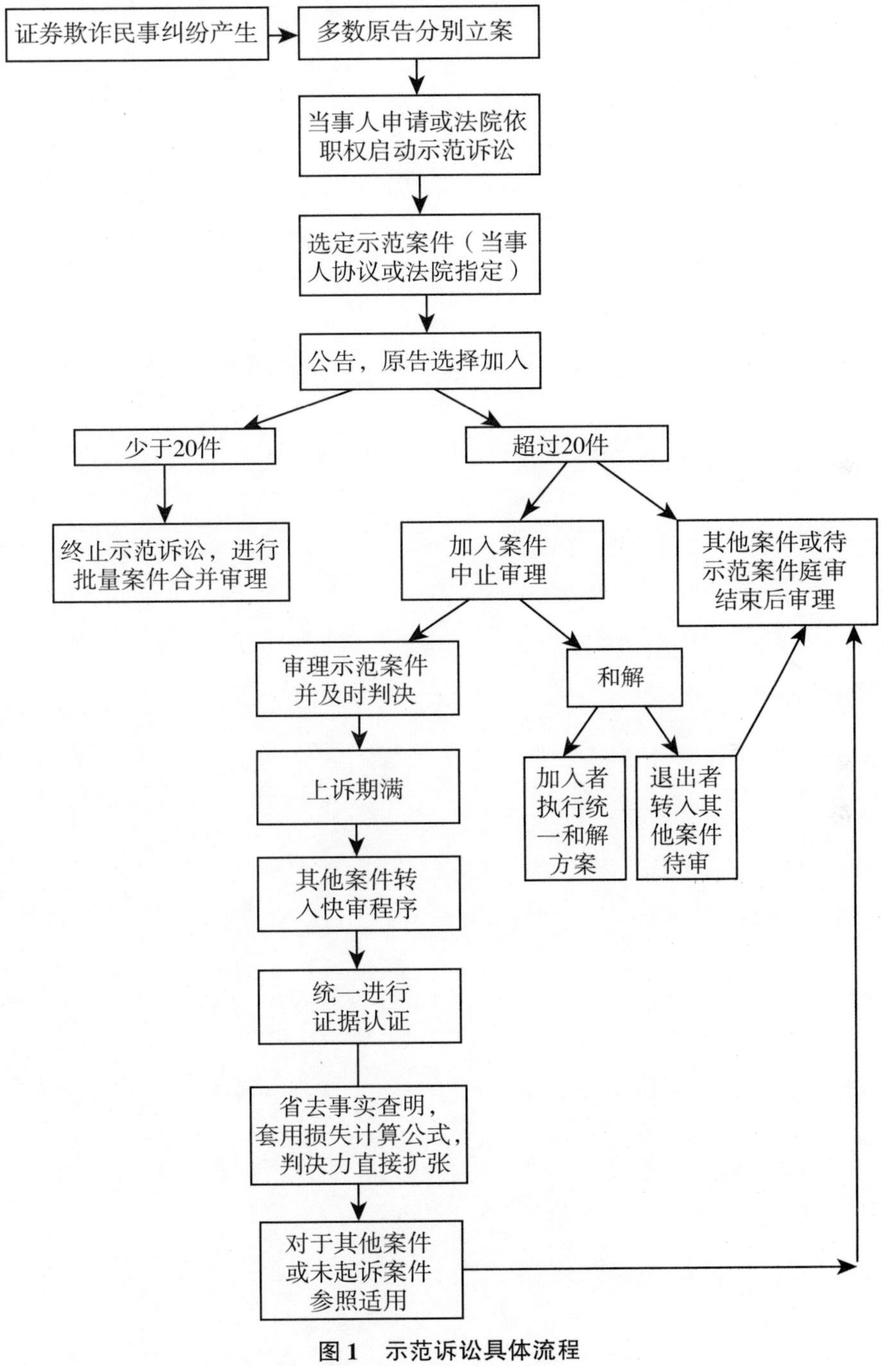

图1　示范诉讼具体流程

I 市场实务

INVESTOR

投服中心公益股东权的配置及制度建构

——以“持股行权”为研究框架

陈　洁*

摘　要：投服中心是经中国证监会批准设立的，专门为保护投资者权益而普遍性持有上市公司股票并行使股东权利的公益机构。本文在阐述投服中心的持股特色及其公益股东角色定位的基础上，从投服中心持股行权的运作机制、现实样态以及域外经验探究公益股东权利配置的基本构造及内在机理，并提出有助于满足投服中心特殊股权配置需求的制度建构思路，以期为投服中心持股行权的合法性、正当性和适度性提供判断依据，也为进一步完善持股行权机制、推进我国资本市场投资者权益保护提供建议参考。

关键词：投服中心　公益股东　权利配置　持股行权

持股行权是我国资本市场的新生事物，它特指中证中小投资者服务中心有限责任公司（以下简称投服中心）作为中国证监会批准设立并直接管理的证券金融类公益机构，按照中国证监会的要求，“公益性持有证券等品种，以股东身份行权维权”（以下简称持股行权）。具体而言，就是投服中心通过购买并持续持有上市公司、挂牌公司股份的方式（数量上通常为一手）来获得证券投资者身份，然后再以此身份在证券市场运行的各个环节行使投资者权益，从而实现积极保护投

* 中国社会科学院法学研究所商法研究室主任，研究员，博士研究生导师。

资者权益的市场态势,确保证券法宗旨的有效实现。目前在实践中,投服中心为保护中小投资者所组织开展的持股行权维权活动在资本市场获得了良好的反响和积极的评价。然而,与实践中的红红火火相反,有关持股行权制度的理论研究与立法回应的滞后却是有目共睹。其中,作为整个持股行权工作起点的投服中心的股东角色定位问题,尤其是投服中心作为公益股东的特殊股东权利配置以及相应的法律制度建构问题亟待破解。笔者从持股行权的运作机制、现实样态以及域外经验探究投资者维权组织作为公益股东的权利配置及其内在机理,并提出有助于满足投服中心特殊股权配置需求的制度建构思路,以期为投服中心持股行权的合法性、正当性和适度性提供判断依据,也为进一步完善持股行权机制、推进我国资本市场投资者权益保护提供建议参考。

一、投服中心的持股特色及其作为公益股东的基本定位

(一)投服中心的特殊持股样态

投服中心能够以股东身份介入证券市场和上市公司,并通过监督公司活动、实施股东权利、发动股东派生诉讼等多种方式保护中小股东利益,其前提是购买上市公司的股票成为其股东,进而通过行使《中华人民共和国公司法》(以下简称《公司法》)、《中华人民共和国证券法》(以下简称《证券法》)等赋予股东的一系列权利参与上市公司治理,维护投资者权益。与普通投资者相较,投服中心的持股样态具有以下特点:

1. 持股主体的特殊性。投服中心是经中国证监会批准设立并直接管理的专门为保护投资者权益而持有股票并行使股东权利的公益机构。其主要职责是为中小投资者自主维权提供教育、法律、信息、技术等服务。作为介于市场和政府之间的一种社团法人,这个专门的投资者保护机构具有组织性、独立性、非营利性、专业性等特点,其不同于资本市场上的任何一个为私益而持股的自然人或法人、非法人组织的普通投资者。

2. 持股数量固定。投服中心普遍性持有沪深两大交易所每家上市公司一手

股票。这是因为证券交易所规定投资者最低持股数为100股(一手),且根据《公司法》规定,不管持股数量多少,只需持有公司股票即可成为公司股东,行使《公司法》规定的股东权利。从节约持股成本角度出发,投服中心持有一手股票无疑是最符合经济原则的。同时,投服中心仅持有一手股票也直接表明其代表并维护资本市场广大中小投资者的立场。当然,根据《公司法》规定,也有部分股东权利的行使需要达到一定的持股数量及持股期限要求,对此,投服中心须联合其他中小投资者,依靠征集投票权或受托代理行使权利等方式以满足特定的股东资格的限制性要求,或直接申请法律的豁免性的特殊待遇。

3. 持股范围的普遍性。投服中心是普遍性地持有在上海证券交易所和深圳证券交易所上市的以及未来将在这两个交易所上市的所有上市公司的股票。时至今日,投服中心共持有3314家上市公司股票,成了沪深两大交易所所有已上市公司的股东。投服中心普遍非差异性持股主要是出于对整个资本市场中小投资者进行全面性保护的目的,同时也要防止选择性持股而造成的个别公司股价异动的风险。具体而言,上市公司侵害中小投资者的事件具有不可预测性,如果不能普遍性持有所有上市公司股票而是选择性地持股,就很可能顾此失彼,挂一漏万;此外,被选择性持股的公司很有可能被市场视作"问题公司"而导致该公司股价异动风险。

4. 持股期限的永久性。关于持股的期限,投服中心一旦持有每家上市公司一手股票,原则上不再进行交易。这是因为投服中心持股是为了行使股东权利而非用于交易获利,即持股只是为达到行使股东权利目的而实施的一种手段。此外,持股的稳定性也是考虑要维护资本市场的稳定,避免因投服中心买卖股票而引发市场股价异动。

(二)投服中心作为公益股东的基本定位

投服中心通过购买并持续持有上市公司100股股份来获得上市公司股东身份。投服中心这个股东的角色定位应该是什么呢?

1. 投服中心是普通股股东,不是优先股股东。普通股与优先股的本质区别在于普通股所代表的是完整的股东权利,而优先股往往是以参与性权利的限制或取消为对价而获得经济性权利的优先或增强。我国目前《公司法》架构下的股东权利配置实质上还属于典型的法定一元化模式,相应的股份类型也仅表现为单一的普通股。[①] 因此,毋庸置疑,投服中心是普通股股东。在股东权利一元化配置模式下,每一股份所对应的权利是相等的。作为公司的出资者,投服中心虽然仅持有一手股票,但它与控制股东在法律上的地位是一致的,他们都是公司的股东,都享有《公司法》和公司章程规定的内容相同的股东权,包括自益权和共益权。

2. 投服中心是特殊的普通股股东。投服中心特殊的组织性质与功能定位,表明它不可能等同于上市公司普通的持有100股股票的小股东。投服中心是以股东利益代表者和利益维护者的身份,成为中小投资者利益组织化的有效载体,其本质特征在于,其既可以通过自身的特殊投资者身份独立行使权利,也可以接受个体投资者权利的让渡,并以其专业的知识、组织的力量来实现保障投资者个体权利的宗旨。因此,投服中心的股东权配置应当与其保护股东权益的制度预设目标相契合。由于立法滞后,我国相关法律尚未对投服中心的特殊权利配置予以规范,但从制度目标实现机制以及域外经验考察,公益性投资者维权组织的股东权利应该有别于普通的小股东权利。这种特殊的权利配置不是一种简单的以分红权和剩余财产分配权为代表的经济性权利或以表决权为代表的参与性权利的优先与增强,而是要针对投资者维权组织的功能定位与目标设计,其大致围绕着两个基本维度展开:第一个基本维度是赋予维权组织某些特殊的股东权利不受持股数量与时间限制的权能;第二个基本维度是赋予维权组织能够较便利地代表其他中小股东寻求诉讼救济的股权的处分权能。该问题将在本文第二部分加以详细探讨。

这里值得强调的是,尽管投服中心是在政府主导下组建形成的公益性组织,但其所持股份与域外专门针对政府持股而设计的所谓黄金股份(以下简称金股)并不相同。尽管二者都具有权利行使的公益性特征,但金股一般仅限国有资本

---

① 尽管我国《公司法》第131条规定:“国务院可以对公司发行本法规定以外的其他种类的股份,另行作出规定。”但除中国证监会的《优先股试点管理办法》外,国务院至今尚未正式制定颁布股份公司发行类别股份的具体规则。

持有，且大多数国家仅在可能影响国计民生的特殊重要企业中设立金股。金股的特殊性在于赋予政府或者其控制的机构对私有化后的公司享有某种不为一般持股者所享有的特别权利，比如，对特定事项享有最终决定权或者否决权，其目的是使政府能够阻止收购、限制投票权或者否决管理层的决策。[①] 此外，在制度设计上，金股往往通过限制或者消除经营性权利（私法意义上的权利）而保留或者扩张公益性权利（公法意义上的权利），其目的在于既可以避免国有资本对公司日常经营事务的过度干预，又可以使国有资本在必要时发挥维护社会公益的作用。至于投服中心的设计理念，是基于对“市场失灵”和“政府失灵”的理性反思与因应对策，在我国证券市场监管转型的市场阶段与法治环境中，将政府的监管方式从过去的“集权管理”转型为现代化的“多元治理”，“硬性管理”转型为“弹性治理”，即投服中心的成立是通过私法手段实现公法目的的一次尝试。因此，制度设计上应该加强投服中心私法意义上的权利以实现其公法意义上的功能。

鉴于公益性是维权组织本质的展示，公益性不仅是维权组织区别于其他市场营利组织的重要特征，也是投服中心区别于其他普通股股东的核心特征，因此应将投服中心特殊普通股股东的身份定位为“公益股东”并赋予其与其功能定位相适应的特殊权利配置实属情理。

二、投服中心公益股东权利配置的基本构造及内在机理

（一）投服中心公益股东权利配置的基本构造

1. 投服中心股东权的实然状态及其内在缺陷

依据我国《公司法》的规定，股东享有的权利可以分为以下三类：一是基本股东权利，如分红权、剩余财产分配权、投票权、处分权等；二是附随性股东权利，如知情权、查阅权等；三是救济性股东权利，如代表诉讼权等。这些权利中，依据是否对股东持股数量及时间有特殊要求为标准，又可以分为两类：一类是具有股东

① 汪青松：《股份公司股东权利多元化配置的域外借鉴与制度建构》，载《比较法研究》2015 年第 1 期。

资格即可普遍拥有的权利,如质询权、建议权、表决权、决议撤销诉讼权等;另一类则是具有持股比例及时间的特殊要求的权利,诸如股东代表诉讼权、[①]临时提案权、[②]股东会议召集权、主持权[③]等。

就目前投服中心的持股行权实践而言,投服中心采取的行权方式主要有:(1)发送股东建议函。对于公司重大经营决策、上市公司收购方案等事项,投服中心以股东名义发送建议函。相关公司在收到建议函时,一般会认真对待并给予回应。(2)参加股东大会。在投服中心持有股份的上市公司召开股东大会时,投服中心委派工作人员或律师等专业人员,以股东代表的身份参加股东大会,并行使质询权、表决权。(3)股东大会之外期间现场行权。在上市公司不召开股东大会期间,投服中心以股东身份到上市公司经营场合进行现场行权,如查阅公司财务资料等。上市公司基本也会予以配合。(4)参加上市公司说明会。在上市公司举行发行新股、发行公司债、收购合并等说明会时,投服中心派员参加,督促上市公司认真履行信息披露义务。(5)公开发声。在上市公司忽视甚至侵害中小股东利益而实施不当行为时,投服中心以股东身份公开发声,利用媒体阐明立场,充分发挥舆论的影响力和约束力,抑制上市公司忽视甚至侵害中小股东利益的不正当行为。

总结上述投服中心的持股行权现状,可以发现,投服中心目前的持股行权基本上就是在《公司法》框架下行使普通的小股东权利,诸如质询权、表决权等,至于有持股时间及数量限制的股东权利,都未开展。简言之,投服中心的持股行权在本质上没有突破小股东的权利范畴。这样的持股行权存在两个突出的问题:

---

① 《公司法》第151条第1款规定:"董事、高级管理人员有本法第一百四十九条规定的情形的,有限责任公司的股东、股份有限公司连续一百八十日以上单独或者合计持有公司百分之一以上股份的股东,可以书面请求监事会或者不设监事会的有限责任公司的监事向人民法院提起诉讼;监事有本法第一百四十九条规定的情形的,前述股东可以书面请求董事会或者不设董事会的有限责任公司的执行董事向人民法院提起诉讼。"

② 《公司法》第102条第2款规定:"单独或者合计持有公司百分之三以上股份的股东,可以在股东大会召开十日前提出临时提案并书面提交董事会;董事会应当在收到提案后二日内通知其他股东,并将该临时提案提交股东大会审议。临时提案的内容应当属于股东大会职权范围,并有明确议题和具体决议事项。"

③ 《公司法》第101条第2款规定:"董事会不能履行或者不履行召集股东大会会议职责的,监事会应当及时召集和主持;监事会不召集和主持的,连续九十日以上单独或者合计持有公司百分之十以上股份的股东可以自行召集和主持。"

(1)投服中心没有发挥自身的特殊功能与制度优势。作为一个国家专门设立的投资者保护机构,仅仅通过持股而获得并行使普通股小股东的权利角色是远远不够的,也是与其制度预设初衷相悖的。这样的持股行权现状,与当前投服中心法律地位不够清晰、持股行权机制法律保障不够充分直接相关。(2)投服中心市场化的维权的特色无法体现。由于立法滞后,投服中心的公益性维权活动尚处于起步阶段,市场各方对公益性维权组织的属性职责、功能定位等还未形成统一认识。从目前实践来看,尽管投服中心持股行权效果明显,但在资本市场各界的意识形态里,一定意义上还是将投服中心视为中国证监会的派出机构。因此,投服中心的维权行权在很大程度上是依靠行政的力量发挥作用,投服中心的市场化角色没有充分树立起来。

2. 公益性维权组织股东权配置的域外经验及其应然构造

由于世界各国和地区资本市场发展水平、监管理念以及法律传统差异,各国和各地区对投资者作为股东是否应该给予组织保护,以及组织保护程度、方式应当如何存在较大差异。例如,在日本和韩国,股东维权主要通过纯民间组织来实现;而我国台湾地区的投资者维权机制与我国大陆的比较相近,故本文主要借鉴我国台湾地区的模式经验。我国台湾地区"证券投资人及期货交易人保护中心"(以下简称我国台湾地区"投保中心")是依据我国台湾地区2002年"证券投资人及期货交易人保护法"、由我国台湾地区"金融监督管理委员会"主管、证券期货交易所、同业公会捐资设立的财团法人。我国台湾地区"投保中心"也是通过拥有我国台湾地区每个上市(柜)公司1000股股份,从而以股东身份维护股东权益。其持股行权方式与投服中心相同的主要是,针对发行公司重大议案,以股东身份函请公司说明或改善,并视个案状况派员出席股东会表达意见,以促使发行公司在进行重大决策时注重股东权益之维护。至于出席股东会后并持续追踪的处理情形,主要是在发现上市公司有重大违反规定情事时,以股东身份依台湾地区"公司法"等相关规定提起撤销股东会决议之诉。除上述与投服中心相同的质询上市公司、每年参加股东大会或发函行使投资者普通权利外,我国台湾地区"投保中心"持股行权的特色主要在于:

(1)提起代表诉讼及解任诉讼不受台湾地区"公司法"有关代表诉讼的股东资格限制。依我国台湾地区"证券投资人及期货交易人保护法"第10条之一规定,[①]"如上市柜公司的董事或监察人执行业务时有重大损害公司的行为,或有违反"法令"或章程的重大事项时,除公司董事会或监察人得主动对从事不法行为的董事或监察人提起诉讼外,如董事会或监察人经我国台湾地区"投保中心"请求,于一定期间内仍不提起诉讼时,我国台湾地区"投保中心"将可以直接代位公司对从事不法行为的董事或监察人提起诉讼,及诉请法院裁判解任该董事或监察人,不受我国台湾地区"公司法"有关代表诉讼股东持股须达一定比例的限制,且纵使公司嗣后因故终止上市或上柜者,亦同,以借此督促公司管理阶层善尽忠实义务,最终达到保护证券投资人及期货交易人权益,及促进证券期货市场健全发展之目的。[②]

(2)提起团体诉讼及仲裁的特殊规定。按我国台湾地区"证券投资人及期货交易人保护法"第28条规定,[③]保护机构为保护公益,于该"法"及其捐助章程所

① 我国台湾地区"证券投资人及期货交易人保护法"第10条之一(上市或上柜公司董事或监察人执行业务有损害公司或违"法"事项之处理)规定,保护机构办理前条第1项业务,发现上市或上柜公司之董事或监察人执行业务,有重大损害公司之行为或违反"法令"或章程之重大事项,得依下列规定办理:(1)请求公司之监察人为公司对董事提起诉讼,或请求公司之董事会为公司对监察人提起诉讼。监察人或董事会自保护机构请求之日起30日内不提起诉讼时,保护机构得为公司提起诉讼,不受"公司法"第214条及第227条准用第214条之限制。保护机构之请求,应以书面为之。(2)诉请法院裁判解任公司之董事或监察人,不受台湾地区"公司法"第200条及第227条准用第200条之限制。我国台湾地区"公司法"第214条(少数股东请求求对董事诉讼)规定:"继续一年以上,持有已发行股份总数百分之三以上之股东,得以书面请求监察人为公司对董事提起诉讼。监察人自有前项之请求日起,三十日内不提起诉讼时,前项之股东,得为公司提起诉讼;股东提起诉讼时,法院因被告之申请,得命起诉之股东,提供相当之担保;如因败诉,致公司受有损害,起诉之股东,对于公司负赔偿之责。"

② 《代表诉讼及解任诉讼》,载台湾地区"证券投资人及期货交易人保护中心"网:http://www.sfipc.org.tw/MainWeb/Article.aspx? L=1&SNO=O9KKB22eKfWZvq0+GD2pKg==,最后访问日期:2017年10月15日。

③ 我国台湾地区"证券投资人及期货交易人保护法"第28条(起诉或提付仲裁)规定:保护机构为保护公益,于本"法"及其捐助章程所定目的范围内,对于造成多数证券投资人或期货交易人受损害之同一原因所引起之证券、期货事件,得由20人以上证券投资人或期货交易人授与仲裁或诉讼实施权后,以自己之名义,提付仲裁或起诉。证券投资人或期货交易人得于言词辩论终结前或询问终结前,撤回仲裁或诉讼实施权之授与,并通知仲裁庭或法院。保护机构依前项规定提付仲裁或起诉后,得由其他因同一原因所引起之证券或期货事件受损害之证券投资人或期货交易人授与仲裁或诉讼实施权,于第一审言词辩论终结前或询问终结前,扩张应受仲裁或判决事项之声明。前两项仲裁或诉讼实施权之授与,包含因同一原因所引起之证券或期货事件而为强制执行、假扣押、假处分、参与重整或破产程序及其他为实现权利所必要之权限。第1项及第2项仲裁或诉讼实施权之授与,应以书面为之。台湾地区"仲裁法"第四条及台湾地区"证券交易法"第167条之规定,于保护机构依第1项或第2项规定起诉或扩张应受判决事项之声明时,不适用之。

定目的范围内，对于造成多数证券投资人或期货交易人受损害之同一原因所引起之证券、期货事件，得由 20 人以上证券投资人或期货交易人授与诉讼或仲裁实施权后，以保护机构之名义起诉或提付仲裁，以期达到诉讼经济，减轻讼累之目的。另外，为有效发挥团体诉讼之功能，台湾地区"投资人保护法"亦针对团体诉讼案件明定法院得裁定保护机构免供担保申请假扣押或假处分；如提起诉讼或上诉时，对于诉讼标的金额或价额超过 3000 万元新台币之部分，得暂免缴裁判费，关于强制执行程序所需逾一定金额以上之执行费亦得暂免缴；且如保护机构释明在判决确定前不为执行，投资人恐受难以抵偿或难以计算之损害时，法院应依其声请宣告准予免供担保之假执行；同时，为提起诉讼或仲裁，保护机构得请求相关单位协助或提出文件、资料，以减轻证据收集之困难；凡此规定，目的皆在于使投资人获得更周延之保障。①

(3)针对短线交易不上缴公司等行为行使股东派生诉讼权。我国台湾地区"投保中心"成立后"依主管机关函释，就我国台湾地区证券交易所及柜台买卖中心提供之每半年短线交易汇总数据，以上市(柜)公司股东身份发函要求公司之董事会及监察人为公司行使归入权，若逾期未行使，将视案件具体情形进行一般诉讼或督促程序，要求内部人将短线交易差价利益归还予公司。"②此外，我国台湾地区"投保中心"也通过行使质询权、建议权等方式，积极推动累积投票制、电子投票等制度的实施。③

归结起来，我国台湾地区明确规定了台湾地区"投保中心"在拥有普通股东权利之外，针对极易损害中小投资者权利的公司高管背信及未勤勉尽责事件，我国台湾地区"投保中心"在对给公司造成损失的董事高管行使诉讼权时，可以不受公司法持股比例及时间之限制。同时，我国台湾地区明确对团体诉讼，只要 20

---

① 《团体诉讼及仲裁简介》，载台湾地区"证券投资人及期货交易人保护中心"网：http://www.sfipc.org.tw/MainWeb/Article.aspx？L=1&SNO=fD0fF/YR5eNG2r7p+fC8aQ==，最后访问日期：2017 年 10 月 15 日。

② 《归入权简介》，载台湾地区"证券投资人及期货交易人保护中心"网：http://www.sfipc.org.tw/MainWeb/Article.aspx？L=1&SNO=14jrjzxJvMr/Bs0m5o6dhg==，最后访问日期：2017 年 10 月 15 日。

③ 参见我国台湾地区"证券交易人及期货交易人保护中心"网：http://www.sfipc.org.tw/，最后访问日期：2017 年 10 月 15 日。

人以上证券投资人或期货交易人授与仲裁或诉讼实施权后,我国台湾地区“投保中心”就可以自己名义,提付仲裁或起诉。探究这样规定之缘由,就是真正助力中小投资者维权组织在协助投资者行使权利并给予权利救济两个方面充分实现其维护投资者权益的制度目的。

借他山之石,笔者以为,投服中心可以借鉴我国台湾地区“投保中心”的有益经验,在通过股东身份持股行权维护投资者权益时,一是要充分行使证券法、公司法确认的投资者相关权利,尤其是要充分行使针对不尽责公司高管提起的股东代表诉讼权;二是在投资者权利受损害时能有效便捷地代表投资者积极采取救济措施,包括向证券监管机构投诉,向人民法院提起股东直接诉讼或代表诉讼。因此,从这两个方面对投服中心股东权予以特殊配置,这也是未来立法构造公益股东权的应然思路。

(二)公益股东特殊权利配置的内在机理

尽管各个国家和地区对股东权利配置的基本理念与制度设计不尽相同,但其中所蕴含的基本法理与内在机制并无二致。除立法强制性规定外,不同类别股东的特定权利构造在本质上都是由某些权利或利益之间交换取舍的结果。在此基础上,立足投资者维权组织的功能定位来分析其特殊股东权利配置得以生成的内在机理,笔者以为,公益组织理论以及传统的经济学理论乃至公司法理都能够为公益股东特殊的权利配置提供相应的逻辑基础。

1. 公益性是公益股东获取特殊股东权配置的核心和基础

投服中心公益股东权利应予特殊配置的核心是公益性。公益组织的相关理论为投服中心公益股东权利配置层面的拓展创新提供了有力的理论支撑。首先,公益组织与非公益组织基于不同的内在逻辑运作。公益组织以“社会公共利益的最大化”作为自己的行动追求。而且这种行动追求,其目标直接就是公共利益的最大化,而不似某些非公益组织,是通过追求私益而客观地令社会公益最大化。其次,公益性组织提供的公益服务是绝对不营利的,其机构工作人员及志愿者活动经费均来自公益资金筹措,而非由服务对象交费。当然,公益组织在服务过程中可能存在收费现象,但此收入可用于组织发展,而绝不能在成员之间进行利润分配,除用于支付工资和合理福利外,不能用于任何其他形式的个人受惠。[①]这是公益组织区别于企业等市场营利组织的重要特征。

投服中心持股行权的目的不是营利,而是保护证券市场上不特定投资者的权益,促使上市公司等忠实审慎勤勉经营,维持证券市场信心和证券市场秩序,这是投服中心的公益性目的。投服中心的公益性特征使其具有提供公共服务的天然优势,它们提供的公共服务能够满足公共需求的多样性与异质性,是政府有力的公私合作伙伴。在投服中心的持股行权过程中,其持有上市公司股份的事实与行为,体现了投服中心的市场角色的一面,要按照市场主体的行为规范行使权利,更多体现市场配置资源的微观基础和主体选择;其维护证券市场秩序、投资者权益以及非营利的目的,体现了投资中心行使政府职能的另一面,要更好地发挥政府监管证券市场的行政目标。可以说,投服中心开展持股行权为我国证券执法体系的合理化建构,以及在其中为政府与市场确立有效的功能定位及运行机制提供了新的制度创新思路和现实可能性。因此,在投服中心公益股东权利配置上,要尽量从加强其私法意义上的权利以实现其公法意义上的功能,同时要尽量消弥目前我国由政府和市场提供的投资者保护之类的公共产品数量与社会实际需求存在巨大差距之矛盾,这对我国资本市场发展具有重要的现实意义。

2. 目标正当性是公益股东获取特殊股东权配置的前提条件

在我国资本市场上,目前有超过3000家的上市公司,投资者人数突破1亿户,但其中可称为"成熟投资者"的比例极低。因投资者知识、经验、精力、资金、信息和偏好等诸方面的限制,在证券市场所蕴含、证券法所确认的投资者权益中,那些需要由投资者积极行使的权利很难有效实现。

在以投资者群体为市场主体参照的意义上,投资者权利保护系统可以分为他为机制和自为机制两种。前者如证券监管机构、市场非营利组织保护投资者权益的措施与实施;后者如投资者自己或委托他人行使或维护权利的措施及行为。二者相较,当前投资者权利保护的自为机制显然处于残缺软弱的态势。可

① 庞承伟:《公益性民间组织理论界定初探》,载《青岛日报》2006年8月5日,第6版。

以说,这一局面是造成我国投资者维权情势严峻的结构性原因和机制性障碍。① 投服中心持股行权的功能设计就是弥补这种缺陷的有效措施:一是在结构上,投服中心可以弥补成熟投资者的数量不足,从而强化投资者权益保护自为机制的组织基础;二是在功能上,投服中心可以以投资者身份行使民事权利,从而启动证券民事权利的实现机制,优化配置证券市场上的民事权利资源。

概言之,投服中心持股行权对我国资本市场的正效益性主要表现在这样几个方面:一是提升广大投资者的行权水平和维权能力,由此构成证券市场机制的一个重要构成部分;二是提升投资者理性程度,由此构成证券市场成熟程度的一个重要标准;三是提升投资者的维权信心,由此构成证券市场信心的一个重要方面。可以说,正是这样的目标正当性,才是投服中心作为公益股东获取特殊股东权配置的前提条件。

3. 效益性是公益股东获取特殊股东权配置的客观要求

从公司法理出发,股东权利多元化配置的推陈创新也需要符合效益优先的构造理论。就投服中心而言,投服中心是作为中小投资者利益团体的代表人积极参与上市公司治理,促进上市公司规范运作,示范引领广大中小投资者积极行权、理性维权、依法维权。投服中心要以有限资源实现最优行权效果,就必须获得相关法律制度的支持,建立科学的持股行权决策机制,优化行权目标和行权措施选择能力,强化持股行权资源的配置能力,提升行权项目的管理执行能力。事实上,投服中心持股行权以来一直追求低成本高效益的特性。一是在财政初期投入后,投服中心持股行权可通过公司治理结构与运行机制展开。二是持股行权的示范、警示等作用,可以以较低成本获得较高的约束效益。三是通过持股行权提起或参与诉讼仲裁时,其胜诉赔偿可用来支撑持股行权成本。四是投服中心按照公司治理结构设置内部组织结构、配置内部监管,同时参与持股行权,提高管理效益。除上述优势外,若从整个资本市场视域考察,通过投服中心代表广大投资者来发动对于证券违法行为的诉讼,既可以有效避免域外集团诉讼普遍

① 陈甦、陈洁:《持股行权:理念创新与制度集成》,载《证券日报》2016年12月31日,第A03版。

存在的滥诉问题，大大降低投资者的维权成本，减轻法院讼累，还可以更好地协调其与其他执法资源之间的关系，尤其有利于和政府监管、市场约束等执法机制的协同发展，弥补现有的执法机制之不足，避免执法资源的浪费。

尽管如此，目前由于立法相对滞后，投服中心仅仅在《公司法》框架下以普通股小股东的身份行权维权势必导致其维权效率低下，制度优势无从发挥。例如，依据《公司法》第151条规定，投服中心要行使股东代表诉讼权，即便其有足够的资金针对问题公司进行增持股票到1%（事实上投服中心不可能去增持股票，而只能以委托代理或联合行权等方式联合其他投资者共同行权），但同时还要满足连续180日的时间要求。这样的行权时间周期和资金成本对投服中心而言都难以实现。而从我国资本市场实践来看，上市公司董事、高管通过关联交易、侵占资产、违规担保等方式侵犯上市公司的事件屡禁不止，而上市公司的董事会、监事会极少主动提起诉讼维护公司利益。因此，由中小投资者维权组织提起股东代表诉讼是维护中小投资者利益的有效途径。但是，现行《公司法》的规定无疑将严重阻碍投服中心持股行权工作的开展和落实。考虑投服中心只是一个金融公益机构，其本身并没有实质的行政权和足够的人力、物力，因此如何从法律建构上赋予其必要的手段和措施，使其能凭借持有每家上市公司一手股票的特殊身份充分行使持股行权的职责，就显得尤为重要且必不可少。

4. 权利配置和预设目标的匹适度是公益股东获取特殊股东权配置的理性要求

作为证券市场的新生事物，投服中心持股行权尚处于起步试点阶段。但就目前情形而言，已经显现出的资源配置不足的情形，影响了投服中心持股行权预设目标的实现，因此必须加大对投服中心持股行权的保障力度，在资源配置上给予投服中心更多倾斜。其中关键之一就是要在职权资源配置上更多地向投服中心倾斜，并赋予其适当的自主性，以提高投服中心持股行权的主动性、选择性和适当性。

就权利配置而言，一方面，如前所述，从投服中心的功能定位出发，针对类似提起股东代表诉讼的维权方式，《公司法》应当给予必要的股东资格特殊限制的豁免,以满足投服中心的持股行权需求。但另一方面,权利配置和预设目标的匹适度也是公益股东获取特殊股东权配置的理性要求。具体而言,鉴于投服中心的职能设定是积极回应投资者行权、维权过程中遭遇的普遍性突出性的问题,着重履行持股行权、提起或支持诉讼、证券纠纷调解等国务院证券监督管理机构规定的职责。因此,尽管其也是通过股东身份来促进公司治理,但其并不具体介入日常公司经营活动,而是要充分运用市场利益维护者身份,通过积极提起股东代表诉讼、参与立法活动等措施来保护公众投资者的合法权益。从这个职能定位出发,对于其他可能影响公司日常经营的股东权利的持股限制,如行使临时提案权、股东大会召集权等权利,就不建议对投服中心公益股东予以直接豁免。

总之,为将持股行权工作进一步推向全面深入,切实增强我国投资者权益保护的有效性,立法必须根据投服中心的设立目的,充分考虑投服中心的公益性和职能行使的特殊性,从投服中心持股行权的制度连接点与角色平衡点出发,只有有效使用制度资源,尽快通过在法律层面上对投服中心公益股东权的配置做相应的修改或完善,针对性地豁免投服中心在行使救济类股东权利时相应的持股比例限制,以此增强公益组织在规范证券市场秩序方面的角色功能,提高我国证券市场的自治能力,确保《证券法》提供的各种措施目标可以实现。

三、投服中心公益股东权特殊配置的制度保障

强制性规范适用的逻辑基础是其所调整对象涉及第三方利益(包括社会公共利益),而投服中心公益股东权利的配置涉及资本市场多方利益主体,并进而影响社会公共利益,因此投服中心公益股东权利配置的实现必须依赖于强制性的立法规范。鉴于投服中心公益股东权利特殊配置具体实现的内容相当庞杂,因此投服中心公益股东权利配置的制度保障有赖于不同层次立法的强制性安排。具体制度建构的重点不仅包括公益股东定位的基本原则,公益股东的权利构造、权利行使、权利处分和权利保护等相关制度,还涉及其作为公益股东与市场其他主体、组织之间的权利的衔接配合。因此,不仅相关法律层面要为投服中

心创制特殊股权配置提供制度支持，相应的行政法规、部门规章等层面的配套衔接制度也要出台。本文仅从整体角度提出一些可资借鉴的建构思路。

（一）公司法、证券法以及诉讼法层面的制度建构重点

1. 公司法层面

借鉴国外经验，在公益股东权利特殊配置的制度体系中，公司法的制度设计可以有两种思路。第一种思路是在对公益股东的概念以及公益股东权利维度、程序规范以及限制性规定的前提下，对公司法中与公益股东权利特殊配置不兼容的条文进行修正。例如，要在现行《公司法》第 151 条关于提起股东代表诉讼的限制条件中规定例外条款。第二种思路是若投服中心的公益诉讼主体地位能够在诉讼法中得到明确，那么公司法可以规定投服中心在涉及众多投资者利益的诉讼中，有资格以自身的名义向法院提起诉讼，从而更便利投服中心行使权利，保护投资者合法权益。

2. 证券法层面

在证券法层面上，应当明确将投服中心持股行权作为一项创新型的投资者权益保护措施，将其纳入证券法规定的投资者权益保护体系。主要立法设计是对投服中心的法律地位、职能范围等基本问题予以明确；对其持股行权的措施、方式、效力和保障条件等予以系统规定。在《证券法》规定投服中心相关条款时，应当具备的主要条款内容包括：(1) 在证券投资者权益保护体系中，应当明确投服中心的建构宗旨和组织形式。(2) 在规定中国证监会的权限及其行使方式时，应当明确规定其对投服中心持股行权的授权、支持、保障和监管。(3) 在证券投资者权益保护措施中，应当明确规定持股行权的方式及效力。(4) 在规定投资者行使其权利的条件时，应当考虑投服中心持股行权的具体情形及其与《公司法》相关条款的衔接。(5) 在规定投资者权益保护的保障条件时，应当明确对投服中心这类组织的资源倾斜配置。

3. 诉讼法层面

我国 2013 年修订的《民事诉讼法》第 55 条规定："对污染环境、侵害众多消费者合法权益等损害社会公共利益的行为，法律规定的机关和有关组织可以向

人民法院提起诉讼。”依此规定,投服中心是否属于“法律规定的机关和有关组织”,从而以投资者保护组织名义,代表证券市场中特定的或不特定的受侵害投资者整体利益提起公益诉讼还有待明确。笔者建议,在诉讼法层面应尽快明确赋予投服中心公益诉讼的主体地位,同时规定投服中心公益诉讼可以享受减免相关诉讼费用等优惠政策。

(二)行政法规或部门规章层面的制度建构重点

作为介于市场和政府之间的一种社团法人,投服中心必须具备法定的组织形式和制度规范,以保证其身份角色、市场地位和工作机制的稳定性和持续性。同时,投服中心作为证券投资者保护组织体系中的一个子系统,在系统内部应发挥不同于其他组织的功能并具备利于其功能发挥的组织结构,这就要求投服中心的运行机制要注重与证券市场上其他组织机构的有机衔接,从而保证整体效能的发挥。在具体制度建构上,要按照《公司法》《证券法》的授权,可以考虑采取条例、规定或者办法等形式来充实投服中心持股行权的具体规则及相关配套机制。主要内容包括:

1. 投服中心持股行权规则,主要对包括对行权决策的流程、行权决议的具体实施、对行权效果的实时记录与动态评估、工作人员的任职条件、回避制度、保密制度和资料保存制度等予以科学规范。

2. 投服中心管理规则,应当对投服中心的组织形式、单位名称、内部管理、经费来源等予以进一步的充实完善,以健全投服中心的内部关系,不断提升投服中心的内部管理水平。

3. 相关配套规则,包括投服中心应与中国证监会相关部门和单位建立涉嫌侵害中小投资者合法权益的线索共享机制、信息及证据共享机制。在实践中,投服中心尤其要重视跟中国证监会投保局、跟证券业协会和投资者保护基金公司的互动配合,以形成有机的投资者保护组织体系。此外,与政府、律师协会等建立良好的合作伙伴关系也是维权组织开展活动重要的经验。

(三)上市交易规则层面的制度建构重点

交易所层面的具体规则建构主要注意两个方面:一是上市交易规则与持股

行权规则的特殊需求的协调。二是强化信息披露规则,对投服中心持股行权涉及上市公司的重要情形要进行真实、全面、及时的公开披露。

四、结　语

在我国资本市场发展进程中,投服中心的构建及其持股行权机制的建立,不仅是因应一种强烈而现实的市场运行和社会发展需求的重要措施,也是我国证券市场迈向法治化、成熟化进程的重要标志。鉴于投服中心持股行权试点工作是投资者权益保护机制的重大创新,已产生突出成效并获得市场和社会的积极反响。无论是从持股行权的制度建构价值,还是从持股行权的市场反应和社会效果,充分肯定、持续支持和大力推广投服中心持股行权,尤其要从法律建构层面上给予投服中心公益股东相关权利配置的倾斜支持应是必然的政策选择与制度安排。

保荐人先行赔付制度与中国探索

郭　雳* 　谭思瑶**

摘　要:针对证券欺诈发行,需要为投资者提供多元化的损害赔偿救济渠道。"万福生科案""欣泰电气案"代表着我国目前保荐人先行赔付的探索实践。就制度建设而言,这一领域还存在不少问题和争议,如民事责任承担顺序变动缺乏法律依据、先行赔付承诺的自愿性难以体现、保荐人民事责任的优先性有待具体落实等。因此,市场主体有必要更加积极主动,立法、司法和证监会执法应协同合作,借鉴域外诸如公平基金等机制,提供必要激励和引导,使该举措发挥更好的效果。

关键词:保荐人　先行赔付　欺诈上市　虚假陈述　公平基金

证券虚假陈述案件往往牵涉甚广,对于利益受损的多数投资者而言,通过民事诉讼方式获取赔偿存在不确定性且往往耗时费力。随着平安证券、兴业证券等对欺诈发行先行赔付实践的开展,构建保荐人先行赔付制度逐渐成为各界关注的焦点。围绕保荐人先行赔付制度的创新性,本文从梳理境内外虚假陈述案件的赔偿举措、分析试行保荐人先行赔付的必要性入手,结合已有案例提炼其特点,对制度构建中面临的三个重点问题加以阐述,并提出相应看法和建议。

* 北京大学法学院教授、博士研究生导师。

** 北京大学法律硕士,现任职于中央国债登记结算有限责任公司。

一、制度构建的必要性探讨

（一）证券违法案件投资者受偿的域外经验

对于证券违法案件，行政处罚起到的效果大多是对行为人的惩治和对其他市场参与主体的威慑。而就中小投资者而言，数额巨大的罚款和严厉的市场禁入却难以弥补他们的经济损失，责任认定的缓慢、维权道路的艰难也往往令市场投资者心灰意冷。因此，完善的损害赔偿机制是保护广大投资者利益的关键所在。

国外证券法律制度的架构呈现多样性，较成熟资本市场的监管机构更倾向于采取“事前披露＋事后严厉处罚”的执法模式。以美国为例，其在1933年的《证券法》与1934年的《证券交易法》中确立了证券虚假陈述的民事赔偿制度，美国证监会（Securities and Exchange Commission，SEC）还颁行了诸如规则10b－5等法律规则，作为追究证券欺诈民事责任的重要法律依据。[①]在损害赔偿司法机制上，美国的集团诉讼模式可以降低投资者的诉讼成本，保证判决结果的一致性。集团诉讼的展开不仅预示着违法行为责任主体将承担巨额赔偿，而且也会带来时间消耗和负面影响，因此责任人大多选择与受损投资者进行和解，这不仅能将自己的赔偿责任限制在一定数额或比例内，还有机会将责任大部分转嫁给保险机构。[②]

集团诉讼规则虽然有利于投资者通过司法途径维权，但是判决结果或者双方和解仍存在被告拒绝或难以承受巨额赔偿的执行难风险。针对此问题，美国公平基金制度有助于发挥先期执行和全面赔付的功能，即SEC在针对违反美国《证券法》规定的被告所提起的诉讼中，有权将追诉获得的罚款和没收的不法收益归入以被告公司命名的基金中。SEC可以在提出动议并经法院认可后，指派

---

① 郭雳：《证券欺诈法律责任的边界》，载《中外法学》2010年第4期。

② 耿利航：《美国证券虚假陈述的“协助、教唆”民事责任及其借鉴——以美国联邦最高法院的判例为分析对象》，载《法商研究》2011年第5期。

基金管理人制定分配方案,按比例分配给适格投资者。[①]以戴尔 SEC 公平基金为例,戴尔公司于2001年5月至2006年9月因重大遗漏和出具虚假财务报告受到SEC的起诉。2010年10月,SEC向法院提议设立戴尔 SEC 公平基金,法院于次年11月下达指令,将对戴尔公司的罚款和没收的非法收入转入该基金,由基金管理人安排赔偿事宜,到2014年投资者陆续获得了赔付。[②]值得注意的是,投资者在2006年就对戴尔公司提起集团诉讼,但双方于2009年达成的和解金额并不足以赔付所有可能受损投资者的损失。[③]因此,与集团诉讼相比,受监督的戴尔SEC公平基金体现了赔偿充分和程序公正的优势。

我国香港特别行政区在赔偿证券虚假陈述案件受损投资者方面也有值得借鉴之处。在"洪良国际案"中,该公司在上市前后存在欺诈行为,经过了停牌、法院冻结募集资金、判决命令回购股票、勒令退市等一系列程序,最终在上市两年左右后以被停牌时的股价2.06港元向7700名中小投资者回购股票,合计10.3亿港元,同时其保荐人兆丰资本的牌照也被吊销并被处罚款4200万港元。[④]在A股拟上市公司IPO的招股说明书中,也有诸如"发生虚假陈述则回购投资者股票"的承诺表述,但经过多起对欺诈上市案件的行政处罚后,受到严厉制裁的上市公司并没有主动或被要求回购投资者持有的股票。A股一级和二级市场之间的大幅差价应为现实原因,同时境内法院系统在此类证券违法案件中普遍处于被动地位,司法体制存在的局限使内地法官无法采取类似于我国香港地区同行的措施。

(二)我国开展先行赔付实践的必要性

对于虚假陈述案件,我国投资者以民事诉讼途径获得赔偿的直接法律依据是最高人民法院2003年发布的《关于审理证券市场因虚假陈述引发的民事赔偿

---

① See 15 U. S. Code § 7246(a).

② See United States District Court, District of Columbia: Summary Distribution Plan Notice of Dell SEC Fair Fund to Dell Investors[Securities and Exchange Commission v. Dell Inc., et al Case No. 10 CV 01245(RJL)],2013. 1. 31.

③ See Notice of Pendency and Proposed Settlement of Class Action, Austin, Texas, 2009. 1. 1.

④ 曾斌、吴锦宇:《证券发行欺诈投资者保护的国际新模式——香港洪良国际案例的法经济学分析》,载王卫国编:《金融法学家》(第5辑),中国政法大学出版社2014年版,第552页。

案件的若干规定》(法释〔2003〕2 号)(以下简称《若干规定》),该规定的出台时间较早,并将行政处罚或刑事判决作为受害者提起诉讼的前提。以“欣泰电气”案为例,该公司在 2015 年 11 月发布重大会计差错更正的公告,中国证监会到 2016 年 7 月才对其作出行政处罚决定书,可见监管部门对虚假陈述(尤其是欺诈发行)案件的调查难度较大且耗时较长。因此,虚假陈述民事诉讼的前置程序可能影响受损投资者获得赔付的时间和数额。

与此同时,欺诈发行案件涉及很多非常专业的节点和问题,在虚假陈述侵权纠纷的因果关系、计算标准以及排除市场风险因素等方面也存在法律适用上的难题,这对于法官是不小的挑战。我国目前还没有类似美国的集团诉讼制度,倘若采用共同诉讼,则证券投资者诉求各异、分布广泛,存在诉讼成本过高、利益照顾不均的情况。与此同时,证券支持诉讼示范判决只是刚刚在个别法院起步探索。①

为更加快速有效地保护利益受损的投资者,保荐人先行赔付在实践中开始出现。作出虚假陈述公司的保荐人(证券公司)在中国证监会对行为人认定为虚假陈述后,第一时间制定赔付方案,通过公告的形式告知投资者,在诉前即对适格投资者开展损失赔偿,在赔付后保荐人依据侵权法向其他责任人进行追偿。②该制度在我国具有现实意义,其原因主要在于:

1. 我国市场主体诚信意识有待提高,发行人或上市公司的实际控制人、股东及高管人员的素质参差不齐,造假行为难以根绝,因此不仅要从监管上遏制虚假陈述行为,也要从事后救济中进一步减少造假行为的损害后果。

2. 我国的首次公开发行(Initial Public Offerings,IPO)处于核准制向注册制的过渡阶段,新股发行依旧存在难度和较高标准,上市后的巨大回报与造假的较低成本可能诱发发行人冒违法风险蒙混过关的心理。而这样的发行人,有时实质业务发展不佳,在虚假陈述被曝光后,难以对投资者进行有效赔偿。

---

① 朱亮韬、蒋飞:《探路中国版“集团诉讼”》,载《财新周刊》2017 年第 27 期。

② 《中华人民共和国侵权责任法》(以下简称《侵权责任法》)(2009 年)第 14 条规定:“连带责任人根据各自责任大小确定相应的赔偿数额;难以确定责任大小的,平均承担赔偿责任。支付超出自己赔偿数额的连带责任人,有权向其他连带责任人追偿。”

3. 保荐人作为股票市场上的"看门人",肩负着保证发行人或上市公司信息披露真实、准确和完整的重任,在未来IPO注册制的环境下,更应加强保荐人自身勤勉尽责意识,提高业务能力。[①]保荐人不仅职责重大,其所保荐项目若上市成功也会获利颇丰,如其利令智昏、工作懈怠,出现虚假陈述事件后,理应按照法律规定承担连带责任。[②]先行赔付制度的建立能够促使保荐人在尽职调查阶段更加审慎勤勉,提高其立项和风控环节的工作质量。

4. 依据《证券发行上市保荐业务管理办法》,保荐人与承销商通常是一家证券公司,其取得丰厚收益的同时应对保荐承销过程中披露的信息承担相应的担保责任。因为,对于赔付金额较大的欺诈发行案件,作为资本市场上的重复博弈者,证券公司一般拥有更充足的财力和更专业的人员,能够更充分地保障受损投资者。

二、实践案例的梳理审视

我国已有的保荐人先行赔付的实践,是"万福生科案"和"欣泰电气案"。两起案例相隔将近四年的时间,在赔付方案上也有所差别。2013年9月24日,中国证监会对万福生科及其高管下发行政处罚决定书,而平安证券在此之前就设立了"投资者利益补偿专项基金",并与超过适格投资者人数95%的投资者达成和解协议,赔偿金额为1.78亿元。[③]中国证券投资者保护基金有限责任公司(以下简称投保公司)是该先行赔付专项基金的基金管理人,对专项补偿基金进行日常管理。在补偿范围和赔付金额上,专项基金采用了《若干规定》中对于虚假陈

---

① 郭雳:《证券律师的行业发展与制度规范》,法律出版社2013年版,第157页。

② 《中华人民共和国证券法》(2014年)第69条规定:"发行人、上市公司公告的招股说明书、公司债券募集办法、财务会计报告、上市报告文件、年度报告、中期报告、临时报告以及其他信息披露资料,有虚假记载、误导性陈述或者重大遗漏,致使投资者在证券交易中遭受损失的,发行人、上市公司应当承担赔偿责任;发行人、上市公司的董事、监事、高级管理人员和其他直接责任人员以及保荐人、承销的证券公司,应当与发行人、上市公司承担连带赔偿责任,但是能够证明自己没有过错的除外……"因此,保荐人对于虚假陈述案件承担的是过错推定的连带责任。

③ 李苑:《万福生科案:试水先行赔付,投资者主动维权》,载《证券日报》2015年9月15日,第2版。

述案件赔偿数额的计算方式，根据实际交易数据，统计出具有获赔资格的投资者，依据其在网上的确认情况进行赔偿。

虽然平安证券先行赔付的举措当时得到了社会上的普遍肯定，但这一做法却难以成为日后保荐人先行赔付的范本。理由主要在于："万福生科案"的行政处罚决定是在2013年，而以深圳证券交易所为例，其在2014年对《深圳证券交易所股票上市规则》进行修订，该规则第十四章明确规定上市公司欺诈发行应当被暂停交易，且在中国证监会作出行政处罚决定之日起的12个月内被法院作出有罪判决，或者在前述规定期限内未满足恢复上市条件的应被强制终止上市。因此，2014年之后因欺诈上市被行政处罚的公司就很可能面临退市的结局，部分投资者所受的损失将不仅限于原先《若干规定》的范围。①

除此之外，万福生科赔付方案中并没有确定系统风险的标准，对细节问题也采取了相对模糊处理的方式。在保荐人先行赔付方面，平安证券可谓是"摸着石头过河"，其创建专项基金和制定赔付方案的过程没有进行全面的信息披露，开展赔付的时点也是在中国证监会下达对保荐人的行政处罚决定书之前。较为简单的赔付方案、略显仓促的赔付流程可能使部分投资者未能在指定时间内申请赔偿，而对于赔付方案不甚满意者也找不到合适渠道来充分表达意见。

同样因欺诈发行上市，欣泰电气则于2016年7月7日收到中国证监会行政处罚决定书，成为"创业板退市第一股"。而兴业证券作为其IPO的保荐机构，也受到中国证监会的行政处罚。相较于万福生科专项赔付基金，2017年6月发出的欣泰电气专项先行赔付基金方案，在适格投资者范围、赔付时点以及赔偿额的具体计算上有所创新。该专项基金由保荐人兴业证券设立，也以投保公司作为基金管理人，其方案设计上的亮点包括：(1)区分对一级市场适格投资者和二级市场适格投资者的赔付。截至欣泰电气股票暂停上市时，一级市场适格投资者如仍持有在欣泰电气首次公开发行股票时申购的新股，根据该部分适格投资者在退市整理期间卖出新股或退市时仍持有新股情况计算赔付金额，在欣泰电气

① 《关于审理证券市场因虚假陈述引发的民事赔偿案件的若干规定》第20条、第30~34条。

退市后赔付。二级市场适格投资者如仍持有属于赔付范围的股票,先按欣泰电气股票暂停上市收盘价计算首次赔付金额;在股票退市后,按适格投资者在退市整理期的实际卖出价格或股票退市价格计算二次赔付金额。(2)在赔付金额上,以适格投资者因欣泰电气欺诈发行而实际发生的直接损失为限,并扣减市场风险因素所致损失,①同时设置投资差额损失金额(扣减市场风险因素所致损失前)60%为最低赔付比例。(3)由于欣泰电气在2015年11月27日和12月10日,分别发布了两项更正会计信息的公告,此次方案承认了在两次更正日之间购买股票并在第二次更正日后卖出或持有的投资者的受偿权。(4)考虑欣泰电气欺诈发行将导致公司退市,为充分保护适格投资者利益,此次先行赔付不设基准日,按适格投资者实际买卖价差计算投资差额损失。(5)具体规定了扣减市场风险因素所致损失的计算。②

在上述两起案例之间的2015年11月,中国证监会新闻发言人曾提到,保荐人自行承诺先行赔付制度将按照自律行为进行制度设计,对于其具体规定,中国证监会将授权证券业协会制定专门制度。③围绕保荐人先行赔付的自律规则设计,市场实践已经呈现一些积极探索。相比最早的“万福生科案”“欣泰电气案”中兴业证券的赔付方案,就进一步增加了对具体情况的考虑,就计算标准也进行了细化,在确认适格投资者、更正日以及市场风险因素等方面没有照搬《若干规定》,而是为投资者给出了更加直观的赔付额计算方法。虽然并非每一项规定都能做到完全令人满意,但其思维的创新性、意图提供保护的全面性还是值得监管者和研究者重视。

此外,在对投资者先行赔付的过程中,资金结算机制也是极关键的一环,其决定了能否高效准确地对每一位适格投资者进行赔偿。在这次针对欣泰电气投

---

① 扣减市场风险因素所致损失的计算采用个体投资者在买入至卖出欣泰电气股票或欣泰电气股票暂停上市期间,欣泰电气股价涨跌幅,与对应的相同区间的指数涨跌幅,减半扣减市场风险因素所致损失;投资者多次交易欣泰电气股票,每种情形下计算一个调整因子。(1)指数的选择:选择创业板综合指数(399102)计算市场风险因素调整因子。(2)计算方法的选择:以个体市场风险相对比例修正法减半扣减证券市场风险所致损失。参见《兴业证券股份有限公司关于设立欣泰电气欺诈发行先行赔付专项基金的公告》(2017年6月9日)。

② 《兴业证券股份有限公司关于设立欣泰电气欺诈发行先行赔付专项基金的公告》(2017年6月9日)。

③ 王小伟:《保荐机构先行赔付制度规则将制定》,载《中国证券报》2016年1月23日,第A02版。

资者的先行赔付实践中,中国证券登记结算有限责任公司(以下简称中国结算)作为证券结算机构发挥了其集中登记存管与资金结算优势,其具有创新性的措施包括:(1)依托大数据中心,准确统计出交易变动数据,梳理了虚假陈述期间所有参与交易的投资者账户信息。(2)为便捷投资者准确获悉赔付金额,在每位适格投资者的账户中临时登记与赔付金额对应数量的"赔付权"。[①] (3)为赔付基金管理人提供代收代付服务,在T日收到赔付资金后,日终将赔付资金派发至证券公司,证券公司根据清算数据再将资金派发至适格投资者的资金账户。[②]由此可见,在我国保荐人先行赔付实践中,除了关键责任人——保荐机构的资金支持,像中国结算这样的基础设施也发挥着重要作用,其创新举措值得肯定。

尽管相比"万福生科案"有所进步,此次专项赔付基金也无法让所有利益受损的投资者得到补偿。据媒体报道,有部分投资者主张欣泰电气发布"被立案调查、提示暂停上市风险"的日期(2015年7月14日)也应当作为揭露日纳入赔偿时点,但兴业证券给出的答复是该日并未向投资者揭露虚假陈述事实,而且股价也没有在该日之后大幅下降,因此未将这个日期作为揭露日。[③]股价是衡量市场反应的重要因素,但兴业证券在这里以股价波动作为主要标准是否合理则见仁见智,而何为"较大波动",仍存在不小争议。

三、制度构建中的难点及相关思考

(一)民事责任承担顺序变动缺乏法律依据

保荐人先行赔付制度需要不断地吸取过往经验,在充分考虑市场各方主体

---

① 每一份"赔付权"代表着有权获赔1元,因此投资者通过查询"赔付权"的数量便可清晰地知悉能够获赔的金额。考虑投资者可能委托多家证券公司就虚假陈述所涉证券进行交易,中国结算合并计算其"赔付权"份额,派发至投资者股份所在的每一个托管单元,保证投资者在任何一家委托交易的证券公司均可查询到自己拥有的全部"赔付权"数量,这为投资者足额获得赔付提供了便利。

② 《中国结算助推先行赔付制度顺利实施》,载和讯网:http://news.hexun.com/2017-09-13/190839266.html,最后访问日期:2017年9月16日。

③ 庄会:《欣泰电气被立案调查未被认定为虚假陈述揭露日 兴业证券赔付方案关键节点认定又起争议》,载中国经营网:http://www.cb.com.cn/zhengquanjijin/2017_0617/1187686.html,最后访问日期:2017年9月16日。

意见的基础上反复论证打磨,规则才能逐渐建立起来。从法律基础上来看,保荐人先行赔付实际上是对连带责任承担方式、顺序的调整。根据我国《证券法》第69条规定,先认定发行人及其有关人员的虚假陈述赔偿责任后,再对保荐人等证券经营、服务机构的责任进行确认,虽然对保荐人的归责原则是过错推定下的连带责任,但对其责任的认定次序是在发行人民事责任确立之后。因此,先行赔付制度若事实上将保荐人放到承担赔偿责任的"第一位",则可能存在与法律原理的冲突。而且,保荐人在对投资者赔偿后,若其通过诉讼或仲裁方式向发行人等责任主体追偿时,最终责任认定的赔偿额小于保荐人赔付金额,那么保荐人多支出的赔偿金是否只能自行承担?

近日,北京市第二中级人民法院官网刊登了关于兴业证券向欣泰电气虚假陈述案中其他连带责任人起诉追偿的案件报道。兴业证券就自身因先行赔偿投资者而多支付的2.2亿余元人民币的损失额,向欣泰电气公司及有关高管、公司控股股东、出具审计报告的北京兴华会计师事务所及主管人员,以及参与该项目的北京市东易律师事务所及主管人员提起追偿诉讼,目前该案已被法院受理。[①]对于该起证券纠纷案件,审理法官将不得不面对确定兴业证券先行赔付行为的效力以及各责任主体所应承担具体赔偿数额的难题;假如之后兴业证券的诉讼请求得到全部或部分支持,那么最终的责任主体能否依照判决如数赔偿保荐人,值得进一步关注。

目前很难找到针对虚假陈述案件赔偿顺序和先行赔付效力问题的直接规定,一些规则仍处于拟议之中,例如,2015年《证券法(修订草案)》第173条对先行赔付制度进行了简要规定,对于责任承担上的顺序调整予以允许。[②] 从2017年4月全国人大常委会对《证券法(修订草案)》二审后的媒体报道来看,投资者

① 《二中院受理"欺诈发行退市第一股"引发的证券纠纷案》,载北京市第二中级人民法院网:http://bj2zy.chinacourt.org/public/detail.php? id=1565,最后访问日期:2017年9月18日。

② 《证券法(修订草案)》(2015年)第173条规定:"因欺诈发行、虚假陈述或者其他重大违法行为给投资者造成损失的,发行人的控股股东、实际控制人、相关的证券经营机构、证券服务机构以及国务院证券监督管理机构认可的投资者保护机构可以就赔偿事宜与投资者达成协议,予以先期赔付。先期赔付后,可以依法向发行人以及其他连带责任人进行追偿。"

保护的重要性继续得到强调。[①]倘若最终修订完成后的《证券法》对保荐人先行赔付制度予以认可，那么在资本市场责任特别法放行的情况下，下位的自律规则将更有章可循。对于保荐人先行赔付金额高于实际应承担的民事责任的问题，可以考虑今后通过出台新的关于虚假陈述民事赔偿法律规定的方式，进一步明确损害赔偿的计算方式，压缩其与保荐人先行赔付金额的差异。对于保荐人赔付的超出部分，其可依据《侵权责任法》第 14 条第 2 款的规定向其他连带责任人追偿。[②]总之，法律规定才是市场主体及时作出正确决策的基础，也是法院审理这类证券纠纷案件的依据。由欣泰电气虚假陈述案衍生出的先行赔付基金及后续的追偿纠纷，既有创新点又存在不确定之处，其最终的责任分配和落实将对证券市场主体的活动与证券法律制度的发展有较大影响。

(二)先行赔付承诺的自愿性难以体现

除了责任承担顺序，目前保荐人先行赔付操作还涉及自愿性难以保证的问题。虽然平安证券、兴业证券主动采取了先行赔付措施，但很难说这是保荐行业的常态。对于很多中小券商或者外资投行在国内的公司，在涉及赔偿金额过大的虚假陈述案件时，可能会顾虑先行赔付将危及公司生存发展，未必会主动自愿承担。2016 年实施的《公开发行证券的公司信息披露内容与格式准则第 1 号——招股说明书》中第 18 条要求，保荐人承诺对于因 IPO 发行文件有虚假陈述，给投资者造成损失的，将先行赔偿投资者损失，该规定凸显了“先行赔付”的特点，似乎是倾向于以承诺的形式给保荐人设定单方法律义务。

然而，现行《证券法》及其修订草案、中国证监会相应“首发办法”[③]等一系列法律规章，都并没有将先行赔付承诺作为核准证券发行的法定条件。因此，这种“准强制性”的赔付承诺有时也被业界质疑，有人认为是监管部门在用行政力量强制保荐人承担先行赔付责任。先行赔付，从自愿到强制，从特例到常态，可谓

① 于浩：《证券法修订草案二审：充分考虑证券市场实际》，载《中国人大》2017 年 5 月 5 日，第 45 页。

② 《侵权责任法》(2009 年)第 14 条第 2 款规定：“……支付超出自己赔偿数额的连带责任人，有权向其他连带责任人追偿。”

③ 《首次公开发行股票并上市管理办法(2015 年修订版)》(证监会令〔2015〕第 122 号)和《首次公开发行股票并在创业板上市管理办法(2015 年修订版)》(证监会令〔2015〕第 123 号)。

是惊险的一跃。如何平衡各方的利益诉求,将自愿性落到实处,殊非易事。一种相对柔性或折中的处理或也可考虑:若保荐人推荐的发行上市项目符合条件,且保荐人作出先行赔付承诺的,中国证监会给予其优先审核的绿色通道,以此激励保荐人权衡相关因素,“好人举手”,主动作出先行赔付承诺。

(三)保荐人民事责任的优先性需要法律支持

当虚假陈述发生后,即便保荐人已作出先行赔付承诺或者今后存在法律强制要求,该保荐人仍有可能出现偿付能力不足或者逃避赔偿责任的情况。此时可能涉及证券违法案件中民事责任优先性的问题,即当事人因证券违法行为应承担民事责任的同时,还应承担刑事责任和/或行政责任,如若行为人偿付能力有限,其应当优先承担民事责任,满足对利益受损的民事主体的赔偿,之后再考虑承担其他法律责任。该原则不仅在我国《侵权责任法》中有规定,[①]在《公司法》和《证券法》中也有所体现。[②]

据此推及虚假陈述案件,当保荐人的财产不足以完全负担先行赔付责任时,其对于投资者应当优先于对行政罚款、刑事罚金的赔偿。除了法律规定,其理由还在于:对证券违法行为进行处罚的目的首先不在于增加国库收入,而是为了惩治违法行为主体,最终则是为了构建更加健全的证券市场,因此保护投资者的利益与对证券违法行为行政处罚的根本目的是一致的。片面强调罚款、罚金上缴国库,只顾及市场秩序这一国家层面的治理目标,容易忽略社会层面上的利益补偿。证券民事赔偿责任优先原则,担负着恢复投资者私人权利、补偿投资者损害的职责,只有给予受损害的投资者以充分的救济和保护,才是以人为本、私权优先的法治理念在资本市场的具体落实。[③]

不过,《若干规定》目前有着前置程序的要求,即一般在行政处罚下达后(不

---

① 《侵权责任法》(2009 年)第 4 条规定:“侵权人因同一行为应当承担行政责任或者刑事责任的,不影响依法承担侵权责任。因同一行为应当承担侵权责任和行政责任、刑事责任,侵权人的财产不足以支付的,先承担侵权责任。”

② 《证券法》(2014 年)第 232 条规定:“违反本法规定,应当承担民事赔偿责任和缴纳罚款、罚金,其财产不足以同时支付时,先承担民事赔偿责任。”《中华人民共和国公司法》(2013 年)第 214 条规定:“公司违反本法规定,应当承担民事赔偿责任和缴纳罚款、罚金的,其财产不足以支付时,先承担民事赔偿责任。”

③ 陈洁:《证券民事赔偿责任优先原则的实现机制》,载《证券市场导报》2017 年第 6 期。

考虑被处罚主体提起行政诉讼的情况），才能确认虚假陈述违法行为，从而开展后续的先行赔付。而先行赔付前，作为被处罚主体的保荐人就有可能已经上缴了行政罚款，因此使其优先承担民事责任的原则将难以实现。当下因为这类行政处罚的金额通常并不太大，才未引起直接冲突或高度关注。鉴于此，今后在构建保荐人先行赔付制度时，建议对于中国证监会获得的罚没收入可以考虑设定一项暂缓入库的制度，[①]即待保荐人对投资者履行完先行赔付义务后再将罚没入库。这样，即使保荐人自身赔偿能力有限，其也能将该部分钱先投入对投资者的赔偿中，至于行政罚款，则可以之后延期缴纳。[②]

除上述建议外，对于证券违法行为的行政罚款，我国今后还可以参考美国的公平基金制度，建立对证券市场主体行政罚没收入的归集利用机制。联系到我国保荐人先行赔付，可以在设计行政罚款暂缓入库制度时，将受罚发行人和保荐人缴纳的行政罚款统一归入名为“虚假陈述案件投资者赔偿备付金”之类的基金，基金管理人为投保公司，基金的成立日期为缴纳罚款之日，有效期到该案适格投资者获得全部赔偿为止。该基金的存在是为了防止保荐人出现信用风险或破产危机从而无法对投资者先行赔付的情况，若保荐人对先行赔付拖延实施，则投保基金可在中国证监会授权的情况下动用备付金基金，对投资者损失加以计算和进行赔偿。

制度设计的细节还需要贴近市场主体，通过持续讨论和试错，收集意见、吸取经验，不断加以完善。构建保荐人先行赔付制度具有重要性和创新性，不是一朝一夕即可完成的。希望我国证券监管者对相关问题加以重视，在《证券法》修法之际进行审视总结，倾听市场各方声音，以保护投资者利益为第一要旨。同时又要实事求是，不过度施压保荐行业。只有注意兼顾多方面利益，协同并进，才能有效化解金融风险，促进证券市场的健康发展。

---

① 《证券法》(2014 年)第 234 条规定：“依照本法收缴的罚款和没收的违法所得，全部上缴国库。”

② 陈洁：《证券民事赔偿责任优先原则的实现机制》，载《证券市场导报》2017 年第 6 期。

中国证券申诉专员制度的探索构建

——以投服中心为样本的思考

卢　勇*

摘　要：传统调解的简单回归并不是资本市场纠纷多元化解改革的目标。证券期货纠纷化解的现实需要，决定了依靠诉讼、仲裁、调解任一纠纷解决机制包括行政监管，都很难有效地使纠纷得到妥善解决，各种纠纷解决方式的系统化、机制化整合才是必然选择。借鉴国外成熟市场经验，总结投服中心的有益经验，建议中国资本市场的多元化纠纷解决机制改革，应明确以构建证券申诉专员制度为主要目标。针对具体的机构设置、人员构成、制度设计和制度建构，本文提出了构建我国证券申诉专员制度的基本框架及其法治保障路径。

关键词：证券期货纠纷　多元化纠纷解决　调解　申诉专员制度　立法路径

随着国家治理体系和治理能力逐步走向现代化，近年来的中国，多元化矛盾纠纷解决机制的改革越来越引起各方的关注和重视。这其中，调解作为一种便捷低成本的纠纷解决方式，在多元化纠纷解决机制中的作用日益凸显。在资本市场，继2013年国务院发布《关于进一步加强资本市场中小投资者合法权益保护工作的意见》，强调“支持自律组织、市场机构独立或者联合依法开展证券期货专业调解”之后，2016年5月最高人民法院与中国证监会发布《关于在全国部分

* 中证中小投资者服务中心有限责任公司纠纷调解部总监。
本文仅代表作者个人观点，作者观点与所任职机构无关。

地区开展证券期货纠纷多元化解机制试点工作的通知》,对加强诉调对接、促进证券期货纠纷调解解决做出了进一步推动。值得注意的是,中国 1998 年颁布的《中华人民共和国证券法》就明确了由证券业协会对会员之间、会员与客户之间发生的纠纷进行调解。多年来,行业协会、证券交易所及一些专门调解机构也都在积极提供纠纷调解的服务,但过往的实践和问题告诉我们,传统调解的简单回归并不是资本市场纠纷多元化解改革的目标。适应资本市场纠纷化解现实需要,对现有纠纷解决方式、社会治理手段的系统化机制化整合才是我们可以寻找的答案。本文结合投服中心近年来新型调解的实践,借鉴境外成熟经验,就全面构建证券期货纠纷多元化解决新机制——申诉专员制度提出思考和构想,以期对我国资本市场的纠纷多元化解机制改革有所裨益。

一、中国为什么需要新的证券期货纠纷化解机制

(一)资本市场纠纷化解的现实考察

近年来,随着多层次资本市场的快速发展,证券期货新产品和新业务愈加复杂,中小投资者的风险识别和自我保护能力相对较弱,合法权益受损现象时有发生,矛盾纠纷数量呈现不断上升的趋势。仅以中国证监会“12386”投诉热线的统计为例,2016 年接受投资者民事纠纷投诉 2 万多件,由中国证监会处理的举报 1.3万件,纠纷处理的压力很大。

我国资本市场相比于其他一些国家和地区,发展起步较晚,在纠纷逐步涌现的初期,建设多元化的纠纷解决机制未引起市场内外的关注,传统的认识是寄希望于通过法院诉讼程序解决纠纷,同时又存在不少“信访不信法”的现象。近年来,证券期货纠纷数量持续上升,原有的主要依赖诉讼或者行政解决纠纷机制的不足不断显现,这一机制已经越来越无法适应纠纷解决的需要;现实中,投资者维权渠道不畅,维权难的问题非常突出。

首先,投资者通过诉讼解决纠纷存在门槛高、成本高、耗时长的问题,有限的司法资源也难以满足纠纷解决的需要。一方面,有学者对近 10 年来我国证券民

事赔偿案件进行的实证研究表明,从2007年起诉至法院的证券期货纠纷数量持续增加,到2015年证券类诉讼达到14,835件,期货类诉讼达到500多件。[①] 如此数量的证券、期货纠纷涌入法院,极大地"挤占"早已捉襟见肘的司法资源,给法院带来巨大的审案压力。另一方面,以上市公司虚假陈述赔偿为例,从目前公开的判决案例来看,绝大多数案例起诉投资者人数未超过1000人,远远低于被诉上市公司的符合起诉条件的股东数量,可见绝大多数受损投资者并没有选择诉讼方式解决纠纷。

其次,投资者习惯采用的向监管部门投诉解决纠纷的方式,也面临监管资源有限的问题和易产生道德风险的弊端。严格来讲,不够透明的信访制度只是一种民愿表达机制,并非真正意义上的纠纷处理机制,不能从根本上解决民事纠纷。

再次,现有仲裁渠道需要纠纷双方事先达成仲裁协议,且中国国情下的仲裁具有类诉讼化的特征,[②]收费与诉讼相比甚至更加高昂,其便利性、灵活性优势难以彰显,对投资者缺乏吸引力。以湖南省全辖区为例,尽管2004年国务院法制办公室与中国证监会联合发布《关于依法做好证券、期货合同纠纷仲裁工作的通知》来推动仲裁的应用,但自该通知发布以来,10多年间,投资者选择仲裁方式维权的案例在湖南省只有10多件。[③]

最后,目前资本市场的调解工作,尽管各地行业协会、证券交易所、专门调解机构等都在提供纠纷调处服务,投资者能够比较方便地申请调解,在一定程度上发挥了作用。但由于机构一方调解意愿不强、调解缺乏约束力、久调不决、调解协议难以有效执行等突出问题,调解成功率低,调解的权威性吸引力明显不足。总的来看,调解功能的发挥十分有限,目前全市场一年1000件到2000件的调处

① 陈洁:《积极推行专业调解机制 高效化解资本市场纠纷》,载《上海证券报》2016年10月26日,第10版。

② 施明浩:《金融创新下证券纠纷解决模式比较——从纠纷调解机制的视角》,载《证券市场导报》2013年9月号,第75页。

③ 根据湖南省证监局2014年针对辖区纠纷化解工作开展的一项调研统计。

量,距离市场上数万件纠纷的调处需求尚有非常大的差距。①

(二)资本市场纠纷化解的需求考察

妥善化解资本市场涉及投资者的矛盾和纠纷,不仅面临纠纷数量众多的压力,而且必须充分关注其不同于一般民商事纠纷的特殊性。

第一,纠纷主要涉及经济利益,但大多数纠纷的金额不大。与很多国外成熟市场以机构投资者为主的结构不同,参与中国市场的投资者中,自然人占比超过99%,而其中持股市值在50万元以下的中小投资者,占比超过95%。② 大量涉及小额金融消费者的案件,如果没有便捷、价廉、权威、有效的纠纷解决途径,可能打击公众的投资信心,也会刺激不法市场经营主体“故伎重施”,损害资本市场的健康发展。

第二,纠纷类型多样化且专业性强。如各种证券经纪纠纷、证券资产转让纠纷、权证交易纠纷层出不穷,跨行业、结构化等创新业务纠纷不断涌现,新技术带来交易方式的不断变革等。纠纷解决过程中需要专业人士综合运用金融、证券、法律、信息技术等多方面的专业知识,也离不开对行业惯例的充分考量,普通的民商事审判力量难以支撑。

第三,纠纷双方在财力、专业能力上普遍相差悬殊。较实力雄厚的市场经营主体而言,投资者风险意识和自我保护能力不强,容易受到侵害,对权益保护的需求也更明显。需要在纠纷解决过程中有针对性的再平衡,传统的民商事纠纷解决理念与之不相适应。

第四,纠纷涉众性强,敏感性高、市场影响大,需要强有力的统一组织和协调,及时稳定市场预期,避免产生不良示范和连锁反应。纠纷的处理与监管政策标准的把握密切相关。

对照证券期货纠纷的上述特点,可以看出,仅仅依靠诉讼、仲裁、调解任一纠纷解决机制包括行政监管,都很难有效地使纠纷得到妥善解决,有的放矢、综合

① 《投服中心筹建全国证券期货纠纷调解中心》,载和讯股票频道网:http://stock.hexun.com/2017-04-25/188947898.html,最后访问日期:2017年11月13日。

② 黄炜:《体系化构建中小投资者损害赔偿救济制度》,载中国证监会网:http://www.csrc.gov.cn/pub/newsite/zjhxwfb/xwdd/201709/t20170901_322892.html,最后访问日期:2017年11月13日。

应对才是必然的选择。

中国资本市场作为一个新兴的发展中市场,要进一步发挥好资本市场功能作用,增强国际竞争力,必须尽快改变资本市场长期以来重审批监管、轻民事救济的不平衡状况,妥善化解投资者纠纷,维护好广大中小投资者参与市场的积极性。从国外成熟市场实践来看,解决资本市场的特殊矛盾和纠纷,各国和各地区普遍建立了一整套多元化的纠纷解决机制,其中最具有普遍性、代表性的制度就是系统整合了调解、仲裁优势和监管、司法支持的金融申诉专员(Financial Ombudsman Service,FOS)制度。借鉴国外成熟经验,构建适合中国资本市场的更加经济、有效、权威、专业并匹配充足资源的非诉纠纷解决机制,已经是摆在我们面前的重要而紧迫的课题。

二、证券申诉专员制度的境外国和地区经验

申诉专员(ombudsman)制度原是公共领域的一项申诉处理制度,主要用于处理一般民众对政府部门的申诉,①之后逐渐扩展到私法领域,在金融领域形成了一种重要的纠纷解决机制,即FOS制度。针对不断增加的金融纠纷,以相对处于弱势地位的金融消费者的倾斜保护为核心和出发点,20世纪90年代,证券申诉专员制度从英国发端,②主要以调解与裁决相结合的方式来解决投资者与金融机构之间的纠纷,随着其示范效应的日益显现和其制度本身优越性的不断被发掘,近20年来,FOS制度迅速在全球发达国家和地区的资本市场得到广泛运用。

分析证券申诉专员制度成功的原因,就是其适应了证券期货纠纷解决的规律性要求,有效弥补了传统金融消费纠纷解决机制的缺陷和不足。其一,调解与裁决相结合的纠纷解决方式既体现了调解的便捷经济,又以具有约束力的裁决实现了调处结果的权威性有效性;其二,具有法律、金融相关专业知识的证券申

---

① See Alexandros Tsadiras, "The European Ombudsman's Remedial Powers: An Empirical Analysis in Context," *E. L. Rev.* 2013,38(1).

② 范愉:《当代世界多元化纠纷解决机制的发展与启示》,载《中国应用法学》2017年第3期;冉俊:《构建适合我国国情的金融申诉专员制度》,载《金融教育研究》2016年第6期。

诉专员在处理纠纷时能够全面参考法律法规、判例和行业惯例,其程序设计也保证了纠纷处理的公正性,有利于形成被市场接受的公信力;[①]其三,向中小投资者的倾斜保护秉持了实质公平的纠纷解决理念,大大增强了这一制度对中小投资者的吸引力;其四,作为普遍在金融监管部门指导下设立的专门性纠纷解决机制,与行政或自律监管的密切配合强化了纠纷解决合力,有利于实现解决个案纠纷与贯彻监管政策的统一。概括各国及各地区的申诉专员制度,主要有以下共同的特征。

(一)统一明确的法律依据

证券申诉专员制度在各国和各地区的推行往往都以相应立法工作为支撑。例如,英国、日本、澳大利亚及我国台湾地区为了推行该制度,分别通过了金融服务与市场法、金融商品交易法、金融服务改革法及金融消费者保护法等法律法规。[②] 上述规则大多对受案范围、前置程序、申诉专员的选任、受理案件的标的、处理结果的效力等都作了详尽细致的规定,从而确保了申诉处理机制的有序化、规范化,为资本市场化解纠纷奠定了坚实的制度基础。

(二)专门统一的纠纷解决机构

综观外国和地区证券纠纷解决机构组织建设,可以发现,其机构组织形式多样,有行业协会、行业团体作为争议解决机构,如德国银行联盟;也有以公司形态存在的争议调处机构,如英国金融督察服务公司、新加坡金融业争议调解中心;有政府机构形式,如法国银行业及证券行业的纠纷分别由属于行业团体的法国银行协会及属于政府机构的金融市场金管局负责解决。[③] 尽管组织形态有所差异,但大多数国家和地区都建立起了由政府或者法律授权的专门统一的金融申诉专员机构或者类申诉专员机构,并充分发挥该机构在纠纷处理、市场秩序维护方面的特殊机能。

---

① 杨东:《论我国证券纠纷解决机制的发展创新——证券申诉专员制度之构建》,载《比较法研究》2013年第3期。

② 王慧:《金融消费者权益保护的非诉讼机制探讨——以金融申诉专员制度为视角》,载《浙江金融》2014年第5期。

③ 同上。

(三)强制性与自愿性并存的管辖原则

英国FOS的管辖分为两种类型,当申诉人向FOS的投诉属于强制性管辖规则范围内的金融活动时,适用“强制性管辖”;而当申诉人向FOS的投诉属于自愿性管辖规则范围内的金融活动时,则适用“自愿性管辖”。[①] 与英国FOS不同的是澳大利亚没有强制性管辖,只有自愿性管辖。金融机构可以选择加入澳大利亚证券和投资委员会(Australian Securities and Investment Commission, ASIC)批准的“外部争议解决计划”,成为FOS的成员,即可享受FOS的争端解决服务。而目前已有近3800家金融机构加入外部争议解决计划,[②]可见该项制度在澳大利亚的受欢迎程度。除按照业务类型和主体区分的管辖原则外,针对纠纷金额的大小也有区分,如德国针对5000欧元以下的纠纷有强制管辖,我国香港地区金融调解中心受理的案件标的金额本息合计不得超过50万港元(或等值外币)。[③]

(四)“调解+裁决”的纠纷解决方式

各国和各地区的FOS制度基本上遵循当事人向FOS机构申请调解、机构受理并选定调解员、了解案情、进行调解、作出裁决的运作流程。以具有代表性的英国FOS制度为例,其处理纠纷程序可以分为四个阶段,分别为金融机构内部处理阶段、纠纷受理阶段、调解阶段和裁决阶段。各程序之间具有连续性,调解阶段、纠纷受理阶段、金融机构内部处理阶段都受到裁决阶段的影响,是FOS能够有效、快捷解决纠纷的原因所在。我国台湾地区“金融消费评议中心”处理案件的程序大致可以划分为三个程序:前置程序、调解程序和评议(裁决)程序。金融消费者必须首先向金融机构投诉,在穷尽金融机构内部救济之后才可以向金融消费评议中心申请调解或评议。由于和解、调解、裁决分阶段运用,[④]所以,在采

---

① 吴弘:《金融纠纷非讼解决机制的借鉴与更新——金融消费者保护的视角》,载《东方法学》2015年第4期。

② 邢会强:《金融督察服务(FOS)比较研究》,载《法治研究》2011年第2期。

③ 杨东、文诚公:《香港金融纠纷解决机制的新发展及其对内地的启示》,载《首都师范大学学报》(社会科学版)2013年第3期。

④ 冉俊:《构建适合我国国情的金融申诉专员制度》,载《金融教育研究》2016年第6期。

用申诉专员制度的国家或者地区，大部分纠纷在和解或者调解阶段即得以解决，调解成为解决争议的主要方式。

（五）向中小投资者倾斜的程序设计

就调处程序而言，启动和终止 FOS 都由投资者单方决定，金融机构必须接受。就裁决结果而言，在一定额度内，对金融机构有单方约束力。换言之，当投资者接受该裁决时，则裁决对双方都具有约束力，双方都应当自觉履行；而若投资者不接受申诉专员的裁决，则依然保留申请仲裁或者向法院提起诉讼的权利，从而克服了调解在有效性和约束力方面的缺陷。同时，投资者对于调处的最终结果可控，实质上给弱势的一方增加了博弈的砝码。① 从费用承担上，各国申诉专员制度的运行普遍不向中小投资者收费或者仅仅收取象征性费用，减除了投资者解决纠纷的成本担忧。

（六）监管或司法为后盾的效力保障

FOS 国家的证券申诉专员的裁决一般具有法律强制力，通过法院的强制执行程序或自律性规则保障其得到遵守。例如，英国证券申诉专员的裁决就是最终的，裁决的作出是 FOS 程序的终结，一旦申诉专员作出裁决，FOS 将不再审查案件，不论申诉专员的级别如何，都无权推翻另一个申诉专员的裁决。在我国台湾地区，评议书经过法院核准后，认定金融机构须负赔偿责任的，且投资型商品或服务的赔付金额在 100 万元新台币以内，非投资型商品或服务的赔付金额在 10 万元新台币以内，如果投资者表示接受评议决定的，则金融机构必须接受此评议决定。如果赔付金额超过上述额度，但投资者表示愿意缩减赔付金额至上述额度的，金融机构也必须接受。在我国香港特别行政区，尽管调解协议本身没有强制执行力，但如果金融机构没有遵循调解机构的裁决要求，则调解中心将会发出违规通知，并移交监管机构处理，这都充分体现了保护投资者的立法目的。

---

① 杨东：《论我国证券纠纷解决机制的发展创新——证券申诉专员制度之构建》，载《比较法研究》2013年第3期。

三、投服中心的探索与意义

(一)新型调解探索

为进一步加强资本市场中小投资者保护,2014年12月,中证中小投资者服务中心(以下简称投服中心)作为中国证监会批准并直接管理的全国性公益机构,由上海证券交易所、深圳证券交易所、上海期货交易所、中国金融期货交易所、中国证券登记结算公司共同发起设立,主要职责是为中小投资者提供持股行权、纠纷调解、支持诉讼、投资者教育等服务。自成立以来,投服中心着力探索"申请便捷、程序简化、专业权威、效力保证"的证券期货专业调解新路,纠纷调解工作从无到有,取得了长足进展。

1. 遍布全国的调解网络。截至2017年7月,投服中心陆续与全国32个省、自治区、直辖市签署了合作协议,依靠各辖区监管部门和自律协会支持建立了遍布全国的各辖区调解工作站,实现了全国统一受理属地调解为原则、跨区域调解为补充的纠纷承办机制,以适应中国幅员辽阔特点下各地投资者解决纠纷的需要。

2. 覆盖全市场的调解范围。除传统的证券、期货行业纠纷调解外,投服中心全面承接中国基金业协会委托的纠纷案件。同时,投服中心填补了上市公司虚假陈述纠纷调解的空白。目前,投服中心的纠纷调处业务实现了资本市场的全覆盖。

3. 专业权威的调解队伍。投服中心在国内各辖区共聘请退休法官、高校教师、资深律师、行业专家、自律组织人员等300多名专业人士为专家调解员,形成专业调解员库。通过加强调解业务培训和考核激励机制建设,充分发挥专家调解员的优势和作用。①

4. 小额速裁为代表的新型调解机制。除制定普通调解程序的相应规则外,

① 《投服中心负责人:努力打造中小投资者保护"投服"模式》,载证券日报网:http://www.ccstock.cn/stock/gupiaoyaowen/2017-10-12/A1507738494782.html,最后访问日期:2017年11月13日。

投服中心先后创设了证券期货纠纷单边受理机制、小额裁决机制。通过与市场经营机构、上市公司签署谅解备忘录，约定投资者一方申请调解且投服中心受理的，机构一方不得拒绝调解；针对双方难以和解的小额纠纷，投服中心可以组织专家依法评议直接快速裁决，机构一方必须自觉履行。上述新型调解机制已推广至全国近30家证券期货基金经营机构、近1000个分支网点，适用金额范围上升到了5万元内。

5. 司法确认为主要途径的调解效力保障机制。2016年5月，投服中心成为最高人民法院和中国证监会联合确定的证券期货纠纷多元化解试点调解组织，截至目前已相继成为全国16个省、自治区、直辖市人民法院的特邀调解组织。2016年下半年，投服中心成功完成首单证券期货纠纷调解协议的司法确认，形成了可复制可推广的调解协议效力保障机制。[①]

（二）意义

综观投服中心的新型调解实践，监管部门指导设立的背景、“调解＋裁决”的纠纷解决模式、向中小投资者倾斜的制度设计、司法确认的效力支持，已然基本符合证券申诉专员制度的实质特征。投服中心的探索表明，在中国构建证券申诉专员制度不仅是可行的，投服中心的实践也使之具备了初步基础。

1. 推行申诉专员制度各方认可，具备了认识基础。首先，这一新型调解实践是由监管部门自上而下推动开展的，代表了监管部门构建全新的证券期货纠纷解决机制的理念和思路，为制度改革提供了坚强的统筹指导保障；其次，诉调对接机制的不断铺开和司法确认的成功实践，离不开人民法院对资本市场发展多元化纠纷解决机制的迫切需求和大力推动；最后，虽然投服中心的单边裁决增加了对市场机构的约束，但由于新型机制的专业、公益和更权威高效的解决纠纷，符合市场机构的长远根本利益，也得到了各辖区市场机构的积极响应。

2. 申诉专员机构呼之欲出，具备了组织基础。如前所述，实行申诉专员制度的各国或地区普遍建立了独立、专业、中立的纠纷解决机构。投服中心的机构特

---

① 中证中小投资者服务中心：《树专业品牌 创新型机制——投服中心纠纷调解成功率达到93%》，投服中心公众号2017年5月19日“纠纷调解”栏目。

点包括:在性质上,投服中心为中国证监会直接管理的全国性公益机构,与其他行业协会相比,其地位更客观中立;在职能上,投服中心明确承担全国纠纷调解职责,由其统一组织市场纠纷调解有利于平等规范、保护投资者合法权益,且其受案范围不受行业限制,能够统合解决资本市场各业务领域纠纷;在地位上,投服中心经过2年多的发展,已经成为证券期货市场唯一的一家全国性全市场纠纷调解机构,调解案件数量达到全国纠纷一半以上,初步建设成为化解投资者纠纷的主要渠道;在队伍上,投服中心集中了资本市场以及法律界的相关专业人士,能确保纠纷处理的专业性;在经费保障上,投服中心经费来源充足。总体来看,投服中心的实践已经为我国建立申诉专员机构奠定了坚实的组织基础。

3. 申诉专员制度管辖已具备了实践基础。申诉专员制度与传统调解的重要区别,就是其融合了对机构一方的单边裁决及相关强制性要求,赋予调解以约束力。而这一创新要在历来以调解自愿为基本原则的中国这样一个成文法国家实施,显然缺乏充足的法律制度依据。投服中心以监管引导为背景,通过与各经营机构、上市公司等签署纠纷调解备忘录的形式,推动市场机构自愿承诺接受单边约束,辅之以司法确认的效力保障,在现有法律框架下,实现了申诉专员制度的自愿性管辖,为今后申诉专员制度的全面建立乃至相关法律发展提供了实践样本。

四、构建中国特色的证券申诉专员制度

证券申诉专员制度融会多种纠纷解决手段优势、有效化解纠纷的理念符合现代证券期货纠纷化解的规律性,同样适用于当下中国资本市场的纠纷解决,且具有现实可行性。近年来,我国资本市场多元化纠纷解决机制改革通过调解的兴起取得了一定突破,但也走到了全面深入发展的关键阶段,亟待统一思想、明确目标、大胆创新,加快改革。笔者建议,中国资本市场的多元化纠纷解决机制改革要以构建中国特色的证券申诉专员制度为主要目标,努力实现证券纠纷调解机制向证券申诉专员制度的转变。笔者就具体的机构设置、人员构成、制度设

计和制度建构提出如下设想。

(一)机构设置

在资本市场实施证券申诉专员制度,需要建立独立、专业、中立的第三方纠纷解决机构。如前所述,投服中心近年来积极开展新型调解探索实践,其组织定位、职能范围、业务积累、队伍建设、经费保障等与申诉专员制度专门机构的设置需要较为契合,由投服中心设立证券申诉专员专门机构是合适的选择。

不过,在具体设立方式上,其一,投服中心是公司形式,尽管的确有公益性公司的存在,但在中国一般的社会认知中,公司是以营利为目的的法人,采用公司形式不利于申诉专员机构权威性的树立;其二,投服中心除纠纷调解外还承担着代表中小投资者持股行权、支持中小投资者起诉上市公司等职责,由投服中心履行第三方性质的申诉专员制度在客观上与上述内部职责相冲突,建议将投服中心现有调解职能独立出来,在此基础上,由投服中心出资设立民办非企业法人或者社会服务机构形式的全国性证券期货纠纷调解中心(或者申诉处理中心),可以体现其公益性和第三方地位,在中国证监会指导下以“调解+裁决”的方式承担全国范围内各类证券期货纠纷的申诉处理职责。

该新设的申诉专员机构可以与地方联合设立地方性机构,以满足在全国各地开展纠纷申诉处理工作的需要。发展初期,申诉专员机构依靠资本金维持运营,不向双方当事人收取费用,随着调解机制的发展完善,纠纷案件的不断增加,可适当向机构方收取案件处理费用,收入所得用于弥补部分成本开支。全国性申诉专员机构不取代原有各调解组织,各调解组织可以基于各自职责定位,依据当事人的选择继续提供证券期货纠纷调解服务。

(二)人员构成

申诉处理业务是典型的人才密集型服务业务。申诉处理的成功与否直接取决于申诉专员的工作。从境外经验来看,FOS 机构的工作人员,主要为金融、经济、法律等领域的专业人士,目的在于工作人员保证争议处理的专业性和权威性。

拟设的申诉专员机构应当建立专兼职相结合、分层级的申诉专员人才队伍。

除招聘培养专职申诉专员外,从监管部门工作人员、退休法官、行业自律组织管理人员、熟悉资本市场相关领域的律师、会计师以及专家学者中聘用申诉专员,并从中选拔具有较高声望和工作能力的权威专家组成申诉专员专家委员会,负责重大疑难案件的裁决和提供专家咨询建议。申诉专员的选聘工作由申诉专员机构负责。申诉专员机构应当制定申诉专员的管理规则,对其资质标准、聘用程序、行为规范、工作规程、激励约束及纪律处分等作出规定,持续提高申诉专员的业务能力,充分树立其权威性和公信力。

(三)主要制度设计

1. 管辖范围

在管辖对象上,考虑避免出现市场机构在证券申诉专员制度上的适用不一致,应树立全面强制管辖的原则,即对资本市场所有市场机构均具有管辖权。凡是投资者申请申诉处理且申诉专员机构决定受理的,市场机构均应进入申诉处理程序;申诉专员作出裁决的,对市场机构均具有单边适用的约束力。当然,全面强制管辖可以按照"自愿管辖—自律强制管辖—法律强制管辖"的路径来分步实现。

在管辖金额上,申诉专员制度的受案不设金额限制,但其中单边裁决的适用金额应当由申诉专员机构根据市场纠纷的实际情况限制在一定的额度内,该额度内的裁决对机构一方具有强制管辖效力,超出额度范围的纠纷,机构方自愿接受裁决约束的,仍然可以作出单边裁决。

2. 处理程序

与国际申诉专员制度的基本做法相一致,常规的纠纷处理程序包括当事人申请—案件受理(立案)—金融申诉专员的选择与确定—了解和核实案情—进行调解—调解不成情况下,申诉专员作出裁决—投资者如对裁决结果不服则可在诉讼时效内向人民法院起诉或者申请仲裁,程序之间具有连续性。

为体现向保护中小投资者倾斜的理念,可以对常规程序中做出有针对性的调整安排。例如,缩短受理时间,提供对当事人申请材料的快速审核,一般纠纷均可实现当日申请、当日受理;设置简易程序,对简易纠纷简化事实认定、责任判断、处理建议、达成和解等环节的程序要求；提供多种调处方式，针对案件实际可由投资者选择适用电话调解、网络调解、书面调解以及现场调解等多种方式，当事人可以足不出户完成调解；在了解案情上，建立市场机构配合举证和申诉专员机构协助取证机制，减轻投资者取证困难；在协议执行上，采用提存公证等有利于中小投资者的专门安排，一旦达成调解协议，经营机构负有即期执行的义务，以尽快实现投资者的利益期待。

3. 法律效力

比较国外关于申诉专员作出的纠纷处理结果的法律效力的规定，包括法律直接规定申诉专员作出的裁决投资者一方认可后具有强制效力、申诉专员做出的裁决经过司法审查后生效、和解协议经过双方当事人认可即直接具有法律效力等几种情形。为平衡申诉专员处理纠纷的公正与效率的关系，结合中国的国情，建议对申诉专员在规定额度内作出的裁决且投资者接受的，由法律明确赋予其强制执行力，超出额度范围的纠纷，双方明确表示自愿接受裁决约束的，同样具有强制执行效力。

4. 监管支持机制

为推动中国证券申诉专员制度的建立和有效应用，需要形成行政监管与民事裁断解决纠纷的合力，这包括：出台相关监管法规，明确证券期货市场经营主体应当积极配合调解的义务，并通过在境内首次公开发行股票的《招股说明书》、经营机构新开户格式文本增加优先适用申诉专员制度解决纠纷的条款，引导纠纷进入申诉专员制度的程序解决；建立监管部门协助调查机制，如在涉及证券账户基本信息和相关交易流水数据等重要信息时，由登记结算公司、证券交易所给予支持配合；引入诚信监管激励约束，将市场机构调解协议、裁决的履行情况纳入诚信记录范围；与监管执法协调联动，对涉及违法违规或者违反自律规则的，当事人积极通过申诉专员程序解决纠纷的，可以依法对其从轻、减轻或者免除处罚、处分。

（四）立法路径

中国证券申诉专员制度的构建，最终需要法律规则的制定予以确立。现阶段,短期内从立法上构建统一的证券申诉专员制度并不现实,依托投服中心前期新型调解实践的基础,建议采取两步式的立法路径:一是自律规制阶段。由中国证监会批复设立全国证券期货纠纷调解中心,在该机构设立时发布专门通知或者证券期货纠纷调解工作管理办法,明确该机构的职责定位、调解工作范围、工作原则、基本程序、管理要求、业务保障等,为该机构工作的开展提供制度依据和指导支持。该阶段的立法任务是将投服中心探索的新型调解实践予以固化,确立自愿管辖或者自律管辖基础上的"调解 + 裁决"的纠纷处理机制。在该阶段,纠纷裁决结果将转换为双方的调解协议,通过司法确认或者仲裁、公证确认保障其效力。二是法律规制阶段。在巩固第一阶段成果后,通过证券法、期货(基金)法的修改制定或者制定专门的投资者保护法,专章规定证券申诉专员制度,在法律上明确中国的证券申诉专员机构的性质、地位、运作方式等,辅之以证券监管支持体系,明确申诉专员制度的强制管辖原则和申诉裁决结果的强制执行效力,促进申诉专员制度的顺利实施。对涉及民事诉讼、行政监管、调解等诸多领域的法律法规逐步进行配套衔接,以构建完整协调的申诉专员制度体系。

投教园地

INVESTOR

上海证券交易所投资者教育实践与深化

杨　欣*　章辰磊**

摘　要：本文结合我国资本市场发展现状和证券交易所作为市场组织者、运营者和自律监管者的定位，阐释上海证券交易所在投教工作中的主要做法和经验。近年来，上海证券交易所围绕重点业务做好投资者教育和风险揭示，通过加强对会员和上市公司管理推动形成投保合力。我国资本市场投教工作在取得阶段性成效的同时，在新形势下面临新挑战。本文认为，未来投教工作可以从建立对市场经营机构开展投教工作的评估机制、充分利用新技术新手段促进投教合力形成、推动投资者教育纳入国民教育体系等多方面展开。

关键词：投资者教育　适当性管理　投教合力

自1990年沪、深证券交易所分别设立以来的20多年里，我国资本市场经历了从无到有、从小到大的快速发展，不仅取得了规模的扩张，也实现了质的升华。从市场规模来看，由最初的上海证券交易所“老八股”和深圳证券交易所“老五股”到股票总市值排名全球第二，上市公司在国民经济中的重要性日益增强；从市场体系来看，覆盖股权和债权的多层次资本市场初步形成；从投资者数量来看，截至2016年年底，我国证券市场投资者数已逐步增长到11,811.04万户。①

* 上海证券交易所投资者教育部（企业培训部）总监。

** 上海证券交易所投资者教育部（企业培训部）。

① 资料来源：《中国证券登记结算统计年鉴（2016）》。

我国资本市场在探索中前进,在改革中创新,取得了令人瞩目的发展成就。然而,与国外成熟市场相比,我国资本市场起步晚、建设时间短,不可避免存在一些不成熟之处,且具有一些独有的特征和问题。我国资本市场自然人投资者占比在99%以上,呈现出以个人投资者占绝对多数的特征。大部分个人投资者抗风险能力和自我保护能力较弱,合法权益易受侵害。同时,我国资本市场存在一些非理性投资行为,如频繁交易、盲目追涨杀跌、热衷于打听及轻信所谓“内部消息”等,这些非理性投资行为最终往往损害了中小投资者的利益。因此,加强投资者教育,培育合格投资者对资本市场稳定健康发展具有重要意义。

一、上海证券交易所投教工作的定位

自全球金融危机以来,投资者教育在全球资本市场的重要性日益凸显。国际证监会组织(International Organization of Securities Commissions,IOSCO)、国际证券业协会理事会(International Securities Market Association,ICSA)等机构先后通过各类论坛加强投教领域的国际合作,美欧主要市场纷纷加强投资者教育,例如美国设立了金融消费者保护局,该局下设金融消费者教育办公室;英国成立了金融消费者教育局。我国证监会设有投资者保护局,上海证券交易所、深圳证券交易所在投教中投入了很多资源,投资者保护基金公司、中证中小投资者服务中心相继成立,各证券公司、基金公司等市场经营机构逐渐认识到成熟理性的投资者队伍对市场长远发展的重要性,投资者教育在我国得到了全方面、多层次的开展。

证券交易所作为市场的组织者、运营者和自律监管者,处在监管第一线,而市场监管与投资者教育及保护就如同一枚硬币的两面。从成熟市场发展经验来看,维护金融秩序必须以尊重和保护中小投资者权益为基础,加强金融监管必须与营造金融投资文化氛围相辅相成。证券交易所开展投资者教育工作,要将教育和保护、监管和服务有机结合,引导投资者树立理性的投资理念。《证券交易所管理办法》修订草案征求意见稿中明确提出将“开展投资者教育和保护”作为证券交易所的一项职能,从而提升投教工作的法制化水平。

投资者是市场赖以生存的基础,投资者的成熟是市场成熟的重要推动力。上海证券交易所投教工作以培育“合格投资者”为目标,一方面紧密围绕证券交易所重点业务,为监管政策的落地和业务产品的推出提供支持,做好政策解读、业务解析和风险揭示,提高投资者理性分析能力和风险识别能力,牢牢守住不发生系统性风险的底线;另一方面通过加强对会员单位和上市公司的管理,建立会员单位投资者教育联系人制度及其相关工作机制,引导上市公司加强和规范投资者关系管理。在此基础上,加强与其他市场主体、主流媒体的沟通合作,整合相对分散的投资者教育资源,建立信息共享机制,提升全市场投资者教育和保护的实效性。

二、上海证券交易所投教工作的主要做法和经验

近年来,根据中国证监会整体部署,上海证券交易所高度重视投资者教育工作,依托上海证券交易所一线监管优势,配合加强市场监管和风险防控任务,多措施并举、多部门协同、多主体参与,在投资者教育方面做了一些有益的探索和尝试。

(一)制度先行,夯实投资者保护制度基础

近年来,世界各国纷纷把投资者教育作为防范金融风险、提升金融行业核心竞争力和促进金融市场可持续发展的基础性工作。上海证券交易所持续跟踪美国、加拿大、欧洲、巴西、日本等国家市场投资者教育最新动态和前沿课题,并根据我国资本市场特色和证券交易所一线监管优势,开展投资者适当性、投资者赔偿救济制度、投资者关系管理等专题研究,为投资者教育工作提供前瞻性研究成果。

面对错综复杂的金融市场产品,广大中小投资者风险防范能力相对较弱。对此,美国、欧盟、日本、中国香港特别行政区等许多国家和地区都建立了适当性制度,并成为经实践经验验证的比较有效的投资者权益保护的重要利器。我们

持续关注境内外投资者适当性管理研究成果,在充分考虑我国国情和投资者特点的基础上,积极参与证券市场适当性制度建设。2013年以来,上海证券交易所在债券、港股通、股票期权、融资融券等各类产品或业务中都逐步建立并实施了适当性管理。

在实际开展适当性工作时,证券公司仍然或多或少面临一些困惑或困难。上海证券交易所开展了全市场首次证券公司适当性管理自查和现场督导,深入了解会员工作中的痛点和难点,进一步明确证券交易所对会员的监管职责和监管要求。为配合《证券期货投资者适当性管理办法》于2017年7月1日正式施行,上海证券交易所进行相关规则修改,用图文漫画对适当性规则宣传解读,联合深圳证券交易所举办培训,多渠道引导会员和投资者深入了解适当性管理,撑起中小投资者权益的“保护伞”。

(二)转变思路,加强会员投教工作管理

投资者教育的服务对象是广大投资者,要把投资者的所思、所想、所需作为工作的出发点和落脚点。然而,我国资本市场中小投资者众多,对于监管资源有限的证券交易所来说,需要探索更有针对性的投资者教育模式。考虑会员具有贴近投资者的优势,上海证券交易所推动各会员建立了投教联络人工作机制,举办投教联络人培训,建立与会员的投教交流机制,引导其在投教工作中发挥“主力军”作用。

上海证券交易所面向各会员单位创办了旨在提升中小投资者风险意识和自我保护能力的“做理性的投资人”活动,成为业内投资者教育和保护的品牌。仅2016年,活动就涌现出精彩纷呈的首席经济学家公开课、生动活泼的风险教育动画片等1000余份投教作品,数以万计的投资者参与其中。利用会员营业部的一线优势,上海证券交易所搭建了涵盖35家会员、450家营业部的核心营业部负责人调研群,成为投教工作的有形网络,在市场异常波动时启动快速调研,及时了解投资者情绪。2016年以来,上海证券交易所结合重点业务持续走访了20多家营业部,为重大决策提供实证依据。在积极“走出去”的同时,主动将投资者“请进来”。上海证券交易所建立“走进上交所”品牌活动,仅2017年以来,已累计接待来自拟上市企业、高校学生以及各地投资者超过110次，人数逾5000人。通过介绍证券市场历史、观摩上市仪式等方式，提升了投资者对证券市场的了解。

（三）服务业务，做好产品解析和风险揭示

随着港股通、股票期权等交易所创新业务不断推出，在丰富投资者选择的同时，向投资者做好业务解析和风险揭示尤为重要。上海证券交易所紧紧围绕上市公司、异常交易等市场监管重点，债券质押式回购新规、减持新规等规则变化，用漫画、长图文、微电影、动画视频等多种形式制作了百余篇通俗易懂的投教产品。比如，拍摄了集知识性、教育性和娱乐性于一体的股市异常交易监管动画片《股市西游》，单集播放逾16万次。首次尝试通过真人场景融合特效动画方式制作投资者教育视频《股民的名义》，将有关上市公司“高送转”的套路以及监管部门采取的措施和成效向投资者娓娓道来。投教作品从“穿着中山装”到“接地气”，为投资者解读监管政策、介绍投资产品、讲解交易规则，既具有知识性和实用性，又具备趣味性和可读性，深受投资者喜爱。

上海证券交易所主动拥抱新技术新手段，推出了“上交所微课”，用在线音频直播的形式向市场传递监管理念，内容包括异常交易监管案例介绍、上市公司监管问答等，其中上市公司监管微课吸引了上万名上市公司、拟上市公司董秘等收听，成为共享资源的移动热点平台。

（四）促进合作，建立投教资源共享平台

针对投资者在投资知识和投资经验上有所欠缺，上海证券交易所探索“互联网+投教”的新路，建设公益性的学习和教育平台，为“要投资、欲求知”的投资者提供便捷经济的学习渠道。2008年上海证券交易所建立了投资者教育网站，2016年该网站成为首批全国证券期货投资者教育基地，近3年来累计点击量达7648.7万次。投资者教育网站有向投资者提供关于股票、债券等主题视频课程的“网络资本市场学院”，有帮助投资者熟悉交易规则、一展身手的“模拟交易平台”及丰富的投教素材，为投资者提供一站式的投教服务。

自2017年以来，上海证券交易所牵头组织会员单位、新闻媒体合作搭建了“百川众学”平台。这个平台是国内资本市场首家以自媒体方式运行、汇集多方投资者教育和保护精品教材的共享平台,以"汇聚业内精华、打造投教'读者'"为目标,以网站与微信订阅号为载体,将上海证券交易所所原创投教作品、业内优质公开课、会员投教短片呈现给投资者,提供及时、准确、优质的投教信息。该平台运行以来,已发布华泰证券、广发证券和申万宏源等40多家会员单位及新闻媒体的投教精品教材,逐渐体现出产品精、传播快、反响大等特点,初步形成"百花齐放、百家争鸣"的平台格局。

(五)增进交流,促进投资者行使股东权利

上市公司作为资本市场重要参与主体,是与投资者最直接的信息沟通者。为促进上市公司投资者关系规范管理,引导投资者树立股东意识,上海证券交易所自2013年起持续举行"我是股东"——中小投资者走进上市公司系列活动。

在过去5年中,通过联合会员单位,上海证券交易所带领近万名中小投资者走访了浦发银行、贵州茅台等近350家沪市上市公司,创造投资者和上市公司高管"面对面""零距离"沟通交流机制。考虑能直面上市公司高管的投资者毕竟是少数,上海证券交易所在2013年创建上证e互动平台,为投资者提供通过网络与上市公司高管互动的新渠道。截至2017年8月,投资者总提问数超过16万条,累计访问量超过3亿次。同时,在山东省、四川省等全国各地举办上市公司集体接待日活动,集中组织上市公司高管通过互联网与投资者即时沟通。这些举措鼓励中小投资者参与上市公司重大事项决策,积极行使股东权利,推动上市公司提升投资者关系管理能力和公司治理水平,增强投资者在资本市场参与感和获得感。

三、新形势下投教工作面临的挑战

近年来,我国资本市场投资者教育工作取得阶段性成效。然而,以个人投资者为主的投资者结构,客观上决定了资本市场投资者教育工作的长期性、艰巨性和复杂性。

(一)投资者教育基础性制度待进一步健全

目前,我国资本市场已初步形成包括法律法规、部门规章、交易所业务规则及行业协会自律规则等在内的投资者保护制度体系,但上位法中仍欠缺对投资者教育的规定,如“投资者教育”“投资者适当性管理”“投资者关系管理”等制度并没有写入《中华人民共和国证券法》,监管机构及市场机构开展投教的法定职责还不够明确。同时,我国金融消费者保护制度以及投资者赔偿救济制度尚需要进一步探索和完善。作为对全球金融危机的反思与应对,美国、英国等国和我国台湾地区等纷纷将金融消费者保护作为金融改革的核心内容,如我国台湾地区于 2011 年 6 月制定了专门的“金融消费者保护法”,从金融消费者保护角度完善了投资者保护相关制度,并设立专门的金融消费者保护机构。

(二)投资者的风险防范意识及对投教工作的接受度待提高

随着港股通、股票期权等新产品新业务的推出,中小投资者不仅在专业知识和经验方面有所欠缺,对投资者教育的重要性认识还有待提高。具体在实践中通常表现为中小投资者漠视了解风险揭示信息,忽视阅读相关业务风险揭示条款等。同时,个人投资者在投资知识、投资经验等方面千差万别,存在需求多元化的特点。然而,当前投资者教育在一定程度上体现为单边推动模式,缺乏受教育者的动态反馈。根据投资者需求进行个性化教育,从单边推进模式向双向互动模式改变,有助于进一步提高投资者对投教工作的接受程度。

(三)切实提升投教投保工作实效性的机制及措施须完善

证券期货经营机构处在投资者和证券市场中间,具有贴近投资者的一线优势,是开展投资者教育工作最好的平台之一。但是,经营机构趋利性和投资者教育公益性之间存在矛盾。由于投教工作的评价方法尚不完善,难以采用相对客观公平的标准来评价经营机构的投教工作绩效。实践中,在外部激励相对欠缺的情况下,不同经营机构投入投教工作的人力、物力、财力程度有所不同,投教队伍的整体素质、积极性以及稳定性等方面都有待进一步提高。

四、未来工作的展望与思考

投资者教育任重而道远,是一项长期系统工作。中国证监会主席刘士余特别强调,只有保护好中小投资者的权益,才能促进中国资本市场稳健发展。未来上海证券交易所投资者教育工作可重点围绕以下三个方面展开。

(一)建立对市场经营机构开展投教工作的评估机制

证券公司作为资本市场中介机构,是连接中小投资者与资本市场的重要纽带,也是落实中小投资者教育及保护的重要前沿。投资者作为证券交易主体,享有财产安全权、服务教育权、监督投诉权、自主选择权及公平交易权等合法权益,引导并督促经营机构加强对投资者教育和保护工作的认识,有助于培育理性投资者,形成市场的内在约束机制。

由于投资者教育工作的公益性特征,目前对经营机构的投教工作评估主要以鼓励性手段为主。投教工作的深化,迫切要求建立健全对投教效果的评价机制以及相应的激励约束机制。从市场经营机构整体投教工作层面来看,较为系统性的投教管理规范依然有所欠缺。建议出台针对市场经营机构投教工作的投教管理办法,建立明确的评估考核、激励机制与惩罚机制,把投资者教育工作开展情况的评估纳入会员日常管理框架之中。通过加强对会员投教联络人的管理,对投教联络人开展投教工作等情况进行考核,同时围绕投资者教育举办有亮点的专项活动,提升一线员工的整体工作素质和为投资者服务的工作热情。

(二)充分利用新技术新手段,推动投教合力的形成

发达国家普遍利用科技手段为投资者提供一站式投教资源。我国以中小投资者为主体的投资者结构和网上交易为主的交易模式,决定了投教效果在很大程度上依赖于传播速度快、覆盖范围广的信息技术手段。而在科技发展日新月异的今天,如何用好大数据、人工智能等新技术加强资源整合,如何利用监管科技切实扛起风险防范的责任等问题值得深入探索。

国外投教工作尤其重视通过合作方式进行,合作对象包括政府部门、监管机构、非营利组织、学术机构、媒体等。如美国金融业监管局(FINRA)与美国财政部及总统财力顾问委员会、研究机构合作共同完成了理财能力的国别研究报告。在亚太市场,网站、移动APP、Facebook、twitter等社交媒体在投教工作中广泛应

用以拓宽受众群体。[①] 上海证券交易所充分利用新技术新手段，通过组建由百余家会员单位投教联系人组成的投教联系群、由近百家新闻媒体记者组成的媒体宣传群，以及由各地证监局投教人员组成的证监局投保联系群等将系统内机构、会员单位、新闻媒体等多方汇聚。建议进一步落实平台建设，加强合作的广度、深度与粘性，促进形成投教合力。

（三）推动投资者教育纳入国民教育体系

国际投资者教育一个突出的发展趋势是由零散化向纳入国民教育体系的常规化转变，美国、英国等发达国家都将投资者教育全面融入国民教育中。在我国建设小康社会大背景下，如何更好地面对财富积累带来的理财投资需求，是包括青少年在内的全体国民面临的共同课题。《国务院办公厅关于进一步加强资本市场中小投资者合法权益保护工作的意见》也提出了“将投资者教育逐步纳入国民教育体系”。上海证券交易所将不断探索推动将投资者教育逐步纳入国民教育体系的方式方法，主要包括开设与中小学共建的金融教育基础课程，举办面向在校大学生和社会公众投资者的专题业务培训公开课等。

投资者教育的全民化是一项长期工程，不仅需要制度建设，还需要多部门联合协作。同时，在开展投教工作时，建议对教育对象进一步细分，根据投资者的知识背景、投资经验和风险偏好等因素的差异，提供不同的教育内容，探索分层次、分类别、立体化的投资者教育模式。

---

① Messy F. and C. Monticone(2016), Financial Education Policies in Asia and the Pacific, OECD Working Papers on Finance, Insurance and Private Pensions, No. 40, OECD Publishing, Paris.

投服中心投资者权益投教模式浅议

姜　皓[*]　孟德宾[**]

摘　要:投资者教育要加强投资者保护,是全球主要资本市场的共识。从目前我国投资者教育的实践来看,投资者权益教育较缺乏,市场各方基于自身定位开展投资者教育,未能形成整体合力,投资者合法权益得不到有效保护。本文在分析注重投资者权益教育必要性的基础上,结合我国投资者保护实际,对加强对投资者权益教育进行了可行性分析。投服中心从供给侧角度出发,在提供权益宣讲服务上进行探索实践,逐渐形成投服模式特色:以权益教育为中心,采用线上线下相结合的方式,联合市场各方力量,注重与投资者面对面互动交流,打造“五位一体”投教平台,唤醒股民的股东意识、权利意识,增强投资者保护自身权益的能力。

关键词:投资者教育　知权　行权　维权　投服中心

一、引　　言

目前,我国股票市场投资者数量达到了13,021.36万户,其中99.73%的投资者都是个人投资者,①这是我国投资者结构最大的现实基础。从全球经验来

---

*　中证中小投资者服务中心有限责任公司投资者教育部总监。

**　中证中小投资者服务中心有限责任公司投资者教育部高级经理,博士。

①　资料来源于中国结算网:http://www.chinaclear.cn/zdjs/xmzkb/center_mzkb.shtml.,最后访问日期:2017年9月21日。

看,资本市场的健康发展与投资者权益保护水平息息相关,投资者保护也是国际证监会组织提出的证券监管三大目标之一。[①] 沈艺峰等(2009 年)、[②]高明华等(2016 年)[③]针对我国资本市场的实证研究表明,我国中小投资者的权益保护水平整体偏低。投资者合法权益得不到有效保护,在我国主要表现为投资者纠纷量居高不下。

据不完全统计,2015 年中国证监会"12386"热线接受投资者诉求近 10 万件,中国证监会全年处理举报 1.7 万件;2016 年单纯的民事纠纷投诉 5000 多件,由中国证监会处理的举报 1.3 万件,中国证监会处理纠纷的压力巨大。[④] 造成投资者纠纷量居高不下的原因:一是经营机构推销产品不适当、上市公司违法违规,损害中小投资者合法权益。经营机构在追求自身利益最大化的驱使下可能存在逆向选择行为,造成经营机构推销产品存在不适当的行为。一些上市公司大股东、控股股东、实际控制人为了自己的利益,利用"三会一层"置公司利益和广大中小投资者的合法权益于不顾,架空股东大会,掏空上市公司,实施关联交易等违法行为,使公司和中小投资者权益受损的事件屡见不鲜。二是中小投资者在知识水平、专业能力、信息获取、风险管控和法律意识等方面,与机构投资者、大股东相比处于弱势,中小投资者在行使股东权利、维权自身权益方面存在行权难、诉讼难、举证难等诸多障碍和困境。投资者对自身权益的了解程度很低,行权意愿也较低,维权成本较高,而维权能力又相对不足,只能依靠监管的力量来解决问题。

我国投资者权益得不到充分保护,而投资者教育又是加强投资者保护的重要途径,从中折射出我国投资者教育存在一些短板。庄学敏(2009 年)、[⑤]顾海峰

---

① International Organization of Securities Commissions,"Objectives and Principles of Securities Regulation", Accessed on Sep 21th, 2017, http://www. csrc. gov. cn/pub/newsite/gjb/gjzjhzz/ioscojgmbyyz/200507/P020150520676286718542. pdf.

② 沈艺峰等:《投资者保护与上市公司资本结构》,载《经济研究》2009 年第 7 期。

③ 高明华等:《中国上市公司中小投资者权益保护评价及有效性分析》,载《深圳大学学报》(人文社会科学版)2016 年第 3 期。

④ 陈健:《证券投资者维权环境逐步改善》,载《上海金融报》2017 年 6 月 16 日,第 A08 版。

⑤ 庄学敏:《投资者信息、投资者行为与投资者教育效率研究》,载《经济管理》2009 年第 2 期。

(2009 年)、[①]张毅(2010 年)、[②]秦正星(2012 年)[③]等对我国投资者教育的研究表明,国内的各投资者教育主体基于自身定位提供碎片化的投资者教育,还未形成合力;投资者教育内容集中在投资决策教育、产品推介、资产管理教育等方面,权益教育涉猎不多;整体上,我国投资者教育缺乏权益教育的专业性、系统性、引领性。作为中国证监会批准设立并直接管理的证券金融类公益机构,中证中小投资者服务中心有限责任公司(以下简称投服中心)2015 年以来在弥补投资者教育的短板方面做了一些尝试,力争把投服教育模式打造成为中国资本市场保护中小投资者合法权益工作的第三驾马车,推动资本市场中小投资者保护新格局形成。

二、加强投资者权益教育的必要性和可行性

无论从实践意义,还是从社会意义来看,加强投资者权益教育都有其必要性。首先,加强投资者权益教育是完善我国投资者教育内容体系的必然要求。投资者教育涉及投资知识、风险教育、权益教育等诸多方面,任一方面内容的缺失都不能有效保护投资者的合法权益。加强投资者的权益教育,无疑将完善我国投资者教育的内容体系。其次,加强投资者权益教育发挥投资者保护的作用更为直接。投资者保护,核心是要保护投资者的合法权益不受各种违法违规行为的侵害。作为投资者,前提要知道自己拥有哪些合法权利,知道如何行使自己的合法权利,权益受到侵害后知道如何维护自己的合法权利。投服中心于 2016 年开展的投资者权益问卷调查显示,投资者权利意识淡薄,在行使股东权利、维护自身权益方面存在行权难、诉讼难、举证难等诸多障碍和困难。通过投资者权益教育,将直接从权益保护的角度来开展普及工作,弥补投资者权益知识较为缺乏的短板,效果更直接、具体。最后,加强投资者权益教育有助于维护社会的和

① 顾海峰:《我国证券市场个人投资者教育问题研究》,载《上海金融》2009 年第 5 期。

② 张毅:《我国证券市场投资者教育的第三方模式研究》载《上海师范大学学报》(哲学社会科学版)2010 年第 1 期。

③ 秦正星:《中国证券市场投资者教育的复合模式架构设计和试点框架》,载《上海金融》2012 年第 6 期。

谐稳定。随着信息时代的发展,各种违法违规行为手法不断翻新,违规信披、内幕交易、操纵市场、违规经营等各种侵害投资者合法权益的事件仍不间断。维权是公民维护自身合法权益的行为,[①]各种非理性维权行为,甚至引发的突发性群体性事件动摇了社会的和谐稳定。引导投资者通过理性的方式,有效、积极地维护自身权益,走出维权困境,抵制违法违规行为,具有很强的现实意义。

中小投资者在投资过程中基本不具备足够的知识和经验,维护自身合法权益的意识也比较淡薄,客观上需要专业的投资机构和维权机构为其提供合适的权益教育。我国在顶层设计层面高度重视中小投资者的权益保护工作,2013 年 12 月国务院办厅发布了《关于进一步加强资本市场中小投资者合法权益保护工作的意见》,对"保障中小投资者知情权""强化中小投资者教育"和"完善投资者保护组织体系"等均提出明确要求。2017 年在全国金融工作会议上,习近平总书记再次提出要"形成投资者合法权益得到有效保护的多层次资本市场体系"。中国证监会近些年来高度重视投资者权益教育工作,建立了一整套办法机制,出台了一系列投资者权益保护的规范性文件,效果逐步显现。2014 年年底成立投服中心是切实加强中小投资者合法权益保护工作的重要举措和具体落实。投服中心的职责之一就是负责向中小投资者开展"知权、行权、维权"宣传教育,普及证券期货基础知识,引导理性投资。2014～2017 年的探索实践,投服中心通过事前持股介入公司治理、事中提供纠纷解决服务、事后证券支持诉讼等机制创新,为投资者权益教育提供了专业帮助。

三、投服中心权益教育模式探索实践

投服中心作为专门保护中小投资者权益的公益机构,成立 3 年以来,利用线上和线下进行双向投教,搭建"五位一体"投教平台,并与各市场主体共享投教资源,在一定程度上弥补了市场投资者权益宣教的空白点。投服中心权益投教是

① 龚可澜:《维权教育视野下政府维护公民权利问题研究》,武汉理工大学 2014 年博士学位论文,第 18 页。

为了帮助广大中小投资者充分知晓自身权益,逐步形成主动行使权利习惯和自觉维护权利的意识;对投资产品有比较清醒的认知和评估,提高风险防范意识。

(一)创建"知权、行权、维权"的权益投教品牌

投服中心作为资本市场的公益机构,从"知权、行权、维权"三个方面开展权益教育,逐步打造了其独特的投教品牌——"权益360",达到了一定程度的引领效果。知权是行权和维权的基础,行权是知权的延伸,维权是知权和行权的重要保障;"知权、行权、维权"贯穿了投资者投资过程的事前、事中和事后,全面保护投资者合法权益。

"知权"就是帮助投资者了解自己拥有哪些法律赋予的权利。根据《中华人民共和国证券法》《中华人民共和国公司法》等相关法律,中小投资者主要拥有以下几部分权利,首先,当中小投资者购买上市公司股票成为其股东时便拥有了股东的身份权及股东资格;其次,作为上市公司的股东,中小投资者拥有相应的财产权利,即盈余分配请求权、股份认购、转让请求权及异议股东股份赎回请求权;再次,作为股东,投资者可直接参与公司治理,包括行使表决权、知情权及质询权以了解并参与公司经营;最后,股东拥有诉讼的权利,包括直接诉讼及派生诉讼以在自身权益或者公司利益受到损害时进行救济。①

"行权"就是帮助投资者了解权利的行使规则和路径,投服中心引领、教导投资者发现上市公司资本运营过程中可能存在的问题,主要通过参加股东大会、媒体说明会、投资者说明会、前往上市公司现场问询或查阅进行现场行权或通过发送股东建议函、公开发声、公开征集股东权利、提案、提起诉讼进行非现场行权,从而为其他中小投资者行权做示范,鼓励参与上市公司治理。

"维权"就是帮助投资者了解权益受损后的维权方式和途径。投服中心通过相关法律知识及案例解读等,帮助投资者了解维权的方式方法,提高投资者维权的意识和能力,主要开展纠纷调解和支持诉讼两大块业务,切实维护中小投资者的合法权益。其中,调解业务已确立全境范围纠纷调解承办机制,创新单边受理

① 参见邓峰:《普通公司法》,中国人民大学出版社2009年版,第347~405页。

机制、小额速调机制、集体调解机制、诉调对接机制等新型调解机制，解决投资者实际面临的与上市公司、证券、期货等经营机构、侵权行为人之间的各种纠纷问题；支持诉讼是在中小投资者走诉讼道路有巨大时间成本和金钱成本的情况下，为其维权提供良好的救济渠道。

（二）搭建五位一体的权益投教平台

投服中心通过线上与线下相结合的方式，打造了“五位一体”的投资者教育网络：“投资者大讲堂”、“权益360”专栏、投教产品、“投服中心微信公众号”、中国投资者网。这一网络注重投资者的体验，缓解了当前市场上“知权、行权、维权”三权教育薄弱的境况，提高了社会各界对中小投资者权益保护的关注度，促进了注重中小投资者合法权益保护的良好社会氛围的形式。

1. 线下投教——“投资者大讲堂”和“权益360”

“投资者大讲堂”全国巡讲活动围绕投资者权益核心内容，为证券投资者、基金持有人、期货交易者以及证券期货从业人员，提供了包括投资者权益知识介绍、内幕交易等违法违规行为案例解读、投资者行为相关研究介绍等内容丰富的知识。“投资者大讲堂”通过主题讲座与现场座谈交流相结合的形式，帮助投资者了解典型案例背后的规则红线、风险底线，普及相关金融、法律知识，了解投资者的真实需求，让投资者尤其是中小投资者认清违法违规主体惯用的骗术和手段，增强投资者的守法意识和风险防范意识。“投资者大讲堂”由投服中心联合各地派出机构、行业协会、地方券商共同举办，已在湖南、广东、新疆、山西、湖北、宁波、天津、贵州、重庆等地陆续开展，直接参与的投资者累计达到3500人。

“权益360”专栏是投服中心与上海证券报合作建立的，专栏体现知识性、实用性、趣味性，采用简单易懂语言，通过“股东权益知多少”“投服中心纠纷调解案例”“公益律师说维权”等板块，普及权益知识，唤醒行权意识，增强中小投资者主动维权能力。“权益360”专栏每周一和周三发布两篇文章，截至2017年10月底累计发布各类文章83篇，中国证券网、新浪网、网易、凤凰网等主流媒体也对专栏文章进行跟踪转载，专栏取得了一定的积累和普及效果。同时，编印“权益360”投资者教育系列丛书，扩充投教产品，丛书内容涉及股东权益知识、持股行权案例、纠纷调解案例、支持诉讼相关知识、维权相关知识等诸多方面,现已免费发放上万本。

2. 线上投教——多方位全面投教

"投服中心微信公众号"及时将投服中心各项动态,以通俗易懂语言和图文并茂形式介绍投资者权益,以市场典型案例提醒投资者风险点,同时辅以规则教育,将中小投资者的权益教育丰富化。目前,微信公众号平均每周发布4篇、累计发布185篇权益相关保护信息。微信公众号的阅读量也在稳步上升,累计阅读量41,172人次,累计转发量4645人次。此外,微信公众号通过留言功能和消息管理,及时与投资者进行沟通交流,随时帮助投资者解决可能遇到的问题,了解投资者关心的热点问题和真实需求,收集投资者关于市场热点、新规新产品的意见建议,起到长传达下的作用。

"中国投资者网"处于试运营中,其将会成为投服中心未来权益宣教的实施重地。"中国投资者网"以整合中国证监会系统分散的投资者教育资源,完善基础设施,畅通与中小投资者的沟通渠道。栏目包括"资讯速递""知识普及""我要查询"等6个一级栏目,"投资者课堂""上市公司违规信息""投资者调查"等19个二级栏目和44个三级栏目,将具备信息查询、智能问答、在线调解、网络投票、意见建议等10个互动功能,为投资者知权、行权、维权提供便利。目前,该网站累计发布信息44,257条,力图尽量满足投资者一站式获取相关知识和服务的需求。

(三)建立投教资源协同共享机制

在探索建立共享机制的过程中,投服中心主要联合地方证监局、交易所、行业协会等,利用各方优势,形成优势互补,降低投资者时间成本,提供较全面的投资者教育服务,促进形成投资者保护的长效合作机制。投服中心通过举办"投资者教育交流与合作座谈会",探索建立投教资源协同共享机制,努力推动形成投教新格局,交流投教经验,初步达成合作共识:共享投教产品资源、共同开展投教活动、共同开展投资者联络工作等。自2017年以来,投服中心先后与深圳证券交易所,联合山西、陕西、安徽、贵州和重庆证监局,共同举办"投资者保护——明规则、识风险”“投资者服务西部行”等活动。

四、深化投资者权益教育模式的设想

投服中心权益宣教模式已初步成型，且各项业务正在积极推进中，但依然充满挑战。首先，由于我国投资者呈现散户型的特点，大多数属于兼职投资者，线下投教一般集中在工作日，投资者参与度不高。虽然微信公众号积极展开线上投教，但日均点击量并不高。其次，投教方式不够多样化。投教在载体上依旧是以文字宣传为主，尤其是中国投资者网站还未正式上线，如何在信息爆炸的市场中脱颖而出，建立中小投资者信任的投教品牌依旧任重而道远。最后，中小投资者自身素质高低不同，各年龄段投资者对权益宣教信息及服务需求期待不同，如何细分中小投资者，提供不同层次投资者需求的投教形式和产品也是未来需要深思的。

对于未来投服中心如何在权益投教服务中走得稳健扎实，能够对投资者知权、行权、维权形成更有效的作用，笔者有以下几点建议。

（一）整合线上线下，专业化投教

首先，投资者权益宣教的内容、形式等确定，都应当是双向互动的结果。通过专业的线下调研和覆盖面更广的线上调研，用数据将投资者目前的权益意识、权益保护现状、投资者需求等量化，从而制定更符合市场投资者需要的投教内容与形式。

其次，建立投教联络人机制。充分利用好投服中心的“调解工作站”“投资者联络”的资源，提供高效的、系统的、全面的投资者教育服务。

最后，打造专业的投资者教育人才队伍。投资者教育涉及资本市场的各个领域，需要各领域的复合型人才，要在投教共享平台的基础上，发掘优秀人才，保障投资者教育的专业性。

（二）宣传投教业务，普惠化投教

在新媒体冲击的流量时代，传统宣传方式要紧紧与新媒体相结合。在未来权益宣教过程中,力求宣教形式多样化,以影视短片、公益广告、举办权益主题月宣传活动,与各社区展开合作活动等方式积极展开宣传。真正用好作为证监会授权建设与管理的投资者自己的网站——“中国投资者网”,将该网站作为线上的宣传主要出口,通过该网站将整个市场体系的投资者教育资源进行整合,逐步形成投教共享平台,在增强投教黏性上创新,提升宣教的广度和深度。

(三)细分投资者类别,精准化投教

投资者权益宣教不仅在于其覆盖面的广度,更在于其有效性。我国中小投资者素质高低不一,关注内容不同,权益宣教的起点与方式也应当有所差别。在实际操作中,根据前期的市场调查,可以将投资者按照受教育程度、年龄阶段、投资年限等标准进行一定的划分,根据其需求内容,将“知权”“行权”“维权”知识进行精准化投教。

投服中心在未来将会以多样化的形式,协同各单位,积极与国际投资者教育接轨,努力实现投资者权益教育的普惠化、精准化,不仅有利于提高投资者的股东权利意识,而且有利于促进公民各方面权利意识的提升。

“老韭菜”2017年的中国股市认知

王朝干*

1984年11月18日,对普通老百姓来说是一个普通的日子,但是就在这天上海飞乐音响股份有限公司向社会公开发行股票。虽然老百姓对股份制改革并不了解,也更不知道股票是什么,但是从这样一个标志性的事件开始,新中国第一家股份制上市公司成立了,随之中国股市也如婴孩般呱呱落地了。经过20多年的漫长岁月,2017年注定要让很多投资者有深刻难忘的记忆。

从我个人投资经历和对股市认知来看,许多投资者进入股市存在“暴富”心态,缺乏“价值投资”理念。20年前踏着资本的浪潮,我抱着自己的第一桶金来到了位于南京市中山东路的南京市证券公司(现在的南京证券股份有限公司)开立了证券账户。当时所有人都认为这个市场就是一个暴富的市场。本着一夜发财和一本万利的梦,我进入了这样一个市场。这个市场,在一夜暴富的背后更是千万人的血本无归。若跟老股民说“价值投资”,大家都会抿抿嘴,会心一笑,因为大家深信“软件可以预测买点和卖点”来炒股。

随着监管层打出了漂亮的整顿市场的三记“好拳”,我将2017年称为中国价值投资元年。

* 南京港集团第四港务公司(南京证券客户)。

第一拳 “大股东减持新规” 直击根本稳人心

众所周知,当股价持续上涨时,当上市公司大股东持股资产早已远远超过上市公司利润时,必然会造成产业资本迫切减持的结果,更进一步会造成一些公司以弄虚作假的方式通过上市募集资金,在资金炒作下进行减持,造成坑害股民的情况。想要抑制这样的情况,就必须对上市公司大股东减持有所限制。这项政策的出台,是稳定市场、防范冒进、抓住根本、安抚人心的一项重要举措。之前一些大股东通过非集中竞价交易的方式来规避减持数量限制,从而导致短时间内大量减持,还存在董事、监事、高级管理人员通过辞职规避减持规则,进行“恶意减持”。有关股东减持的信息纰漏不完善,一些大股东、董事、监事、高级管理人员通过信息优势进行“精准减持”。这种产业资本的大规模减持将危害股市长期稳定的发展,对上市公司未来的经营也会有重大影响。如果一个公司的主要决策管理人员通过减持早早地变现,获得大量回报,他还会在公司的经营上投入大量的精力吗?如此,我们的资本市场就会沦为一个圈钱骗钱的市场,这是我们所有人都不希望看到的。所以,这次的减持新规进一步引导了上市公司股东、董事、监事、高级管理人员规范、理性、有序地减持股份,也有利于完善上市公司长效治理,维护证券市场交易秩序,从而真正保护中小投资者的利益。

第二拳 “欣泰电气先行赔付” 打准要害先赔付

欣泰电气这类公司的欺诈行为已经严重侵害投资者的合法权益。管理层在被清理出场的情况下,史无前例地督促保荐机构按照先行赔付原则对投资者进行补偿,这是这件事最大的意义。长期以来,保荐机构实际上未能站在公平公正的立场对待上市公司,其对于上市公司的财务报表等实际情况未尽力核实真假,未承担好中介机构的责任。其即便没有参与作假,也应付出代价。我相信,在随后的过程中,兴业证券并不会承担全部损失,势必会向相关的会计师事务所、上市公司高管进行索赔,但是这相较于中小投资者进行维权的难度要小得多。如果换成中小投资者对上述机构进行索赔,索赔的力度、索赔过程中花费的时间成本以及精力,都是不成正比的。从这次退市事件事中,可以看到,市场上存在大量盲目的中小投资者,他们还是以投机为主。最讽刺的是,因欺诈上市被中国证监会启动强制退市程序后,欣泰电气这家永久退市的上市公司尽然迎来了涨停板,我相信这不是个别现象,更是目前中小投资者盲目投资的一个表现。其实长期一段时间,市场上炒壳的情况源源不断。所谓的壳,其实就是因为在我国长期以来,上市公司都是以审批制进行发行的。能够上市的公司即便公司业绩不行但凭借壳的优势也能获得重生,再通过重大资产重组等方式在某天一飞冲天。产业资产在其中也能获利颇丰。因为长期的投机心理已经深入人心,很多投资者的盲目不仅在于投机,而且也在于完全不了解、不知道情况,从而跟风操作。所以,针对投资者适当性的工作,其重要性就尤为突出了。

第三拳 “投资者适当性” 稳打稳扎重教育

我相信很多投资者,包括我自己去金融机构开立某些业务或者购买某些产品时,在很多情况下我们都不会去看那些复杂的条款和内容。有时候填写个人资料信息都会让我们觉得厌烦。在这样一个信息化高节奏的时代,我们对很多投资业务知之甚少。有的金融机构也利用投资者这样的心态去刻意隐瞒其中的风险点,以达成销售意向。更有甚者,以夸大收益来促使投资者购买。以 P2P 产品为例,这是一个高风险的投资项目,但是众多银行以及其他的理财网点都将其说成了一个高收益的存款理财项目去推广,造成很多的中老年朋友上当受骗。虽然当 P2P“跑路”成为趋势之后,有不少金融机构开始提醒相关风险,但还是有不少投资者会购买不符合自身风险的产品。这就是投资者的无知盲目投机心态在作祟了。其实市场终究还是为投资者服务的,正如开篇所说哪怕市场再好,有再好的适合价值投资的上市公司,如果投资者的根本想法还是以投机操作为主,那么市场也很难有良好发育的温床。在这种情况下,管理层出台的投资者适当性管理办法就很必要了。第一,它满足了对金融机构加强风险管理的要求。在这样的办法下,投资者办理业务时,需通过录音、录像进行,这样办理业务的过程就有了证据,金融机构人员在办理过程中是否合规、是否说明了风险,就一目了然了,这为杜绝金融机构欺诈、诱导投资者发挥了很好的警示作用。第二,它加强了投资者在投资中的风险意识。相信很多人和我一样,开立创业板是因为创业板的股票涨得比较好。对于创业板和主板市场的区别,若不是这次欣泰电气退市的事件,我也不知道创业板股票退市了就不能再上市了。我也更不会去了解整个市场的退市制度。随着市场投资范围原来越大,业务越来越细,投资者在投资产品前有一个风险教育警示的过程是很有必要的。

随着越来越多理性的投资者、越来越多稳健合规的上市公司出现,我相信会有越来越多的人倡导价值投资,也会有越来越多优质的上市公司通过我们的市场成为未来中国的支柱。可能再经历一两代股民,价值投资就能够在市场上站稳脚跟成为投资者投资的主流策略。“韭菜”一词终将会消失在历史舞台上。当再次回顾历史时,2017 价值投资元年必将在这个舞台上留下浓重的一笔。

I 案例探析

INVESTOR

行权案例：媒体说明会

——四通股份重大资产重组

王丹阳*

一、选择该案例的理由

上市公司并购重组是实现资本市场资源优化配置的重要途径，但目前市场上的并购重组依旧存在较多突出问题，例如，"忽悠式""类借壳""高估值""高承诺"类重组，不仅严重扰乱市场秩序，更是损害了广大中小投资者的合法权益。

此次选择的案例中，四通股份（证券代码：603838）拟收购广东启行教育科技有限公司（以下简称启行教育）完成业务双向发展，但其中存在启行教育欲通过放弃表决权来实现规避借壳上市的情形，同时存在对启行教育的评估值与过往经济行为相比过高、业绩承诺与其现有盈利能力极不相符、业绩补偿覆盖率低等情况，这严重侵害了广大中小投资者的利益。中证中小投资者服务中心（以下简称投服中心）参加四通股份重大资产重组媒体说明会，①以股东身份行使质询权、建议权、监督权，质询该重组是否规避借壳、是否准确估值、业绩补偿是否合理、

* 中证中小投资者服务中心有限责任公司行权事务部经理。

① 上海证券交易所《上市公司重组上市媒体说明会指引》规定，按照中国证监会有关重大资产重组管理规定，上市公司重组交易构成重组上市的，公司应当召开媒体说明会。对于未构成重组上市的重大资产重组，中国证监会或上海证券交易所可以根据需要，要求公司召开媒体说明会。深圳证券交易所《重大资产重组媒体说明会备忘录》规定，上市公司的重大资产重组项目涉及以下情形之一的，应当召开媒体说明会：(1)属于重组上市；(2)涉嫌规避重组上市监管要求的；(3)受到重大媒体质疑、投诉举报的；(4)中国证监会及其派出机构和深圳证券交易所认为有必要的其他情形。

资产经营是否可持续,为中小投资者示范如何践行股东权利。

二、案例简介

(一)案例背景

四通股份是一家生产销售家居生活陶瓷的上市公司。2016年6月30日,四通股份公告了《发行股份购买资产暨关联交易预案》(以下简称预案),拟通过发行股份的方式,购买李某、李某某、启德同仁、林某、吕某等13个交易对手持有的启行教育100%股权,交易价格为45亿元,发行股份价格为13.98元/股,发行股份数量约3.22亿股。启行教育主营业务是提供国际留学服务,四通股份拟通过此次交易实现向陶瓷与国际教育服务并行发展的双主业转型。

(二)行权内容

投服中心研究四通股份的重组预案、交易所问询函、监管及行业规定、市场和媒体反应以及投资者关注的问题等信息,深入挖掘重组可实现性、高估值、高承诺等有关投资者切身利益等问题。2016年7月26日,参加四通股份重大资产重组媒体说明会,从涉及中小投资者切身权益角度向四通股份提出四个方面问题:一是涉嫌规避借壳上市,重组是否具有可实现性;二是标的资产估值过高,财务指标与实际估值不匹配;三是业绩承诺与补偿不合理,保证措施不力;四是标的资产启行教育经营的可持续性。

(三)行权结果

投服中心在参加四通股份重大资产重组媒体说明会后,通过《中国证券报》《上海证券报》《证券时报》《证券日报》等证券类主要媒体刊登其对于四通股份重组预案的疑问,一方面向市场和中小投资者传递相关信息;另一方面讲明中小投资者如何分析并购重组案例,引导中小投资者积极行使股东权利。最终,四通股份在两次修改完善重组预案后,于2017年2月10日终止了这次重组。

三、案例分析过程

投服中心对四通股份重大资产重组预案和已知的公开信息进行了认真研究，发现这次重组存在规避借壳、高估值、业绩承诺和补偿覆盖率低、经营可持续性等问题。

（一）重组涉嫌规避借壳上市

是否构成借壳上市的关键在于，上市公司的控制权是否发生转移，如果控制权发生转移，则重组将被认定为借壳上市，其审核则应符合《首次公开发行股票并上市管理办法》。根据四通股份所披露的预案，这次交易的标的资产启行教育的资产总额、营业收入等指标均超过四通股份相应指标的100%，但基于林某等10个交易对手放弃了在这次交易中取得的42.66%上市公司股份所对应的表决权、提名权和提案权，预案指出这次交易不会导致公司控制权发生变化亦不构成借壳上市。然而，这样的理由能否成立，能否被监管部门认可，存在重大不确定性。其理由如下。

1. 放弃表决权的正当性

从预案披露的信息来看，10名股东欲通过放弃表决权等权利使此次重组后的控制权不发生转移，进而不构成借壳，但这一行为易让人得出可能存在规避借壳的结论。固然，从法理上而言权利可以放弃，但当权利的放弃是为了不当目的，就涉及用合法的行为掩盖非法目的。这一行为的正当性就值得推敲，监管机构是否认可就值得考虑，至少对所掩盖的非法或不当目的不予认可的可能性是极大的。

2. 控制权的自然转移

即使放弃表决权等权利，也有可能发生控制权转让的情形。从已知的信息来看，资产注入方启行教育的各股东方在这次重组中，其主观的意思联络和客观的行动协调，有可能被认为是一致行动人。按照《上市公司收购管理办法》第84条第1款的规定，“投资者为上市公司持股50%以上的控股股东”即拥有上市公司控制权。按此规定,此次交易完成后,资产注入方所获得的四通公司的股份合计达54.69%,即已经取得上市公司控股权,自然也使公司的控股权发生了转移。

3. 放弃表决权的消极影响

一是使上市公司治理产生扭曲。在公司治理中,表决权、提案权、提名权是重要的权利,尤其是表决权是公司治理的核心权利,如果大量放弃权利,会使公司总股本和其股东权利发生变化。在总股本不变的情况下,有效权利的分母变小,分子自然变大,长此以往公司治理也残缺不全。

二是从《上市公司收购管理办法》第84条的规定可以看出,表决权是控制权的核心权利。但表决权作为共益权,其权利行使同时涉及其他权利人的共同利益,若盲目放弃此种权利,其后果无论是对公司控制权转移还是其他股东权利保护都会产生不良影响。就此案例而言,根据《上市公司收购管理办法》第84条规定,一方面确认持有上市公司50%以上的股份即拥有上市公司控制权;另一方面又确认投资者可以实际支配上市公司股份表决权超过30%的也拥有上市公司控制权。从立法本意和法律逻辑来看,前者并不以放弃表决权为前提。如果认可前者放弃表决权,根据重组预案,交易完成后原上市公司控股股东、实际控制人蔡某某等5人及其一致行动人合计持股比下降为26.85%,却拥有46.84%的表决权,而资产注入方启行教育方拥有54.69%股份,四通股份同时存在两个实际控制人。这在法律逻辑上的混乱和实际中的不可操作是显而易见的。就证券法等相关法律法规而言,如果放弃表决权,就会使其他股东的每股所含表决权加大,在争夺公司控制权中,就有可能用比原本更少的股份获得公司的控制权,从而使法律规定的大额持股的股东信息披露和禁止交易的次数和期限减少,也使法律规定的持股达到30%后要约收购情况减少,客观上规避了法律,使法律形同虚设。就公司法的规定而言,表决权不仅是控制权核心内容,也是普通股的重要内容。如果放弃表决权,那么就会使法律上设立普通股和优先股的意义不大了。

三是放弃表决权可能使股份转让变得困难,也可能对股价形成影响。根据预案,标的资产启行教育的10位股东不可撤销地永久放弃表决权等权利。怎么理解"永久",是仅限于此次的10个交易对手方,还是也包括以后这42.66%的后续转让对手方都愿意承诺放弃？或者是这 10 个交易对手方永久不转让所持有的股份？从预案中不得而知。如果仅限于 10 个交易对手,那么 10 个交易对手在解禁期满后可以随时卖出股份,这个不可撤销的永久放弃就变得虚假和毫无意义;如果 10 个交易对手未来要转让,且还要继续实现承诺放弃表决权等权利,就得附条件转让,可能涉及转让股份的折价,股份折价可能对二级市场股票价格带来影响,势必影响广大中小投资者的利益。

上述几个问题使这次重组存在重大的不确定性。这是这次重组所存在的最大风险,事关广大中小投资者的切身利益。

(二)标的公司估值的公允性

根据公开信息获悉启行教育核心资产启德教育集团的历史沿革情况,2011 年 2 月成立股本 1 万股的启德香港公司,2013 年 12 月第一次股权转让 1 万股作价 20.75 亿元,2016 年 1 月第二次股权转让 1 万股作价为 45 亿元,增值 24.25 亿元,这两次转让估值的评估作价存在重大差异。第二次估值增值,预案提到启德香港公司 2014 年 12 月出资 1.8 亿元收购明杰教育,估值另外增加的 22.45 亿元的核心内容存在疑问。

从财务数据来看,启德教育集团合并报表两年一期的净资产均为负数,而此次交易估值高达 45.6 亿元。预案披露,启德教育集团净利润 2014 年为 1.5 亿元,2015 年为 1.7 亿元,2016 年 1~4 月为 0.26 亿元,而股东权益为 2014 年、2015 年到 2016 年 4 月呈加速下降趋势,有故意压低业绩,隐藏利润的嫌疑。同时,四通股份的财务报告显示,净资产收益率 2013 年至 2015 年分别为 15.73%、14.62%、11.22%,总资产净利润率为 11.65%、11.52%、9.28%,平均总资产净利润率为 10.82%。而标的资产启行教育,以交易价格 45 亿元为总资产。根据其业绩承诺情况,2016~2018 年总资产净利润率分别为 5.3%、6.1%、6.5%,平均总资产净利润率为 5.96%,远低于上市公司近 3 年的平均总资产净利润率 10.82%。同时,标的公司资产负债率很高,且呈逐年上升趋势,上市公司接受其 45 亿元估值定价存在不合理性。

(三)业绩承诺与业绩补偿的合理性

重组预案显示,交易双方签署《利润补偿协议》,标的公司启行教育业绩承诺方李某、李某某、启德同仁三方承诺公司2016~2018年年度净利润不低于2.4亿元、2.75亿元、3.1亿元,且承担相应的利润补偿义务,但存在以下几个问题:一是业绩承诺的可实现性。标的公司2015年盈利1.7亿元,2016年1月至4月盈利0.26亿元。按照2016年2.4亿元的业绩承诺,未来8个月每个月均盈利0.27亿元,公司的实现业绩承诺可能存在问题。二是关于业绩承诺方。此次交易对手方启行教育的13个股东,只有3个股东进行了业绩承诺,其他10个股东并未承诺,可能导致业绩承诺方承担补偿义务金额不足以覆盖业绩补偿责任。三是关于业绩补偿的金额。预案披露,李某等3个股东承诺业绩补偿的上限为9.5亿元,仅为此次交易对价45亿元的21%,利润承诺补偿方与其获得的本次交易的对价严重不成比例。四是关于业绩补偿方式。业绩承诺方以现金方式进行补偿,但现金补偿的可执行性较股份补偿的可执行性低。预案中援引了与此次并购重组行业相似度极大的新南洋、保龄宝等几家公司,在这几家公司的重组中,标的资产的所有股东都承担了业绩补偿义务,且业绩补偿方式主要以股份补偿为主。此次并购重组的标的资产启行教育与上述公司收购的标的公司在行业、经营模式等方面存在很高的相似度,不借鉴通行的股份补偿,而采用现金补偿不利于保障业绩补偿的实现。

(四)标的资产的经营的可持续性

根据预案内容,四通股份收购标的资产启行教育的目的是打造陶瓷、留学考试业务"双轮驱动"模式。对此存在如下疑问:一是从财务报告来看,上市公司陶瓷业务2015年净利润为5469万元,标的资产2015年净利润为1.7亿元,收购完成后,标的资产将成为上市公司主要的利润来源,而目前披露标的资产将来是独立法人独立运营,上市公司相对分权管控。换句话讲,上市公司最挣钱、最核心的业务控制在启行教育手中,而不是由上市公司直接控制,这对于标的资产后续运营、上市公司后续盈利回报都会带来影响。二是标的资产启行教育属于轻资产公司,交易完成后,上市公司将启行教育纳入合并报表范围,预计会产生较高的商誉。上市公司需要每年对商誉进行减值测试,如果标的资产存在减值,需要计提减值损失计入当期损益,对净利润产生不利影响。在此次重组交易中,在上市公司存在业务整合、标的资产业绩承诺无法实现等风险的情况下,其商誉存在减值风险。

四、影响与评价

第一,对于公司而言,并购重组应当以完善公司治理,提高公司核心竞争力为标准,但在一些重大资产重组活动中,上市公司及控股股东、实际控制人等相关方存在规避借壳、高价估值、虚假承诺、巨额套利等行为,严重侵害广大中小投资者的合法权益,而中小投资者获取重组信息的渠道不通畅、专业知识受限,通常无法对重组预案进行深入研究,导致盲目投资。这也暴露了当前并购重组监管仍存在较多监管难点,即无论是信息是否应当披露还是事后监管的方式,尚未建立明晰的规则体系。

第二,对于中介机构而言,在上市公司重大资产重组过程中,财务顾问、律师事务所、会计事务所和评估事务所等中介机构履行自身职责是确保信息披露质量、保证投资者权益的重要一环。但目前,中介机构在参与重大资产重组的过程中仍存在一些问题。例如,评估机构多采用收益法对标的资产进行估值,但并未在重组预案中披露对未来价格和销量的预测等关键参数,这会严重影响投资者的信息获取和判断。律师事务所并未对是否构成一致行动人等情况进行说明。监管部门应加强对中介机构的要求,使中介机构对重大资产重组行为严格审查和合理判断,勤勉尽责、切实发挥自身"看门人"的作用。

第三,对于投服中心而言,作为维护中小投资者权益的公益机构,深入研究重组预案、多角度提出问题,将质询上市公司及相关方在重大资产重组中可能存在具体问题的观点、论据和诉求等情况告诉广大中小投资者,能够使投资者全面了解重组的整体情况,为投资者判断公司的投资价值提供依据,保护广大投资者的知情权。经过投服中心问询,上市公司完善重组预案或终止不合理的重组,切实维护了中小投资者的合法权益。更重要的是,投服中心对重组预案的研究方式、对上市公司的问询,给中小投资者起到了良好的示范作用,希望借此能唤醒资本市场中小股东的股东意识,使中小股东积极参与公司治理,完善公司治理。

第四,于监管机构而言,"忽悠式""双高"类重组一直是监管重点,此类重组不但严重危害广大中小投资者的切身利益,还占用了中国证监会大量的监管资源。投服中心参加媒体说明会,对上市公司披露的重组预案和市场关注的焦点问题进行详细问询,提前贯彻监管要求,有利于提高上市公司信息披露的质量,问询获得的线索可以作为证监局现场检查和证监会行政许可的重要参考。投服中心"直击痛点"式问询与交易所"刨根问底"式监管密切配合,形成合力,有助于上市公司发现重组中不合法合规的地方,主动修改重组方案或终止重组,落实监管意图、减轻监管压力。

调解案例:调解协议效力比较与分析

——从两个案例谈起

胡海平*

一、两个案例

(一)调解协议公证案例

北京投资者张女士于2015年4月开始接受某证券投资咨询公司投资顾问服务,其间市场波动较大,张女士损失近80万元,随后张女士以没有及时提醒市场风险为由向该投资咨询公司申请赔偿。双方当事人多次现场协商无果,遂到中证中小投资者服务中心(以下简称投服中心)申请调解。经投服中心调解员分析研判、组织调解,双方均认可自身存在一定责任,最终达成一致,某证券投资咨询公司以抚慰金的形式支付投资者30多万元。鉴于双方存在对协议是否能够执行、纠纷是否再生反复的担心,双方选择通过公证的手段固定和提高调解协议的法律效力。后通过投服中心与公证机关协调,双方当事人按照公证机关要求,于签署协议后第三天共同到调解协议签署地的北京市西城区公证机关办理了协议书公证手续,目前调解协议已经公证并履行完毕,纠纷无反复。

(二)调解协议司法确认案例

2014年5月,广西辖区投资者张先生在某证券公司开立融资融券账户并签

---

* 中证中小投资者服务中心有限责任公司纠纷调解部经理。

订了《融资融券业务合同》。2015年12月27日,因张先生账户的维持担保比例低于140%,证券公司在通知张先生提高账户维持担保比例未果后对其账户资产进行了强制平仓。针对证券公司的强制平仓行为,张先生认为证券公司违反了证券交易所规定的维持担保比例130%的规定,要求证券公司赔偿其50万元以上经济损失。双方当事人多次协商无果,后到投服中心申请调解。投服中心调解员指出,虽然合同约定140%的账户维持担保比例没有违反证券交易所的下限规定,但是根据合同约定"在合同有效期内,该维持担保比例可能根据证券交易所和乙方的有关规定进行调整,以证券交易所和乙方公告为准,乙方无须就此另行通知甲方",该条款属于格式条款。证券公司作为提供格式条款的一方,对此类免除或限制其责任的条款,负有提请合同相对方即投资者注意的义务。此案中某证券公司未履行提请投资者注意的义务,存在瑕疵。同时,在具体金额上,以相关司法判例为基础获得了投资者的理解,降低了索赔金额。在此基础上,双方就该纠纷的责任认定和赔偿金额达成了和解协议,由证券公司补偿投资者张先生经济损失34万元。证券公司提出,之前几次沟通协调,投资者张先生都存在反复的情形,希望通过约束力较强的方式来保障协议的效力。根据双方需求,投服中心解释了可以提供调解协议司法确认的协调服务,为调解结果提供效力保障。在投服中心的协调推动下,经双方申请,投服中心所在地基层人民法院为该纠纷调解协议作出民事裁定,确认双方达成的由证券公司弥补投资者张先生损失34万元并终局解决该纠纷的调解协议有效,明确当事人应当按照调解协议的约定自觉履行义务,一方当事人拒绝履行或者未全部履行的,对方当事人可以向人民法院申请执行。此后,投资者张先生已经在调解协议约定的期限内收到了证券公司全额补偿款,该起纠纷得到了妥善解决。

二、调解协议需要效力保障

与诉讼及仲裁等纠纷化解的相关途径相比,调解具有自己鲜明的特点和优势,主要体现在调解具有准入门槛相对较低、成本不高、程序便捷、意思自治、和谐解决纠纷等优势，正因如此，纠纷调解得到了“东方经验”的美誉。证券期货纠纷调解作为一种“非诉讼纠纷解决机制”，通过说服、疏导等方法，促成纠纷主体相互谅解、相互妥协，从而达成最终解决纠纷的合意，证券期货纠纷调解逐渐成为当事人双方化解纠纷喜闻乐见的方式，也成为保护中小投资者合法权益的重要手段。然而，如何使调解协议达到调解的目的，在当事人之间产生约定的法律效果，取决于调解协议的性质和法律效力。最高人民法院、中国证监会《关于在全国部分地区开展证券期货纠纷多元化解机制试点工作的通知》(法〔2016〕149号)明确提出：“经试点调解组织主持调解达成的调解协议，具有民事合同性质。”调解协议虽然具有民事合同的性质，但是缺乏执行的约束力，当事人面临不履行的风险，一旦有一方发生违约行为，只能通过诉讼、仲裁等方式寻求进一步的救济，这不仅极大地浪费了民事纠纷的解纷成本，而且挫伤了纠纷主体对于调解的利用热情。因此，只有加强调解协议的效力保障，才能真正推动多元纠纷解决机制的发展。

三、调解协议效力保障方式

做好证券期货纠纷调解工作，必须建立和健全调解协议效力保障机制。实践中，调解协议的效力保障方式主要有司法确认、公证和仲裁三种方式。

其一，司法确认。《中华人民共和国民事诉讼法》(以下简称《民事诉讼法》)专门规定了调解协议的司法确认制度，该法第194条明确规定，申请司法确认调解协议，由双方当事人依照人民调解法等法律，自调解协议生效之日起30日内，共同向调解组织所在地基层人民法院提出。

其二，公证。根据《中华人民共和国公证法》(以下简称《公证法》)第11条的规定，公证机构可以对合同办理公证。最高人民法院《关于人民法院进一步深化多元化纠纷解决机制改革的若干意见》明确提出，要进一步深化多元化纠纷解决机制改革、完善诉讼与非诉讼相衔接的纠纷解决机制。该意见指出，支持公证机构对法律行为、事实和文书依法进行核实和证明，支持公证机构对当事人达成的债权债务合同以及具有给付内容的和解协议、调解协议办理债权文书公证,支持公证机构在送达、取证、保全、执行等环节提供公证法律服务,在家事、商事等领域开展公证活动或者调解服务,依法执行公证债权文书。

其三,仲裁。《中华人民共和国仲裁法》第51条规定:"仲裁庭在作出裁决前,可以先行调解。当事人自愿调解的,仲裁庭应当调解。调解不成的,应当及时作出裁决。调解达成协议的,仲裁庭应当制作调解书或者根据协议的结果制作裁决书。调解书与裁决书具有同等法律效力。"在实践中,由调解组织主持调解的案件达成调解协议后,可以通过仲裁裁决方式予以效力确认。

四、各种方式优缺点比较

1. 地域管辖。《民事诉讼法》规定,申请司法确认调解协议由双方当事人共同向调解组织所在地基层人民法院提出,而调解协议的公证和仲裁不受地域管辖的单一限制,双方当事人可以灵活进行选择。根据《公证暂行条例》的规定,公证事务由申请人户籍所在地、法律行为或者事实发生地的公证处管辖。对于仲裁而言,当事人可以自由选择仲裁机构。

2. 前置程序。在前置程序方面,仲裁需要以当事人达成的仲裁条款为前置条件,而公证和司法确认则不需要该前置条件。

3. 费用收取。根据现行法律规定,人民法院依法对调解协议效力进行司法确认是免费的。公证和仲裁的费用主要是按照合同标的区分比例或者计件收取,各地标准也不同,但在实践中仲裁的收取比例明显高于公证,如调解协议达成金额为10万元,按照北京地区标准则仲裁费约为9500元,公证费用约为500元。

4. 协议条款限制。针对调解协议条款,司法确认需要进行严格审查,实践中针对不能进行强制执行的条款法院一般不予以确认。仲裁的要求也基本相同。《公证法》明确规定了公证机关可以公证的范围和不予以公证的事项,范围相对较宽松,具有较好的包容性,可将"当事人在达成调解协议之后自愿不再通过诉讼、仲裁、信访、举报、投诉等方式再次主张诉求”等特殊条款有效涵盖,至少可为调解协议的达成提供证明或取得证据加强效力,能够有效避免纠纷的反复。

5. 时限。根据《最高人民法院关于人民调解协议司法确认程序的若干规定》第 5 条规定:“人民法院应当自受理司法确认申请之日起十五日内作出是否确认的决定。因特殊情况需要延长的,经本院院长批准,可以延长十日。”第 4 条规定:“双方当事人同时到法院申请司法确认的,人民法院可以当即受理并作出是否确认的决定。”但实践中,人民法院基本都能做到当天受理当天作出是否确认的决定。《公证法》规定“公证机构应当自受理公证申请之日起 15 个工作日内向当事人出具公证书”,《中国国际经济贸易仲裁委员会仲裁规则》规定“仲裁庭应在组庭后 6 个月内作出裁决”。在实践中,即便按照调解与仲裁对接的模式,仲裁机构也不是简单地将调解协议进行确认盖章,仍然要按照立案、审查、确认的模式进行,周期一般要长于公证。据了解,目前有些仲裁机构即便采用简易程序,也需要两周左右。

6. 法律效力。《民事诉讼法》第 195 条规定:“人民法院受理申请后,经审查,符合法律规定的,裁定调解协议有效,一方当事人拒绝履行或者未全部履行的,对方当事人可以向人民法院申请执行”。第 237 条规定:“对依法设立的仲裁机构的裁决,一方当事人不履行的,对方当事人可以向有管辖权的人民法院申请执行。受申请的人民法院应当执行。”可见,司法确认和仲裁裁决都能赋予调解协议法律强制效力,确保其执行。除具有明确给付内容的调解协议经公证具有强制执行效力外,其他调解协议经公证后一般起到证据加强的作用,不具有法律强制效力。

五、结　　论

通过以上比较,在调解协议的效力保障上面,司法确认具有不收费、时间短、效力强的优点,但是对协议条款的内容要求较高,管辖也相对受限。公证具有管辖灵活、协议条款包容性强等优点,但并不是所有公证具有强制执行效力,公证也需要收取一定费用。仲裁具有效力强、管辖灵活的特点,但对于前置程序要求较高即需要有仲裁条款,收费也相对较高。

可见,公证、仲裁、司法确认在保障调解协议效力方面有各自的优点和不足。纠纷调解机构应当全面建立健全调解与公证、仲裁、司法确认的对接机制,丰富调解协议的效力保障方式,便于双方当事人选择,提供更加灵活、便捷、专业、高效的纠纷调解服务。对双方当事人而言,在达成调解协议后,可以根据协议内容及各自需求选择合适的方式来保障调解协议效力,实现彻底解决纠纷的目的。

I 域外视窗

NVESTOR

上市公司董事会的信义义务：基础理论与美国实践

张　巍*

摘　要：上市公司董事会的信义义务以其特有的原则性与灵活性相结合的特点，以事后审查形成事前震慑的路径，起到了克服现代公司治理中的代理人问题与不完全合同问题的功能。在长期的司法实践中，美国特拉华州形成了一套丰富、系统的信义义务审查规则，其中有益的经验值得中国借鉴。不过，中美两国资本市场与法律制度的差异也要求我们结合实际，对美国的经验加以取舍。

关键词：信义义务　代理人问题　不完全合同　谨慎义务　忠实义务

所谓信义义务（fiduciary duty）（中国又称忠实勤勉义务），通俗地说就是"受人之托，忠人之事"的义务。当然，一旦成为一种法律义务而不仅仅是道德约束，违反义务者就要承担法律责任。信义义务最早起源于英国的信托法，①后来扩展到代理法、合伙法和公司法等各个不同法律领域。并且，信义义务的成立依赖于当事人之间实质性的信任关系，而非局限于形式上的某一法律领域。因此，信义义务适用的范围并不受具体法律部门的限制，完全可以延伸到那些传统上涉及

* 新加坡管理大学法学院助理教授，加州大学伯克利分校法学博士。

① 一般认为1726年英国判决的"基奇诉桑福德案"（Keech v. Sanford）[25 Eng. Rep. 223（1726），又称Rumford Market案]是信义义务的发端。

信任关系的法律部门之外的其他领域。①

在现代商业活动中,信义义务的一个重要舞台是公司法,特别是有关上市公司的法律。《中华人民共和国公司法》第147条规定公司的董事及高管对公司负有信义义务,有的国家——如美国——甚至要求拥有控制权的股东对其他股东也负有信义义务。② 毫不夸张地说,信义义务是法院维护上市公司股东权利的一张王牌。那么,究竟因何需要信义义务,而司法实践中又当如何适用信义义务呢?本文以下先从制度的经济意义出发,简要阐述信义义务的基础理论,随后重点介绍美国法院如何在司法实践中运用这种义务保护上市公司股东的权益,最后结合中美两国的差异就信义义务的制度构造做一些反思。

一、信义义务的基础理论

从经济学角度来看,信义义务的基础在于两项基本理论——代理人问题(agency problem)与不完全合同(incomplete contract)。二者若去其一,则信义义务无须存在。就笔者有限的阅读所见,中文文献虽有论及信义义务的经济学基础,③然而,将此两项理论融为一体系统阐发其对信义义务之意义的文献似乎尚存欠缺。本文以下先简要介绍信义义务背后的这两项基础理论。

(一)代理人问题

信义义务之所以出现,是因为个人能力的局限使人们需要借助他人的力量来谋求与维护自身的利益。这种局限有时是绝对的,如未成年人常常不具备管理财产以取得长期收益的能力;但在更多情况下是相对的,也就是说,并非个人真的不能亲自处理自身的事务,而是交由他人处理更节省成本。在信息日益增

---

① 例如,新加坡《(分层)土地产权法》规定了有区分所有建筑整体出售(collective sale)制度,此项制度中整体出售委员会(collective sale committee)对全体房屋产权人也负有信义义务(Ng Eng Ghee v. Mamata Kapildev Dave,[2009] SGCA 14)。

② Sinclair Oil Corp. v. Levien,280 A. 2d 717(Del. 1971).

③ 如邓峰提到信义义务对不完全合同的补充作用(参见邓峰:《普通公司法》,中国人民大学出版社2009年版,第443页),但与本文侧重有所不同,本文以下将更为具体地介绍合同不完全的缘由以及信义义务补充不完全合同的路径。

长、社会专业化程度不断提升的时代，由于相对成本原因造成的委托他人处理自身事务的需求也不断增加。同时，这样的委托也成为节约社会成本，促进社会福利的有效机制。

然而，委托他人处理自身事务也无可避免地造成利益冲突的危险。受托人为委托人处理事务，其后果却归于委托人，于是，受托人就可能对后果的好坏不感兴趣，因而设法偷懒疏忽，甚至挪用侵占委托人托其打理的财产。这就是经济学上有名的“代理人问题”，它源自委托他人处理事务的必要性，以及委托人与受托人之间的利益冲突。[①]如果要彻底克服代理人问题，则要么让代理的后果最终归于受托人，要么委托人有能力完美地监管受托人的行为。然而，前者的实质是让代理人转化为委托人本身，与委托他人处理事务的初衷全然不符；后者又因成本高昂而不现实。

（二）不完全合同

如果要实现委托人对受托人的完美监管，至少需要这样一些条件。首先，在委托之时就要能预计到在处理受托事务过程中可能出现的各种变数，也就是有充分预期与处理这些事务相关的未来世界的各种情形。其次，对应上述各种变数，委托人与受托人双方必须事先规定好受托人应当采取的行动，其实质就是取消受托人临事应变的裁量权。再次，委托人事后要能够觉察到受托人每一个违反规定的行动，否则这些规定便形同虚设。最后，委托人觉察到违规行为之后，还要有能力给予制裁，没有“牙齿”的规定也等于没有规定。如果委托人无法自行制裁，那么还需要让有实施制裁能力的第三方充分理解双方对受托人行为的规定，并能分辨出受托人违反规定的事实。

显然，在现实世界中以上这些条件有如镜花水月一般。人的认知能力局限决定我们不可能预计这个世界的所有变数。而要委托人事先逐一规定好受托人的行动，从而取消后者事后的裁量权，等于要求委托人就委托事务掌握与受托人相同的信息。倘若真能达到这一地步，那么委托本身在很大程度上就成了画蛇

---

① Michael C. Jensen and William H. Meckling, “Theory of the Firm: Managerial Behavior, Agency Costs, and Ownership Structure”, 3 *Journal of Financial Economics* 305 (1976).

添足。同样,委托人不可能将受托人随时置于监控下,这也就决定了其不可能觉察到后者所有的违规行为。

另外,实施制裁无疑要耗费资源,因此,制裁只有在成本低于收益之时才值得实施。换言之,某些后果不严重的违规不值得去制裁。更加重要的是,如果受托人对委托人的单方面制裁提出异议,就要借助第三方的裁断。此时,作为裁断者的局外人只有通过客观依据来判断双方规定的行动是怎样的,而委托人的实际行动又是否与此发生背离。这就要求双方事前的行为约定能明白无误地以客观形式表达出来。不幸的是,人类语言的局限制约了这种表达向第三方传递信息的效果。

以上种种困难决定着委托人无从对受托人实施完美的监管,因为二者无法事先写下一纸有充分执行力的合同。在此,委托人与受托人之间未来不确定的关系构成了经济学家所谓的"不完全合同"的典型例证。① 这种不完全性根本上源自交易成本(transaction cost),②包括收集处理交易信息的成本、磋商拟定交易条款的成本以及确保执行交易条款的成本。

(三)信义义务

以上我们已经分析了,经济现实既呼唤着委托他人打理自身事务这种面临诸多不确定因素的持续性关系,却又无从以事先约定的方式限制受托人的行为避免利益冲突。正是在代理人问题与不完全合同的双重制约之下,信义义务成为维护委托关系正常运转的一种现实机制。

一方面,信义义务为受托人处理他人事务定下了核心准则,即他们必须基于委托人的利益而非其自身利益行事。为此,受托人负有两大义务:一是忠诚于委托人的义务(忠诚义务);二是谨慎处理受托事务的义务(谨慎义务)。③对于违反义务者法律通常要求其吐出由此获得的收益(disgorgement),使用这种不许受托

① Sanford J. Grossman and Oliver D. Hart, "The Costs and Benefits of Ownership: A Theory of Vertical and Lateral Integration", 94 *Journal of Political Economy* 691(1986).

② Ronald H. Coase, "The Problem of Social Cost", 3 *Journal of Law & Economics* 1(1960).

③ 基于信义义务的这两层主要内涵,笔者倾向于将其称作"忠慎义务",参见张巍:《资本的规则》,中国法制出版社2017年版,第377页。

人事后获益的制裁措施为的是激励其事前就不去动违反义务的念头。[①]可见，信义义务的法律设计直接针对代理人问题。

另一方面，信义义务又是一条富有弹性的标准，而非固定不变的规则。判断受托人是否忠诚、审慎的依据不是事先约定好的确定准则，而是要根据具体情况发生之时的具体事实。即便形式上相仿的两种行为，在具体场景下也可能反映出受托人不一样的行为动机，由此出现不同的责任后果。

这种弹性标准保障了受托人必须行使的裁量权，令其无须单纯因为受托事务处理的结果好坏而承担责任——结果好坏完全可能是随机因素造成。这无疑有利于激励富有专业才干者踊跃管理他人事务，进而提升社会的专业化程度。同时，富有弹性的信义义务标准又无须当事人不切实际地事先规范受托人的行动，而是将规范这些行动的时间推迟到了信息更丰富的事后，这有助于减少规范错误。[②] 如此一来，信义义务采用的事后规制的进路在相当程度上填补了不完全合同留下的空缺。

信义义务对上市公司尤为重要。这首先是由现代上市公司产权与控制权分离的典型形态所决定。产权与控制权的分离致使具备专业知识的管理层得以主导公司的商业运营，从而提升了公司的运营效率。同时，这两种权利的分离也使能借助资本市场分散投资风险的上市公司股东成为经营风险的最终承担者，借此实现风险的有效配置。[③]然而，尽管两权分离能够极大地促进现代上市公司的效率，却也由此滋生了严重的代理人问题。

与传统的信托、合伙等关系相比，上市公司面临的代理人问题别有特点。上市公司股东人数众多，因而难以协调一致地监督内部管理层。尽管股东的整体

---

① 实际上，吐出收益还包含了其他一些对代理人的隐性制裁措施，譬如让代理人负担策划与掩盖背信行为的机会成本，这些隐性制裁进一步加大了信义义务的震慑功能。Robert D. Cooter and Bradley J. Freedman, "The Fiduciary Relationship: Its Economic Character and Legal Consequences", 66 *New York University Law Review* 1045, 1071 - 1073 (1991).

② Robert H. Sitkoff, An Economic Theory of Fiduciary Law, in Andrew S. Gold and Paul B. Miller (eds.), *Philosophical Foundations of Fiduciary Law*, Oxford University Press, 2014, pp. 197, 202.

③ Eugen F. Fama and Michael M. Jensen, "Separation of Ownership and Control", 26 *Journal of Law & Economics* 301 (1983).

投资利益巨大,然而每个股东个人占据的份额却十分有限。因此,从各股东的私人获益来看,往往不值得耗费高额成本去掌握相关信息监督内部管理层的所作所为。更加重要的是,无论哪个投资人实施了监督,由此产生的利益都将惠及全体投资人,而其成本却要由监督者自行负担。于是就难以避免"三个和尚没水喝",到头来谁也不去监督的困境,这就是股东的集体行动困境。

为此,由第三方事后审查上市公司管理层的行为,追究其损害股东利益的责任就显得特别重要。[①]而信义义务为这种事后审查提供了一条兼具原则性与灵活性的标准,使审查者能充分借助事后的信息优势,辨明作为代理人的管理层是否辜负了股东的信任,放弃了其应尽的义务。出于对被事后追责的忧虑,上市公司管理层方才可能在事前主动放弃损害股东、图谋私利的念头。毫不夸张地说,信义义务已经成为保护上市公司股东免受管理层盘剥的制度柱石。本文以下就来介绍美国在此方面的实践。

二、美国上市公司董事会信义义务的法律实践

美国各州有各自的公司法,有关信义义务的法律规则由公司注册地的公司法决定。不过,美国半数以上的上市公司均注册于特拉华州,而在大公司中这一比例更高。因此,该州的公司法在美国的司法实践中扮演着举足轻重的角色,其判例对其他许多州也都有深刻影响。本文主要依据特拉华州的法律,介绍美国有关上市公司董事会信义义务的法律实践。

特拉华州的信义义务规则包含董事会对公司(以及作为公司最终受益人的股东)负有的谨慎义务与忠诚义务。前者的核心是董事作决策必须基于充分信息;后者的关键则是排除董事与股东之间的利益冲突。

如果董事会的决策不涉及董事与股东之间重大的利益冲突,那么谨慎义务

---

① 借助事后的诉讼来震慑管理层事前的不端行为仍然离不开克服股东的集体行动困境。在这方面,美国法上的股东集体诉讼(shareholder class action)提供了重要途径。笔者认为,中证中小投资者服务中心有限责任公司正在做的正是摸索一条在中国克服这种困境的新途。

实际上就成为法院审查的核心，而且，这种审查使用的标准是非常有利于董事会的商业判断标准（business judgment rule），它推定董事会所作决策系出于诚信（good faith），基于充分信息，且以维护公司的最大利益为目的。[①]原告要主张董事会违反谨慎义务就必须自行举证推翻这些推定，这在实践中十分困难。所以，当董事会受到商业判断标准保护时，原告胜诉的可能性微乎其微。

1. 缺乏充分信息

原告要想主张在商业判断标准保护下的董事会违反了谨慎义务，通过举证董事会在没有掌握充分信息的情况下贸然决策。这方面，特拉华法院判决董事会违反谨慎义务的唯一知名案例是 1985 年的"史密斯诉凡·高科姆案"（Smith v. Van Gorkom）。[②]

该案的情节十分特别，CEO 在几乎没有知会董事和其他高管的情况下，就根据自己的估计制定了一个出售公司的方案，随后要求董事会在 2 小时之内决策是否批准这一方案。尽管公司 CFO 对收购价格提出了异议，但董事会最终还是在极为局促的时间内，仅凭 CEO 短短 20 分钟的口头介绍，在没有得到任何外部顾问咨询意见的情况下批准了该方案。在股东对董事会提起的诉讼中，法院根据这些具体情节判定董事会在没有充分了解相关信息的情况下仓促决策，违反了董事的谨慎义务。最后，在与股东的和解中，董事们答应支付 2350 万美元的赔偿。

"史密斯诉凡·高科姆案"的判决表明法院对谨慎义务的审查实质是对董事决策过程的审查，关键在于这个过程是否能留下董事们斟酌权衡的记录。[③] 正因如此，该案判决的一个直接后果是由投资银行就并购交易出具公平意见书（fairness opinion）的做法迅速风行。不过，"史密斯诉凡·高科姆案"判决后不久，特拉华州议会就修改了该州的公司法，允许公司在章程中规定免除董事为违

---

① Aronson v. Lewis, 473 A. 2d 805 (Del. 1984).

② 488 A. 2d 858 (Del. 1985).

③ Stephen M. Bainbridge, *Corporate Law and Economics*, Foundation Press, 2002, p. 281. 特拉华最高法院后来在判决中也明确表示"在决策场景下的谨慎只是一种对过程的谨慎"[Brehm v. Eisner, 746 A. 2d 244, 264 (Del. 2000)]。

反谨慎义务而对公司或股东承担赔偿责任,除非原告能证明董事的行为有悖诚信。[①]而大多数上市公司随即修改章程,增添了这条免除董事责任的条款。这样,纯粹主张董事违反谨慎义务的诉讼请求几乎不会被法院接受。[②]

传统上认为法律免除董事违反谨慎义务的赔偿责任主要是为防止打消他们承担风险的积极性,也是为鼓励有能力的人才出任公司的股东。[③]然而,近年来有学者对此提出了异议。假如法律的目的在于保护出任董事以及冒险的积极性,那就应设法不让董事们的真实表现被错误低估。除股价以及会计数据是评估董事表现的标尺之外,法院对有无尽到谨慎之责的判断也是这样一种标尺。假如认为每种标尺都不尽完美,都会出现误判,那就有必要同时使用多种标尺来降低误判的概率。为此,仅从行为激励角度来看,似乎没有理由一概拒绝法院就董事是否谨慎做出判断,而真正可能成为拒绝法院介入的理由,只能是相对高昂的诉讼成本。[④]

2. 违背诚信

从理论上来说,除举证缺乏充分的决策信息之外,原告还可以通过举证董事的行为违背诚信来主张其违反了谨慎义务。并且,一旦这一点得以证明,董事的赔偿责任就不再能依据章程免除。

然而,在实践中,特拉华法院却没有对何为有悖诚信作出明确定义。在有关董事会是否违背诚信的最重要判例沃尔特·迪士尼公司衍生诉讼(In re Walt Disney Co. Derivative Litigation)中,[⑤]特拉华最高法院只是列举了三种有悖诚信的例子:(1)以增进公司利益以外的目的行事;(2)故意违法;(3)明知有作为义务却故意不作为。

对于第一种情况,实际上法院只要求董事说出其决策背后任何可能的谋求

---

① 《特拉华普通公司法》第102条(b)(7)。

② Emerald Partners v. Berlin, 787 A. 2d 85 (Del. 2001).

③ Stephen M. Bainbridge, *Corporate Law and Economics*, Foundation Press, 2002, p. 304.

④ Holger Spamann, "Monetary Liability for Breach of the Duty of Care?", 8 *Journal of Legal Analysis* 337 (2016).

⑤ 906 A. 2d 27 (Del. 2006).

公司利益的动机,就足以证明其行为没有违背诚信,这无疑是对董事十分有利的标准。在此标准下,董事会决定聘用仅仅在迪士尼公司服务 13 个月,却得到 1 亿 3000 万美元天价离职金的 CEO 并不违背诚信。在 2017 年 8 月刚判决的另一项案例中,特拉华法院再次重申了这种对董事极宽松的审查标准。①

第三种情况实质是要求董事尽到对公司其他员工的监督职责。当然,要董事会监督管理层乃至员工的各项具体业务活动,以保证不出现违法情况,若非完全不可能,至少也是成本巨大。因此,在确立董事监督义务的特拉华州判例②中,法院只要求董事会确保在公司中建立起能向其准确传递信息的汇报渠道,以便董事会根据这些信息作出经营决策。股东在两种情况下可以追究董事违反监督义务的责任:一是董事会未能建立任何信息传递或者汇报监控机制;二是虽然有这样的机制,董事会却让其形同虚设,未能借此实施监督。这两项要求同样设得很高,因此,只有在极少数例外情况下董事们才有可能被认为由于未尽监督职责而有悖诚信。③

剩下第二种故意违法的情形表明,董事不得以违法手段追求公司利益,这种情形或许原告相对容易证明一些,然而上市公司董事故意违法的行为仍属罕见。综合而言,在实践中董事因违背诚信而被认定违反谨慎义务的概率如同其因缺乏决策信息而被认定违反此项义务的概率一样微乎其微。换言之,受到商业判断规则保护的上市公司董事们的确在法律上相当安全。

三、忠诚义务

董事会负有的忠诚义务的核心是在自身与公司存在利益冲突的决策中切实维护公司和股东的利益。历史上,普通法曾不许董事实施此类利益冲突行为,后来逐渐放宽限制,目前原则上允许利益冲突交易,但需要特别的保护性程序,并

---

① In re Mead Westvaco Stockholders Litigation.

② In re Caremark International Inc. Derivative Litigation, 698 A. 2d 959 (Del. 1996).

③ 2013 年判决的 In re China Agritech, Inc. Shareholder Derivative Litigation 是笔者所知的唯一的此类例外。

会受到法院的严格审查。以下具体介绍这些审查规则。

1. 收购抵御措施

公司一旦被收购,包括董事在内的管理层很可能面临失去职位的危险。然而,对股东而言收购却可以带来溢价,实现投资回报。所以,尽管董事会在决策收购抵御措施时并非直接与公司或股东进行交易,但这种决策仍然被认为存在利益冲突。为此,美国法院对收购抵御措施采取了比商业判断规则更加严格的审查标准。

针对以拒绝出售为基础的抵御措施,①特拉华法院确立了著名的优尼科(Unocal)双叉测试标准。之所以称为双叉测试,是因为这项标准分成两个步骤:第一步,目标公司董事会要证明敌意收购对公司造成威胁;第二步,董事会还要证明防御措施与威胁的程度相当,具有合理性。②

何为敌意收购造成的"威胁"呢?在学者的影响下,特拉华法院大体上认同了三种类型的威胁。③第一种威胁是"机会损失"(opportunity loss),就是收购会让目标公司的股东失去董事会为他们提供的其他机会,这些机会包括收购防御措施本身,如董事会提出的资产重组计划。第二种威胁是"结构性胁迫"(structural coercion),指敌意收购方案在结构上有迫使目标公司股东接受收购的因素,最典型的就是"前重后轻的双层要约"。④第三种威胁是"实质性胁迫"(substantive coercion),指那些虽然在结构上没有胁迫性,但报价过低,又可能吸引股东置董事会的意见于不顾,将股票出售给收购者的敌意收购方案。⑤在实践中,目标公司董事会声称的最常见的威胁正是"实质性胁迫"。

双叉测试中的第二叉——防御与威胁程度相当——更具有实质意义。它的字面意思是威胁有多强,防御才能有多强。特拉华法院不允许防御措施具有胁

---

① 比如,著名的"毒丸"(poison pill),参见张巍:《资本的规则》,中国法制出版社2017年版,第69~82页。

② Unocal Corp. v. Mesa Petroleum Co. ,493 A. 2d 946(Del. 1985).

③ Unitrin,Inc. v. American General Corp. ,651 A. 2d 1361(Del. 1995).

④ 参见张巍:《资本的规则》,中国法制出版社2017年版,第42~53页。

⑤ Ronald J. Gilson & Reinier Kraakman,"Delaware's Intermediate Standard for Defensive Tactics:Is There Substance to Proportionality Review?", 44 *Business Lawyer* 247(1989),p. 267.

迫性(coercive)或者排他性(preclusive)。所谓"胁迫性"主要是指防御措施会不当影响股东的决策,迫使他们放弃收购者的方案而接受董事会提出的替代方案。[①]"排他性"则是指防御使公司不再具有被收购的可行性,主要表现为敌意收购方无法通过竞争委托投票权(proxy contest)来撤换反对收购的董事,也包括改变公司的财务结构,阻断收购方的融资渠道(如极度提高杠杆率)。

对于不具有胁迫性和排他性的防御措施,法院还要求其具备合理性。[②]合理性问题只能通过具体案情加以判断,而特拉华法院对合理性把握关键在于透过防御决策的细节,判断目标公司董事会防御的动机——究竟是为提升股东的利益,还是为保住自身的职位。[③]

针对另寻董事会中意的买家——也就是所谓"白衣骑士"——这类防御,特拉华法院要求目标公司董事会在选择买家时只专注于股东利益,为股东在可能的范围内找到出价最高的买家,这就是有名的露华浓(Revlon)规则。[④]至于如何找到这样的买家,法院认为并没有一定的模式,而要根据具体情况作出具体判断。因此,本质上 Revlon 规则与 Unocal 规则一样,也是一种合理性判断标准,其核心在于辨明目标公司董事会采取特定行动的动机。[⑤]

为给予"白衣骑士"更有利的竞争地位,目标公司董事会常会在与"白衣骑士"的收购协议中约定各种交易保护措施,比如分手费(termination fee)、[⑥]股权锁定(stock lockup)[⑦]和资产锁定(asset lockup)[⑧]等。这些保护措施可能阻遏其他买家的竞购,从而损害股东获得更高出售价格的机会。对此,法院也会适用

---

① 比如,迫使股东在敌意收购要约结束之前选择是否接受董事会的回购要约,See AC Acquisitions Corp. v. Anderson, Clayton & Co., 519 A. 2d 103(Del. 1986)。

② Unitrin, Inc. v. American General Corp., 651 A. 2d 1361(Del. 1995).

③ Stephen M. Bainbridge, *Merges and Acquisitions*(3rd ed.), Foundation Press 2012, pp. 261 - 272.

④ Revlon, Inc. v. MacAndrews & Forbes Holdings, Inc., 506 A. 2d 173(Del. 1986). 除"白衣骑士"这种收购防御措施之外,Revlon 规则还适用于董事会主动发起竞拍出售公司,以及转让公司控制权的情况。

⑤ Stephen M. Bainbridge, *Merges and Acquisitions*(3rd ed.), Foundation Press 2012, pp. 261 - 272.

⑥ 约定若目标公司未卖给"白衣骑士",前者要向后者支付一笔金钱。

⑦ 约定"白衣骑士"享有购买目标公司一定比例股权的期权,如果目标公司卖给他人,"白衣骑士"就可以行使期权购买股票,而收购方也必须为这部分股票向"白衣骑士"支付收购溢价。

⑧ 资产锁定就是在目标公司出售给他人时,允许"白衣骑士"购买走目标公司的关键性资产,故而又称"皇冠上的宝石"(crown jewel)。

Revlon 规则来审查其有效性,其基本立场是允许采用交易保护措施来吸引敌意收购者之外的买家,但不允许借助这些保护措施阻却敌意收购方参与竞价。[①]

面对收购抵御,特拉华法院通过长期的专业实践,积累起丰富经验,借助具有相当柔韧性的信义义务标准,把控住个案的细节,区分出董事会防御收购的真实动机。在法院的监管下,收购防御实际上成了目标公司与收购方讨价还价的砝码,而非董事们自保职位的工具。有了这个砝码,目标公司股东从收购中享受到的好处也随之增长。经验研究表明,与不允许目标公司董事会防御收购的英国相比,美国目标公司的股东获得的收购溢价明显更高。[②] 尽管从表面上来看,特拉华法院否定防御措施效力的案例很少,然而,这一情况很可能恰好反映目标公司的董事们在特拉华法院极具专业的监控下,已经形成符合法院规范要求的防御措施。[③]

2. 利益冲突交易

所谓利益冲突交易,典型是由控股股东收购上市公司全部股权将其私有化的交易。[④] 在此类交易中,董事会很可能受到作为买方的控股股东的影响,甚至相当一部分的董事本身就代表着大股东的利益。此时,再由董事会代表卖方作出售公司的决定,就可能出现决策者脚踩两条船的现象。为此,特拉华法院采用了最为严格的信义义务标准对交易进行审查。

1983 年,特拉华法院在"温伯格诉 UOP 公司案"(Weinberger v. UOP, Inc.)[⑤]

---

① QVC Network, Inc., v. Paramount Communications, Inc., 635 A. 2d 1245 (1993).

② Diem Nguye, "Distribution of Takeover Gains: A Comparison Between the US and Other Major Markets", working paper, Accessed on Sep 26th, 2017, available at: https://papers.ssrn.com/sol3/papers2.cfm? abstract_id = 2769381.

③ 实际上,特拉华法院在 2013 年判决的"科勒诉美国热股公司案"(Koehler v. Netspend Holdings Inc.)中仍然运用 Revlon 规则对目标公司董事会的出售决策提出质疑。

④ 董事可能与公司发生利益冲突的另一种行为是利用公司的商业机会获利。对此,特拉华州公司法允许董事通过向公司充分披露,获得董事会允许,或者由公司章程事先授权董事利用这些机会(《特拉华州普通公司法》第 122 条第 17 项)。

⑤ 457 A. 2d 701 (Del. 1983). 该案中持有上市公司 50% 以上股份,并且拥有董事会多数席位的股东准备将公司私有化。尽管该交易取得了无利益冲突董事以及多数无利益冲突股东的同意,但是由于代表大股东的董事直接参与了交易磋商,并且向其他董事和股东隐瞒了有关交易定价的重要信息,法院认定此交易不符合"彻底公平"标准。

中判定，此类利益冲突交易将接受“彻底公平”(entire fairness)标准的审查，就是要董事们举证：交易的过程彻底公平，以及交易的价格彻底公平。所谓交易过程的公平，包括交易启动的时机、启动的方式、交易的结构、董事会在交易谈判与交割过程中的角色，以及董事会及股东的批准是如何取得的等有关交易进程的各个方面。所谓交易价格的公平，则是指收购方支付的对价在客观上——而非董事的主观认识上——对被收购方公平。它要求法院考察被收购公司的资产数额、市场价值、收益水平、未来经营预期等一切可能影响公司股价的因素。

“彻底公平”的审查标准极其严格，在此标准下控股股东和决策交易的董事会几无可能躲过法律责任。不过，法院也为控股股东和董事们指出两条降低责任风险的途径，那就是成立一个特别委员会(special committee)来负责处理私有化交易，或者经过掌握充分信息的无利益冲突股东中的多数同意，这后一条途径又被称作“少数股东中的多数同意”(majority of the minority)规则。在 Weinberger 判决之后，私有化交易纷纷按照法院判决的指引重塑交易过程，尤其是特别委员会迅速风行。①不过，即便采取了这样的措施，在 2014 年之前的 30 多年中，特拉华法院仍然对一步并购的私有化交易②采用“彻底公平”标准加以审查，只是此时法院会将举证责任转移到提起诉讼的股东一方，要求他们举证私有化交易存在过程或者价格上的不公平。③

特别委员会当然不能只是一个徒具形式的橡皮图章，首先，其组成人员必须独立于管理层和控股股东，与管理层、控股股东具有交往历史的人——亲戚、同学、交易伙伴等——自然会增添法院对其独立性的质疑。其次，除了组成人员的独立性，特别委员会还必须得到充分授权，这些权力应当涵盖对私有化要约的评估与决策、代表公司与发起人进行对等谈判、寻求替代性交易方案并对这些方案进行评估与决策，乃至决定是否启动“毒丸”计划等对抗要约收购的措施。最后，

① Lawrence A. Hamermesh and Jacob J. Fedechko, “The Role of Judicial Opinions in Shaping M&A Practice”, in Claire A. Hill and Steven Davidoff Solomon (eds.), *Research Handbook on Mergers and Acquisitions* 245, 253, Edward Elgar (2016).

② 指直接通过协商达成协议，依照公司法的合并规则实施的私有化交易。

③ Kahn v. Lynch Communication Systems, 638 A. 2d 1110 (Del. 1994).

特别委员会还需要有权聘请独立的财务与法律顾问,为其决策提供咨询。董事会只有在特别委员会的建议基础上,方才有权对私有化交易作出最终决定。

最近几年间,由于严格的"彻底公平"标准引发了大量针对私有化交易的诉讼,令交易结果处于极不确定的状态,特拉华法院对上市公司的私有化交易的审查标准有所放宽。2014 年特拉华法院作出了一项重要判决——Kahn v. M & F Worldwide,确立了一条新规则:如果一步并购的私有化交易符合以下三项要求,那么,法院将以宽松的"商业判断"标准来对私有化交易进行审查。这三项要求是:(1)私有化交易得到一个真正独立、获得充分授权、审慎进行议价,又充分取得专家咨询意见的特别委员会的批准;(2)私有化交易得到充分掌握信息,又未受到胁迫的少数股东中的多数同意;(3)私有化交易的发起人自始以满足以上两项条件作为完成私有化的先决条件。这一规则被称为 MFW 规则。

法院作出这一规则修正的出发点在于:私有化交易对小股东的威胁源自控股股东谋取私利。因为在此类交易中,控股股东既是买方,又控制了卖方,脚踩两条船,明显具有利益冲突。然而,如果能够将这种利益冲突的交易转化为一种公平对等的(arm's length)交易,那么私有化与普通的并购交易并没有什么两样,法律上也不应区别对待。在法院看来,假如由一个真正独立又掌握充分信息的特别委员会来代表公司与控股股东进行私有化交易的磋商,并确定是否批准此项交易,那么这样的交易过程本身与一项由第三方发起的、公平对等的收购交易没有实质区别。倘若再得到自愿、有知的少数股东中的多数支持,交易的公平性就得到进一步保障,此时,法院不希望看到它们轻易遭到小股东的挑战,由此白白增添交易的风险与成本。

不过,特拉华法院也指出,这一规则转变绝不意味着法院在私有化交易中保护小股东利益的立场有任何改变。特别是当私有化交易的价格可能显失公平的时候,法院会认为这是一盏亮起的红灯,其很可能对私有化交易的公平性进行更为细致的审查。最后,法院强调,如果原告能合理表明特别委员会或者少数股东中的多数对私有化交易的批准过程存在瑕疵,或者私有化交易没有以同时获得此二者的批准作为先决条件,那么,私有化交易仍将受到"彻底公平"规则的严格审查。

至于采用两步交易结构的私有化,[①]进入 21 世纪以来,特拉华法院的立场几经变化。[②] 根据目前的相关判例,[③]一般认为如果控股股东在第一步的收购要约中就明确以下三点,法院也将按商业判断标准进行审查。这三点要求是:(1)其完成要约的条件是得到有权和收购方谈判交易条件的特别委员会的推荐;(2)要约收购必须取得少数股东持有的多数股份;(3)收购方承诺一旦第一步要约收购完成,将尽快按同等对价完成第二步的并购。如此看来,针对存在利益冲突的私有化交易,无论一步还是两步,特拉华法院基本形成了内涵相同的统一审查标准。[④]

就在不久前的 2017 年 8 月,特拉华法院进一步将 MFW 规则沿用到控股股东虽未直接收购公司,却可能在第三方收购公司的交易中获得特别利益的情况。[⑤] 法院认为,与控股股东发起的私有化交易类似,只要由独立又得到充分授权的特别委员批准大股东获得的这种特别利益,并且少数股东中的大多数也在知情条件下投票支持这些利益,那么对并购交易作出整体决策的董事会就将受到"商业判断规则"的保护。

另外,同样出于应对过度股东诉讼的考虑,近来特拉华法院也放宽了审查董事会在决策向控股股东以外的买家出售公司之时是否尽到信义义务的标准。此类交易假如得到无利益冲突的股东中的大多数的批准,那么法院就将适用商业判断标准,而非"彻底公平"标准——即便作出决策的大部分董事存在利益冲突。这条新规则称作"Corwin 洗清规则"(Corwin cleansing rule)。[⑥]不过,倘若董事会对股东隐瞒了重要信息,那么股东的投票就无法再洗清董事会的利益冲突,此

---

① 指先直接发出要约收购小股东股票,再对余下的股票按公司法的合并程序完成第二步收购。

② Fernan Restrepo and Guhan Subramanian, "Freezeouts: Doctrine and Perspectives", in Claire A. Hill and Steven Davidoff Solomon(eds.), *Research Handbook on Mergers and Acquisitions* 285, Edward Elgar(2016).

③ In re CNX Gas Corporation Shareholders Litigation, 4 A. 3d 397(Del. 2010).

④ 截至本文写作时,上述规则尚有待特拉华法院最终确认。

⑤ In re Martha Steward Living Omnimedia Inc. Stockholder Litigation(2017).

⑥ In re KKR Financial Holdings LLC Shareholder Litigation(2014).

时,严格的"彻底公平"标准又将重现。[①]

3. 限制股东投票权

上市公司股东通过投票来表达对董事们表现的评价,因此确保股东的投票权是确保董事向股东负责的重要前提。而董事意图影响、限制投票权的行为也天然地与股东利益之间存在冲突。对于此类行为,特拉华法院确立了著名的 Blasius 规则加以审查。这一规则充分体现出公司治理秉持权力与责任均衡的理念:如果不能确保股东选任董事的权力,那么这种均衡就将被打破;而失去了责任制衡的权力犹如脱了缰的野马,也就失去了存在的合理性。

在"布拉修斯工业公司诉阿特拉斯公司案"(Blasius Industries Inc. v. Atlas Corporation)[②]中,原告 Blasius 拥有被告公司 Atlas 大约 9% 的股票。为了实现其资产重组方案,Blasius 提出了将董事会人数由 7 人扩大到 15 人,并由其提名 8 名新董事的动议。为防 Blasius 的动议得到多数股东的批准,进而实现其重组方案,Atlas 董事会立即决议修改公司章程细则,将董事人数增至 9 人,并当即委任了 2 名新董事。这样一来,即便嗣后 Blasius 的动议获得通过,原先的董事会成员也将占据半数以上的席位。

在充分考虑了 Atlas 董事会的行为动机之后,法官表示:"股东选任董事的投票权是支撑起董事会权力的理念支柱。"阻止股东改变董事会构造并选任自己属意的董事,这种行为并非对公司的资产或者权利、义务加以处置,而是涉及如何在作为一个群体的股东与董事会之间配置实际权力这个公司治理的核心问题。法官在判决中最终确立了这样一条规则:除非公司的管理层能够证明,的确存在迫不得已的理由(compelling justification),否则无论是否诚信地为公司利益着想,管理层都不得干扰股东的选举投票权。

由于 Blasius 不过握有公司 9% 的股票,其动议未必会对公司或者小股东的利益造成实际威胁,况且公司董事会还有充分时间向其他股东们剖析 Blasius 动议的利害,所以 Atlas 董事会并没有迫不得已的理由非要阻断股东增选董事的机

---

① In re Saba Software, Inc. Stockholder Litigation(2017).

② 564 A.2d 651(Del. 1988).

会。实际上，自 Blasius 规则确立以后，特拉华法院几乎没有在任何一起旨在干扰股东选举投票的判决中认定管理层这样做具备迫不得已的理由。在唯一的一个例外中，董事会成立的特别委员会决定推迟股东投票的日期，以求公司被收购走——而非抵御收购，而且收购完成之后董事们又会面临丢掉饭碗的切实威胁，其利益冲突色彩很淡。①

四、有关中美比较的一些思考

从本文第二部分的介绍中，我们可以看到美国有关上市公司董事会信义义务的规则重点在忠诚义务，特别是对于利益冲突交易和限制股东投票权行为的严格审查。近年来，尽管也有放宽审查标准的趋势，但总体上依然坚持了根据具体事实情况，实质性考察董事决策动机的态度。至于谨慎义务，美国法院基本持尊重董事会决策的不干预立场。之所以如此，还是出于平衡董事会的权力与责任的考虑。信义义务一方面要保护股东不受管理层机会主义行动的损害；另一方面也要发挥管理层作为专家经营公司的积极性。不过，正如前文提到的，即便从发挥董事的管理特长，保护其积极性出发也未必需要免除其违反谨慎义务的赔偿责任。

更为重要的是，美国法院的这种立场是建立在美国独特的资本市场与法制环境的基础之上的。这些特点一方面使市场本身成为制约董事机会主义行为的重要途径，从而减轻了法院的监管压力；另一方面也滋生了过度诉讼的危险，从而需要法院对原告方的滥诉行为有所限制。美国的这些情况与中国显然有很大差别。因此，中国在借鉴美国的实践经验时，也需要意识到中美制度背景的差异。

（一）中美差异

首先，美国的资本市场是一个机构投资人主导的市场，机构投资人的比例占

① Mercier v. Inter-Tel Inc. ,929 A. 2d 786(Del. 2007).

到60%以上。[①]这样的市场不仅更富有效率,而且机构投资人更专业、利益更为集中,这都促进了股东作为产权人自行通过市场监督董事,制裁机会主义行为的能力。公司并购与股东积极主义行动(shareholder activism)是监督、制裁的两种主要途径,因为受到这两类行动攻击的董事们更有可能职位不保。有证据显示,美国的并购与股东积极主义行动都处于十分活跃的状态。[②]市场的监督压力有力补充了法院的监督作用,因而即使后者适当放松审查标准,也不致滋长董事们的不端行径——实际上,对于某些不端行径,市场的控制比法院的控制可能更加有效。[③]

中国资本市场上的投资人以零售型投资人,也就是俗称的"散户"为主,这既不利于市场效率的形成,更令股东面临严重的组织成本,因而难以实施对管理层的有效监督。虽然,近年来出现了一些敌意收购以及类似于股东积极主义行动的事件,但仍然数量稀少,而且受到种种质疑。因此,与美国相比,中国法院有必要担负更多监督上市公司管理层的职责。

其次,美国的上市公司大多股权高度分散,因此,尽管董事由股东选任,但仅靠绑住少数大股东选上董事的可能性不够大——通常单个大股东的票数也还不足以将人送上董事的位子。于是,董事在行动上独立于某些大股东,着眼于全体股东利益行事的可能性也变大。实际上,美国的上市公司往往独立董事占到多数。[④] 而在中国高度集中的股权形态下,董事很难真正独立于具有控制权的大股东,因而为谋求大股东利益而损害公司整体利益的危险也更大。于是,法院对董事的此类行为更需保持警惕,加大审查力度。

最后,美国独特的集体诉讼(class action)与费用负担方式虽然原本是为方便

---

① Stuart L. Gillan and Laura T. Starks, "The Evolution of Shareholder Activism in the United States", in William W. Bratton and Joseph A. McCahery(eds.), *Institutional Investor Activism: Hedge Funds and Private Equity, Economics and Regulation*, Oxford University Press, 2015, pp. 39, 42.

② William W. Bratton and Michael L. Wachter, "The Case Against Shareholder Empowerment", 158 *University of Pennsylvania Law Review* 653, 677 - 685(2010).

③ 张巍:《资本的规则》,中国法制出版社2017年版,第317~318页。

④ Jeffrey N. Gordon, "The Rise of Independent Directors in the United States, 1950 - 2005: Of Shareholder Value and Stock Market Prices", 59 *Stanford Law Review* 1465, 1473(2007).

利益受损的股东借助诉讼寻求救济，但在实际运作中却可能成为滋生滥诉的温床。对普通小股东来说，状告董事而胜诉的利益不过是按其持股比例摊到的每股几元、几角甚至几分钱的股价上涨。然而，按照美国一般的诉讼费用负担规则，谁去起诉谁就要负担全部的诉讼成本。因此，假如没有特别的费用负担安排，成本与收益的巨大不均衡显然会阻遏股东们起诉的动力。

为此，美国法律采取了两项制度安排：集体诉讼与费用转移。在这两项制度的作用下，实际上原告的律师将代表公司全体股东的利益去起诉董事。再加上此类诉讼的原告律师会采用胜诉分成（contingency fee）的收费方式，也就是说，在打赢官司之前，股东无须向其律师付费；官司打输了，股东还是不用付律师费；只有官司打赢了，股东的律师才会收费。由此，在原告律师的劝说下，股东几乎不用自己掏钱就可以去告董事，何乐而不为呢？

而原告律师之所以愿意挑动股东打官司，则是因为官司一旦和解，他们往往有机会要求作为被告的公司向其支付原告的律师费用——此即费用移转制度。尽管从理论上来说，费用移转需要满足三项条件：（1）原告的诉讼请求有胜诉的可能性；（2）和解有利于公司；（3）这种利益与原告的诉讼之间存在因果关系。然而在实践中，法院长期对这些条件的认定十分宽松，因此原告律师通过和解赚取律师费的用心常常得以如愿。①

至于公司的董事们也乐于和解的原因，是因为在美式集体诉讼下，和解一经达成非但对直接参与和解的原告有拘束力，对与原告处于同一“集体”之中的其他所有潜在原告也都具有拘束力。并且，这种和解针对的并非特定的诉讼请求事由，而是诉讼请求依据的基础事实。换言之，和解一旦达成就意味着将来所有因为同一事实遭受被告损害之人都不能再提起诉讼，即便另找出其他的案由来也不行。②这对于被告方的董事而言，无疑具有重大的解脱意义，而和解涉及的金额（很多和解实际并没有向原告支付金钱）以及费用往往也可以一并由公司报

① Sean J. Griffith, "Settlements and Fees in Merger Litigation", in Claire A. Hill and Steven Davidoff Solomon (eds.), *Research Handbook on Mergers and Acquisitions* 305, 311, Edward Elgar (2016).

② Ibid.

销。于是,对董事们而言,和解也不失为一桩美事。

这样,在各方的助力下,原告方律师调词架讼的动力增加,利用集体诉讼与费用移转规则胡乱起诉的情况屡有发生,以至于有学者认为股东诉讼只是养肥了双方的律师。[①] 在这种制度大背景下,美国法院近来日益提高股东起诉董事的实体法律门槛就显得颇有必要。

美国的这套集体诉讼与费用转移制度在中国基本不存在。实际上,这两项制度的用意或许在于赋予原告律师利益激励,从而经由他们将分散的上市公司股东们组织起来,形成一股利用诉讼监督公司董事会的力量。不过,美国实践中遇到的问题,也提示中国有必要寻找其他组织股东的途径。对此,笔者以为中证中小投资者服务中心借助公益诉讼的监管模式可能是一种有益的尝试,值得深入观察与研究。

(二)几点建议

鉴于中国资本市场的投资人结构、上市公司的股权结构以及股东寻求司法救济的机制都与美国呈现出不同特征——一方面,替代法院监督的市场监督力量较为薄弱;另一方面,股东滥诉的危险也不大。因此,中国法律有必要也有可能对上市公司董事会的信义义务作出比美国更严格的规定。当然,这种严格规定仍然要注意维持董事裁量权力与裁量责任之间的平衡,这种平衡正是富有弹性的信义义务规则的优势。

首先,在谨慎义务方面,中国不必像美国那样免除违反义务者的赔偿责任。正如前述美国学者所言,由法院判定董事责任的规则也可能起到保护董事不因意外因素而承担责任经营表现不良的责任。基于权力与责任的平衡,对此,中国法律可以采取重大过失标准,即只有董事的行为——包括不作为——存在重大过失的,才要对公司或者股东作出赔偿。同时,对于董事是否违背诚信的判断,有必要以其行动的主要目的——而非美国式的唯一目的——是否出于私利作为

---

① Jonathan R. Macey and Geoffrey P. Miller, "The Plaintiffs' Attorney's Role in Class Action and Derivative Litigation: Economic Analysis and Recommendations for Reform", 58 *University of Chicago Law Review* 1 (1991); Roberta Romano, "The Shareholder Suit: Litigation Without Foundation", 7 *Journal of Law, Economics and Organization* 55 (1991).

标准。

其次，在忠诚义务方面美国的实践比较完善，有诸多值得借鉴之处，尤其是美国关于收购防御措施。伴随近来中国资本市场上收购行为特别是敌意收购的增加，法律有必要在司法实践中确立起一套系统性的审查标准，而美国在此方面多年积累的经验值得参考。不过，我们也应该意识到中国上市公司的收购抵御方式与美国不同，比如"毒丸"制度在中国还不具有生长的条件。但同时也有一些中国特色的抵御措施，比如上市公司自主申请停牌，这样的措施可能对股东具有很大的胁迫性，如不妥善监管，恐怕将造成股东利益的损害。

当然，精巧的信义义务规则要发挥作用，一则离不开股东们的起诉；二则离不开法院的裁断。在前一方面，中证中小投资者服务中心有限责任公司的工作应当有十分积极的意义。不过，这种以中心化形式维护股东利益的途径特别需要注意解决信息来源问题，因为通常去中心化的维权机制一般更有利于调动多元的信息供应机制，也更便于触发与诉讼具有切身利益者提供违规信息的积极性。至于后一方面，信义义务规则的灵活性对裁判者的专业素质提出了很高的要求，法官要能从事实的细微之处探寻出当事人的行事动机，并且阐发足以说服各方的判决理由。而专业素质的提升离不开专业经验的积累。为此，今后或许有必要考虑设置裁判上市公司股东权利纠纷的专门性审判机构。

信义义务以其兼具原则性与灵活性的特征，对平衡董事的权力与责任发挥着独特的作用。美国数十年来的司法实践在利用信义义务规则监督上市公司董事会的行为方面积累起十分丰富的经验，其有很多地方值得中国学习借鉴。同时，中美在资本市场与司法体系方面也有很大差异，由于这些差异，总体而言，有必要将中国的信义义务规则设计得更严格。中证中小投资者服务中心有限责任公司对于帮助上市公司股东有效利用信义义务规则维护自身权益可能发挥出积极的促进作用。

香港证券市场失当行为审裁处制度及其启示

黄　辉*

摘　要:香港的证券市场失当行为审裁处是一个富有特色的证券执法机制,其在证券市场失当行为规制的层面开辟了行政处罚与刑事检控之外的第三条路径。该审裁处独立于香港证监会,但又是后者进行证券执法的重要途径;适用民事程序规则,但处罚对象又扩至证券持牌人以外的市场人士,且处罚手段超出民事赔偿范围而带有民事惩罚性质。本文首次对该审裁处自2003年成立以来的案件进行全面而深入的实证研究,主要发现包括:第一,虽然该审裁处判决的案件数量不多,但胜诉率很高,且上诉率和改判率很低;第二,虽然判决篇幅很长,研讯耗时,但并非冗赘,且有必要。该审裁处对于保障香港证券监管体制的公正和效率发挥了重要作用,对于中国内地的证券监管制度建设具有借鉴意义,比如设立专门的证券法院或金融法院,以提升证券执法的独立性、有效性,同时加强当事人的权利保障。

关键词:市场失当行为审裁处　香港证监会　证券监管　民事惩罚　证券法院(金融法院)

* 香港中文大学法学院教授、中共中央组织部"国家千人计划"专家(清华大学法学院)、暨南大学法学院讲座教授、中国政法大学客座教授、华东政法大学客座教授。

一、引　　言

在过去20多年里，中国内地证券市场发展迅速，但也一直受困于内幕交易、操纵市场和虚假陈述等证券失当行为的影响，近期市场的大幅震荡更是凸显了这一问题。中国内地在证券市场建立之初就明确立法禁止上述证券失当行为，但现实效果差强人意。诚然，立法尚有需要完善之处，但更重要的是，徒法不足以自行，如果书本上的法律不能得到有效实施，那么无论立法多么美妙，都将沦为一纸空文，因此，其中关键的问题在于法律的实施机制。[①] 长期以来，中国内地建立了以中国证监会为核心的执法机制，对于保护投资者利益和维护市场秩序发挥了重要作用，但其在执法公正和效率等方面仍有不少缺憾，有必要借鉴国外或地区经验予以完善和健全。

我国香港特别行政区的国际金融中心地位，在很大程度上依赖于其有效的金融监管体系，其中，证券市场失当行为审裁处(Market Misconduct Tribunal)就是一个富有特色的证券执法机制。其独立于香港证监会，适用民事程序规则，但处罚对象扩至证券持牌人以外的市场人士，处罚手段超出民事赔偿范围而带有民事惩罚性质，从而在证券市场失当行为规制的层面上开辟了行政处罚与刑事检控之外的第三条路径。香港继受了英国的审裁处制度，并根据当地情况进行了改造和创新。通常而言，国家机关分为立法机关、行政机关和司法机关，那么市场失当行为审裁处属于其中何种类型呢？抑或是一种混合的类型？这种制度的价值何在？现实效果究竟如何？对于中国内地而言，这种制度又有何借鉴意义呢？

本文首次对于市场失当行为审裁处进行全面和深入的实证研究，收集和整理其成立以来审理的所有案件，从案件数量和质量等角度揭示其实效，并在此基础上，提出其对于中国内地的借鉴意义。

---

① See e. ,g. ,Coffee, John Jr. , "Law and Market: The Impact of Enforcement", (2008) 156 *University of Pennsylvania Law Review* 229.

二、市场失当行为审裁处的组织特征

(一)法律属性和类型

审裁处(Tribunals)在中国内地亦翻译为"裁判署",并没有明确的法律定义,其内涵和外延都不是很清晰。一方面,许多"委员会"(Board 或 Commission)因具有与审裁处相似的功能,也被学者归入审裁处的范畴。① 典型的例子包括行政上诉委员会(Administrative Appeals Board)以及香港特别行政区《各公务委员会及其他名表》(Civil and Miscellaneous Lists)中所列举的各委员会。另一方面,称为"审裁处"的机构也不纯粹,而是根据性质的不同可以分为不同种类。

有些审裁处是所谓的"专门法院"(Special Courts)。《中华人民共和国香港特别行政区基本法》(以下简称《基本法》)第81条规定香港的司法机关包括"其他专门法院",包括根据相关授权法案明确行使司法权力的审裁处,比如,小额钱债审裁处(Small Claims Tribunal)、劳资审裁处(Labour Tribunal)以及淫秽物品审裁处(Obscene Articles Tribunal)。这些审裁处实质上是司法机关,属于传统的司法体系范畴。

除了专门法院性质的审裁处,其他审裁处可以进一步分为两类:一类是不具争议解决功能的审裁处;另一类是具有争议解决功能的审裁处,即行政审裁处(Administrative Tribunals)。不具争议解决功能的审裁处不解决争议,而是行使一般的行政权力,单方地作出行政许可、行政处罚与行政强制等具体行政行为。上文所述香港政府在《各公务委员会及其他名表》中所列举的各委员会均属于不具争议解决功能的审裁处。

具有争议解决功能的行政审裁处可以进一步分为综合性行政审裁处与专业性行政审裁处。综合性行政审裁处受理各种类型的案件,其以行政上诉委员会以及行政长官会同行政会议(Chief Executive in Council)为代表。相比之下,专

---

① 林峰:《香港行政审裁处制度的现状及未来——比较研究》,载许崇德、韩大元主编:《中国宪法年刊2010》,法律出版社2011年版,第143~153页。

业性行政审裁处仅审理特定领域的案件,本文讨论的市场失当行为审裁处即为适例,其只对香港《证券及期货条例》第 8 部分项下所规定的“市场失当行为”享有管辖权。

虽然发挥着争议解决的功能,但行政审裁处不同于司法机关(包括其他专门法院),其在性质上属于行政机关,在裁决时行使的是行政权力而非司法权力。这一立场得到香港法院判决的支持:在“陆家祥诉市场失当行为裁判处案”[①]中,香港原诉法院判决,根据香港特别行政区《证券及期货条例》所设立的市场失当行为审裁处所行使的民事惩罚权(civil penalty)与香港特别行政区法院行使的司法裁判权有本质区别,进而不违反《基本法》将司法权完全赋予法院的宪制安排。

(二)机构角色和权力

市场失当行为审裁处是根据《证券及期货条例》于 2003 年成立,独立于香港证监会,接受后者提交的案件,对于证券持牌人以外的市场人士进行民事惩罚。在 2012 年之前,证监会需要通过香港财政司司长向市场失当行为审裁处提交案件,程序烦琐,非常不便,因此,2012 年香港特别行政区对《证券及期货条例》进行修订,让香港证监会能够直接向市场失当行为审裁处提交案件,但原则上事先需要获得香港特别行政区律政司司长的同意;[②]在提起案件时,香港证监会通常任命提控官(Presenting Officer)代表其成为市场失当行为案件的一方当事人,提控官通常由律师出任,其角色类似于刑事检控中的检察官。[③]

市场失当行为审裁处的前身是 1991 年根据香港特别行政区《证券(内幕交易)条例》(第 395 章)第 15 条成立的内幕交易审裁处(Insider Dealing Tribunal)。在 2003 年的香港特别行政区《证券及期货条例》出台之前,香港对于内幕交易实行非刑事化处理,由内幕交易审裁处进行审理,而其他市场失当行为则只能通过刑事程序追究责任。[④]根据香港特别行政区新《证券及期货条例》第 245 条的定

---

① Luk Ka Cheung v. Market Misconduct Tribunals(CFI) [2008] HKEC 1943.

② 香港《证券及期货条例》第 252A 条。

③ 香港《证券及期货条例》第 251 条。

④ 尚福林:《证券市场监管体制比较研究》,中国金融出版社 2006 年版,第 41 页。

义,审裁处所享有管辖权由内幕交易扩展到"市场失当行为"。除内幕交易外,"市场失当行为"还包括虚假交易、操控价格、操控证券市场、披露关于受禁交易的资料及披露虚假或具有误导性的资料以及诱使进行证券及期货合约交易等。在现实中,内幕交易案件仍然是市场失当行为审裁处受理的主要案件类型。本文统计发现,截至2016年12月底,市场失当行为审裁处已审结17宗案件,其中10宗涉及内幕交易行为,占案件总数的58.82%。除此之外,虚假交易(5宗,占29.41%)、操控市场(6宗,占35.30%)以及披露虚假或具有误导性的资料(3宗,占17.65%)等其他市场失当行为也在近年内受到了市场失当行为审裁处的审理与制裁。以上分类统计中的案件总数大于17,是因为在很多案件中香港证监会的指控不止一项。值得注意的是,在2016年的AcrossAsia Limited一案中,①审裁处根据《证券及期货条例》第307B条判定被告未及时披露内幕信息,这是审裁处首次受理未及时披露内幕信息案件。

在机构的人员组成上,市场失当行为审裁处由一名香港高等法院现任法官或退休法官出任主席,两名来自香港商界或专业团体的杰出人士(非公职人员)出任普通成员。在审理案件时,全体成员进行讨论和表决,采取少数服从多数原则,但对于法律问题,则只由主席定夺。作为裁判机构,审裁处有权判断市场失当行为是否发生、行为人身份以及相关利润与损失的具体数额等问题;②一旦审裁处裁定相关行为构成市场失当行为,审裁处便有权对于失当行为人进行民事惩罚。③这些惩罚包括:第一,命令违规者交回源自其失当行为的所有款项;第二,禁止相关人士出任公司董事、高级管理人员或清盘人,最高为期5年;④第三,撤销相关人士直接或间接从事证券、期货合约等活动的资格,最高为期5年;⑤第

① Market Misconduct Tribunal, "The Report of the Market Misconduct Tribunal As to Whether a Breach of Disclosure Requirements Within the Meaning of Sections 307B and 307G of Part XIVA of the Securities and Futures Ordinance Cap 571 has taken place by AcrossAsia Limited (Stock Code 8061), Albert Saychuan Cheok and/or Vicente Binalhay Ang", Accessed on 29 November, 2016, available at: http://www.mmt.gov.hk/eng/reports/AcrossAsia_Limited_Report_e.pdf.

② 香港《证券及期货条例》第251条第(3)款。

③ 香港《证券及期货条例》第257条。

④ 香港《证券及期货条例》第257条第(1)款第(a)项。

⑤ 香港《证券及期货条例》第257条第(1)款第(b)项。

四,命令相关人士不得再作出构成该命令指明的市场失当行为;[①]第五,建议相关自律团体(如律师协会、会计师公会)针对其采取纪律处分;[②]第六,命令当事人缴纳金额不超逾因该失当行为而令他获取的利润或避免损失金额的罚款[③]及所生利息;[④]第七,命令当事人承担香港证监会、市场失当行为审裁处以及财务汇报局(如适用)因研训程序所产生的合理讼费与开支。[⑤] 需要注意,市场失当行为审裁处在作出上述处罚时必须适度,以免受到法院的质疑。比如,在"孔温怡诉香港内幕交易审裁处案"(Koon Wing Yee v. Insider Dealing Tribunal)中,[⑥]香港终审法院指出,审裁处的罚款数额不能太高,否则可能被视为具有刑事处罚色彩,从而超越审裁处权限。

在证明标准方面,审裁处的研训程序采取一般民事程序的证明标准,即盖然性标准(Balance of Probabilities),[⑦]这也是审裁处做出的处罚被称为"民事惩罚"的主要原因。在市场失当行为审裁处成立之前,除内幕交易外的其他市场失当行为均经由刑事程序审判,证明标准为刑事罪行的每个因素均"没有合理疑问"(Beyond Reasonable Doubt)。香港立法会对《证券及期货条例草案》的相关立法说明显示,采用民事证明标准是为了解决刑事证明标准太高导致刑事检控机制在现实中对市场失当行为查处无力的问题。[⑧]

由于担心民事惩罚可能导致公权力滥用和人权侵犯等问题,香港《证券及期货条例》在程序保障方面制定了相应规则。比如,市场失当行为审裁处通常应当采取公开聆讯的方式审理案件;市场失当行为嫌疑人享有向市场失当行为审裁处陈词的权利,[⑨]而且其有权亲自陈词或由大律师或律师代表其陈词。[⑩] 本文统

---

① 香港《证券及期货条例》第257条第(1)款第(c)项。
② 香港《证券及期货条例》第257条第(1)款第(g)项。
③ 香港《证券及期货条例》第257条第(1)款第(d)项。
④ 香港《证券及期货条例》第259条。
⑤ 香港《证券及期货条例》第257条第(1)款第(e)项、(f)项及(fa)项。
⑥ [2008]2 HKLRD 372.
⑦ 香港《证券及期货条例》第252条第(7)款。
⑧ 香港证监会:《设立市场失当行为审裁处的立法建议的简介》第2条,1997年7月5日。
⑨ 香港《证券及期货条例》第252条第(6)项。
⑩ 香港《证券及期货条例》附件9第28条第(b)项。

计显示,就已审结的 17 宗案件而言,除个别案件[如"悦达矿业有限公司案"(2015)]当事人放弃律师代表的权利外,绝大多数当事人在研讯程序中经由律师代表陈词,并对香港证监会的陈词与证据提出了意见。

为了保证市场失当行为审裁处的权威性,香港《证券及期货条例》赋予其类似于高等法院原讼法庭(Court of First Instance)的地位,比如,在审理案件时可以像原讼法庭那样惩罚藐视法庭之人,其作出的惩罚命令也具有与原讼法庭判决类似的法律效力。另外,在审裁处作出裁决之后,香港证监会和被裁定从事市场失当行为的当事人均有权向高等法院上诉法庭(Court of Appeal)申请上诉,但通常限于法律问题。[①] 例如,品质国际集团有限公司于 2008 年就相关决定向上诉法院提起上诉,但法院最终维持了原决定。

三、市场失当行为审裁处的功能独特性:与司法检控和行政处罚的比较

在引入市场失当行为审裁处(以及其前身内幕交易审裁处)之前,市场失当行为的规管依赖于刑事审判(内幕交易除外)与香港证监会的行政处罚。换言之,市场失当行为审裁处的设立在失当行为规管的层面上开辟了行政处罚与刑事检控之外的第三条路径。鉴于香港证监会有限的职权范围,审裁处实际上填补了香港证监会行政处罚与司法机关刑事审判之间的制度空白。

(一)与司法机关刑事检控的比较

相较于司法机关,市场失当行为审裁处有更强的专业性,因为根据法律,其两名普通成员应为"香港商界或专业团体的杰出人士"。[②] 根据本文统计,迄今为止,香港行政长官总共为市场失当行为审裁处任命了 22 人次普通成员,他们均为上市公司高级管理人员(如 Chan Yuen Shan 女士时为利记上市公司的 CEO)、

---

① 香港《证券及期货条例》第 266 条。

② 相关表述,参见香港市场失当行为裁判处网:http://www.mmt.gov.hk/eng/aboutus/aboutus.htm,最后访问日期:2017 年 11 月 28 日。

注册会计师(如 Cheung Ka Li 先生时为香港注册会计师公会的主席)、证券领域的香港律师(如 Malcolm A Barnett 先生为前汇丰银行的资深律师)、或香港立法会相关专业功能组别的立法委员(如 Wong Hong Yuen 先生时为立法会金融与会计功能组别的成员)。相较于法官,专业人士往往对特定领域的情况更为了解,其能够快捷、有效地作出裁决。

如前所述,审裁处发布的命令属于民事惩罚性质,不能过于严厉以至于被视为刑事处罚。在刑事检控中,犯罪嫌疑人一经公诉程序定罪将面临最高 10 年的有期徒刑及最高 1000 万港元的罚金刑,或一经简易程序定罪面临最高 3 年的有期徒刑及最高 100 万港元的罚金刑。[①] 除此之外,法院有权判决禁止相关人士出任公司董事、高级管理人员或清盘人,最高为期 5 年、撤销相关人士直接或间接从事证券、期货合约等活动的资格,最高为期 5 年、命令建议相关自律团体(如律师协会、会计师公会)针对其采取纪律行为。[②]

与较严厉的刑事处罚相对应,刑事检控中的犯罪嫌疑人享有完整的刑事诉讼程序保障,而市场失当行为审裁处与其他行政审裁处一样,一般仅为当事人提供简化、灵活的准司法程序保障。如前所述,审裁处采用民事证明标准,而刑事检控采用更严格的刑事证明标准,即刑事罪行的每个因素均“没有合理疑问”(beyond reasonable doubt)。

另外,与司法程序相比,审裁处的研讯程序比较简化与灵活,意图为当事人提供更为快捷与经济的纠纷解决机制,以解决司法程序动辄持续数年并产生巨额诉讼费用的问题。比如,证据开示与质询是普通法系对抗制诉讼中较为烦琐的一环,而香港《证券及期货条例》第 253 条第(1)款第(a)项明确授权市场失当行为审裁处接纳普通司法程序中不可接纳的证据;另外,根据香港《证券及期货条例》第 253 条,市场失当行为审裁处具有主动收集和考虑证据,以及主动命令证人提供证据等纠问式权力。[③] 纠问式的研讯程序往往被认为更高效与快捷。

---

① 香港《证券及期货条例》第 303 条第(1)款。

② 香港《证券及期货条例》第 303 条第(2)款。

③ 香港《证券及期货条例》第 253 条第(1)款第(a)项与第(e)项。

审裁处主席还有程序裁量权,可以根据案件情况调整程序的繁简程度。比如,在顾及公正原则的情况下,审裁处有权搁置其研讯程序中的任何部分。最后,就裁决效力而言,审裁处较法院灵活,能够更好地适应快速变化的市场需求。比如,审裁处的裁判虽受到上级法院先例的约束,但因其行政属性并不受其自身先前所作决定的绝对约束。[①]

(二)与证监会行政处罚的比较

根据香港《证券及期货条例》第194条的规定,香港证监会有权不经审裁处的研讯或司法机关的刑事判决径直作出行政处罚的决定。当事人在此情况下可就相关决定向证券及期货事务上诉审裁处(Securities and Futures Appeals Tribunal)提起上诉[②]或向高等法院上诉法庭提起司法审查的请求。前者是合理性审查,而后者是合法性审查。

总体而言,审裁处比香港证监会享有更大的调查与处罚权,具体表现在以下两个方面:首先,就处罚的范围而言,香港证监会仅能对持牌人士进行处罚。持牌人士包括持牌人、持牌法团的负责人员以及参与持牌法团的业务的管理的人。[③] 相较而言,审裁处的管制范围则宽广得多,既包括持牌人士,[④]亦包括其他专业人士(如律师、会计师)与普通投资者。[⑤] 其次,就处罚的方式而言,香港证监会仅有权对持牌人士作出撤回证监会牌照及罚款的纪律处分。相比之下,审裁处除责成有关专业协会进行纪律处分与罚款外,还有权作出禁止担任特定职务或从事特定证券、期货交易或不得再犯特定失当行为的命令。一旦失当行为人违反上述命令,其行为即属犯罪,并将直接面临承担刑事责任的风险。[⑥] 换言之,

---

① R Cross and JW Harris, *Precedence in English Law*, 4th Edition, Clarendon Press, 1991, p. 124.

② 参见香港《证券及期货条例》第217条。例如,在"钱柏昌诉香港证监会案"[Tsien Pak Cheong David v. Securities and Futures Commission(CACV 226/2010)]中,原告在提起司法审查前就相关处罚向向证券及期货事务上诉审裁处提起上诉。需要指出,这里所谓的"上诉"在性质上类似于中国内地的行政复议。

③ 香港《证券及期货条例》第194条第(7)款。

④ 例如,在"品质国际集团有限公司案"(2009)中,审裁处判令责成香港证监会对相关市场失当行为人进行纪律处分。

⑤ 例如,在内幕交易案件中,审裁处作出禁止普通投资者(一般为董事或管理人员)担任特定公司董事或参与该公司管理的命令。

⑥ 香港《证券及期货条例》第257条第(10)款。

审裁处有权对任何的失当行为人进行处罚,且与香港证监会的行政处罚相比,这种处罚更严厉。

相应地,审裁处为当事人提供更高标准的程序性保障。尽管审裁处不行使司法裁判权,但其在实践中采用类似于司法程序的方式解决争议,其主要体现在以下几个方面:首先,审裁处独立于相关的行政机关,即香港证监会,其审理人员以现任或前任法官为主导,并以原被告两造的公开庭审模式展开(香港证监会作为案件的原告);其次,在审理时,当事人通常享有律师代表权与交叉询问权等程序保障;再次,审裁处所作出的裁判必须充分说理并向公众公开;最后,当事人可以就相关裁判向高等法院上诉法庭申请司法审查,审查范围通常为法律问题,但在法院特别允许的情况下也可涉及事实问题。

在香港证监会作出行政处罚时,当事人虽然有陈词的机会,但证监会不负有公开口头聆讯的义务,仅需咨询金融管理专员并书面告知被处罚人即可。[①] 在"香港联合证券交易所诉新世界发展有限公司案"中,[②]法院判定行政相对人不享有普遍的律师代理权,且为了维持投资者对市场的信心,香港联合证券交易所等机构有权淡化相对人的程序保障,进而快速作出处罚决定。此外,除法律规定或所作处罚决定违反常理[③]等特殊情况外,香港证监会不负有提供处罚理由的义务。在处罚作出后,被处罚人可就香港证监会的决定提起上诉或申请司法审查。相较而言,审裁处不仅给予当事人陈词的机会,而且一般采取公开研讯的方式审理案件,且授予当事人律师代理权。

四、市场失当行为审裁处的有效性:实证研究

(一)案件数量和胜诉率

如上所述,香港特别行政区之所以在 2003 年设立采用民事证明标准的审裁

① 香港《证券及期货条例》第 198 条。

② Stock Exchange of Hong Kong Ltd. v. New World Development Co. Ltd. & Ors [2006] 2 HKLRD 518.

③ 相关的案例包括 Pearl Securities Ltd. v. Stock Exchange of Hong Kong Ltd. [1999] 2 HKLRD 243。

处,主要原因是为了解决刑事标准过高而难以有效惩罚市场失当行为的问题。有学者曾预计,“对于内幕交易、操纵市场等情况复杂、手段先进、牵涉市场整体的不当行为,主要不依赖于刑事检控,而是通过设立专门的市场不当行为审裁处,采用民事案件的证据原则进行裁断,以降低举证难度、提高审理效率、增强执法实效性”。[①]然而,2009 年 4 月 7 日的《南华早报》刊文指出,截至 2009 年 4 月,香港共有 5 宗关于内幕交易的刑事检控,而审裁处审结的案件仅为 1 例。[②]因此,有学者认为,审裁处似乎并没有发挥出应有的作用。[③]

但是,根据我们的最新统计,自 2003 年香港特别行政区《证券及期货条例》颁布之后,截至 2016 年 12 月底,香港特别行政区法院审结约 14 起关于市场失当行为的刑事指控。其中 6 起涉及虚假交易(42.86%),5 起案件涉及内幕交易(占 35.71%),涉及操纵市场、虚假陈述以及欺诈信息等行为各 1 起(各占 6.67%),而在此期间,如前所述,市场失当行为审裁处审结案件的数量已经大幅上升为至少 17 起。[④]这个案件数量明显变化的一个原因可能是,市场失当行为审裁处成立于 2003 年,在其成立的初期,各界对其还不太熟悉,自然案件不多,但后来对其了解加深,发现了其独特的制度优势,故其受理的案件也就与日俱增。

另外,笔者认为,仅以处理的案件数量评价制度优劣,可能有失偏颇。市场失当行为审裁处与刑事检控被合称为规制市场失当行为的“双重程序”(Dual Procedure),[⑤]根据“一事不再审”原则(Double Jeopardy),审裁处研讯程序与刑事检控相互排斥:一旦案件进入审裁处的研讯程序,香港证监会或律政司司长便不能提起刑事指控,反之亦然。[⑥] 因此,香港证监会需要事先根据情况进行综合判断,以决定是将案件提交给市场失当行为审裁处还是刑事法院。比如,如果相关案件情节严重,证据确凿,则理应进行刑事检控,提交审裁处的案件自然就少。

---

① 廖凡:《香港证监会执法机制评介》,载《环球法律评论》2007 年第 3 期。

② Enoch Yiu,“Rethink role of Market Misconduct Tribunal”,载《南华早报》2009 年 4 月 7 日,第 7 版。

③ Hon Kiu Chan,“Enforcement of insider trading law in Hong Kong: What insights can we learn from recent convictions?”,*Australian Journal of Corporate Law*,28(2013),pp. 271 - 303.

④ 另外,市场失当行为审裁处正在审理的案件也有好几起。

⑤ 《老虎基金案判决书》第 11 段。

⑥ 香港《证券及期货条例》第 283 条及第 307 条。

市场失当行为审裁处的前身,即内幕交易审裁处,自1991年成立到2003年总共接受24宗内幕交易案件,彼时内幕交易不是刑事犯罪,不能进行刑事检控;而市场失当行为审裁处自2003年成立到2015年,审结案件12宗,其间香港特别行政区法院审结刑事案件14宗,大多为内幕交易案件。从2003年前后的两个12年期间对比中可以看出,内幕交易案件的总体数量差别不大,但由于2003年之后内幕交易入刑,不少案件进行刑事检控,提交审裁处的案件相应就少了。

笔者认为,除案件数量之外,案件的胜诉率也是反映制度有效性的一个重要指标。香港证监会之所以将案件提交审裁处而不是刑事法院,主要就是因为进行刑事检控的胜诉概率不大(案件情节不严重或证据不足),如果勉强进行刑事检控而败诉,不当行为人将逍遥法外。根据我们统计,目前香港证监会在17宗由审裁处受理的案件中有15宗获得胜诉裁判,即胜诉率高达88.24%。具体而言,被起诉的共计55名被告中被认定存在市场失当行为的有42人,比例为76.36%。而且,只有5宗案件的被告人后来向香港上诉法庭进行上诉,但法院全部拒绝上诉,维持原判。与此相对,在14宗刑事检控案件中,仅5宗作出了全案有罪判决,比例仅为35.71%。这表明,审裁处确实为证监会处理那些不适合进行刑事检控的市场失当行为提供了一个有效和公正的中间途径,能够更好地处罚违法行为,维护市场的正常秩序和健康发展。

(二)判决篇幅与审理时间

2009年11月16日,《南华早报》再次刊文指出,市场失当行为审裁处的研讯程序往往耗时数年,且冗长的报告使人望而却步,从而批评审裁处背离了行政审裁处提供快速、经济的准司法争议解决机制的制度初衷。①的确,根据我们统计,市场失当行为审裁处的研讯报告平均长度为136页,最长的报告长达461页,而审裁处从立案至报告作出的平均时间长度为517.4天。仅从篇幅来看,审裁处所作报告确实很长。

然而,审裁处的长篇裁判真是毫无必要的“冗长”吗?我们对于“中国汇源果

---

① Anonymous,“Market Misconduct Tribunal needs a review”,《南华早报》2009年11月16日,第8版。

汁集团有限公司案”(2013)(以下简称“汇源果汁案”)的研讯报告书进行个案分析,以探求审裁处报告篇幅很长的真实原因。中国“汇源果汁案”报告全长 121 页,为所有审结报告的中位数,进而排除了极端情况。其报告的正文部分为 108 页,大致可以分为法律介绍部分(14 页)、基础事实认定部分(23 页)、法律适用与争点讨论部分(56 页)以及处罚决定部分(15 页)。另外,为了进行对比,我们挑选了“香港特别行政区诉杜军(上诉法院)案”①(以下简称“杜军案”)这一刑事判决书进行个案分析。挑选上述两案进行对比,是因为二者有很多类似之处,比如,都是涉及内幕交易一个诉由,都是一位被告,且均在 2012 年前后作出最终裁判。该刑事判决书的篇幅为 58 页,为审裁处报告的约 1/2。

经仔细比较,两份裁判文书在结构与具体内容上并无本质差异。例如,二者均涵盖了事实认定、法律介绍与争点讨论等部分。具体而言,在争点与法律适用部分,两文书均就“涉案信息是否是‘有关信息’”以及“当事人是否知晓其握有有关信息”等问题展开了讨论。因此,审裁处报告在内容上并无明显冗赘之处。我们认为导致篇幅大幅差异的可能原因大致有以下几个。

首先,新设的市场失当行为审裁处较刑事程序而言有其特殊性和新颖性,因而审裁处的报告对审裁处的特点加以强调。例如,“汇源果汁案”研讯报告书利用 7 页至 8 页的篇幅介绍审裁处的证明标准与相关事项,而刑事诉讼程序的证明标准作为法律常识则在判决书中鲜有提及。再如,“汇源果汁案”报告书试图阐明审裁处所享有的追回利润命令的权力范围,②而刑事处罚的类型与种类则早已在相关先例中确定下来。

其次,公众所能接触的刑事判决书往往是上诉审文书。由于一审案件往往由低级别的地方法院(District Court)或治安法院(Magistrate)审理,且一般涉及证据的核实与事实的认定(法律适用问题对执业人员的参考意义更大),香港的司法系统基于效率等因素的考虑并未全面在网上公开相应的一审判决书。例如,在笔者通过公共渠道所收集到的刑事判决书中,仅 1 案有公开的一审判决

---

① HKSAR v. Du Jun [2012] HKEC 1280.

② 市场失当行为审裁处:《中国汇源果汁集团有限公司研讯报告书》,第 103 页。

书,且该判决并不完整。在“杜军案”的上诉审裁判中,法官共援引一审定罪判决理由 17 次,而一审裁判书至少 477 段。[①]

最后,提交审裁处的案件在很多情况下,都是证据存在问题而不适合进行刑事检控,这必然导致审裁处在论述案件的事实和证据问题时花费大量篇幅。笔者统计发现,审裁处报告篇幅的很大比例都是涉及证据的核实与事实的认定,极端的例子是“中国海外发展有限公司案”(2009),其证据核实与事实认定部分在报告中多达 247 页。[②]

五、对中国内地的启示

目前,中国内地在规管证券市场失当行为时有几个途径,包括中国证监会所作的行政处罚(行政责任)、人民法院所作刑事审判(刑事责任)以及民事审判(民事责任)。从程序保障角度来看,两地的刑事责任与民事责任均适用完整的民事与刑事诉讼程序,但两地证监会在行政调查、处罚权以及相应的程序保障机制方面则存在显著差异。

与香港证监会相比较,中国证监会的调查与处罚权更宽泛和强大。比如,第一,中国证监会对持牌人与普通投资者均有权作出处罚,而香港证监会仅有权对持牌人进行处罚;第二,除罚款与纪律处分外,中国证监会有权对行政相对人作出禁入措施(最高可达终身不得从事证券业务或不得担任上市公司董事、监事、高级管理人员),[③]而香港证监会只能对持牌人员进行罚款与纪律处分。这两大区别正是上文所提及的市场失当行为审裁处填补的介于行政处罚与刑事审判之间的制度空白。简言之,香港证券市场失当行为审裁处所行使的处罚权力在中国内地实际上由中国证监会行使。

建议中国内地借鉴香港证券市场失当行为审裁处的经验,结合中国内地情

---

① HKSAR v. Du Jun [2012] HKEC 1280.

② 市场失当行为审裁处:《中国海外发展有限公司研讯报告书》。

③ 《中华人民共和国证券法》第 233 条。

况,设立类似的独立审判机关,比如,专门的证券法院或金融法院,一方面提升证券处罚的独立性和有效性;另一方面加强当事人的权利保障。

(一)证券执法的独立性和有效性

中国证监会内设行政处罚委员会,审理经由稽查局调查的违规案件,并作出行政处罚的决定。从历史上来看,中国证监会之所以成立行政处罚委员会,主要是因为原来中国证监会在内部机构设置上没有将调查与裁判职能进行分离,从而产生独立性缺失和利益冲突问题,导致中国证监会处罚决定的权威性大打折扣。在设立行政处罚委员会后,中国证监会在行政处罚案件中的裁判独立性问题得到很大缓解,但没有完全消除。

虽然从内部机制设置上来看,中国证监会将调查权与裁判权分别交由稽查局和行政处罚委员会行使,但对于外部人而言,他们都是中国证监会的职能部门,属于同事关系,并非真正的独立机构。实际上,就证监会整体而言,不但在行政处罚时集调查与裁判权于一身,而且拥有很多行政审批和管理权。因此,面对中国证监会的行政处罚,被监管者通常都是选择全面接受,采取息事宁人的态度以求与中国证监会的保持长期的良好关系,而不会通过行政复议甚至行政诉讼挑战证监会的处罚。笔者收集整理了中国证监会公开的行政处罚信息,[①]发现中国证监会于2010年1月1日至2015年1月1日的5年内,对于1150人次的市场失当行为作出了行政处罚决定(含市场禁入决定),其中,只有62人次的行政相对人提起行政复议,复议率仅为5.4%,而行政诉讼更是只有一例,即杨剑波在“光大乌龙指”事件中不服中国证监会行政处罚和市场禁入决定提起的行政诉讼。另外,在所有提起的62人次行政复议中,仅5人获得撤销行政处罚的决定,行政复议成功率为8%;而唯一的行政诉讼案例以失败告终。[②]

相较而言,香港证券市场失当行为审裁处在机构和个人层面都有很高的独

---

① 《中国证券监督管理会证券期货监督管理信息公开目录》,载中国证券监督管理委员会网:http://www.csrc.gov.cn/pub/zjhpublic/,最后访问日期:2017年11月10日。

② 2014年12月26日,北京第一中级人民法院就杨剑波诉中国证监会行政处罚决定、市场禁入决定两案一审公开宣判,法院驳回杨剑波诉讼请求;2015年5月4日,北京市高级人民法院审理杨剑波提起的上诉,决定维持原判;2017年10月27日,最高人民法院裁定驳回杨剑波提起的再审申请。

立性。就机构独立性而言,其人事任免、经费来源与日常运行等均独立于香港证监会;就个人独立性而言,审裁处的主席必须由法官担任,其他两名普通成员不得为公职人员,因而不可能是证监会的工作人员。①此外,不同于行政处罚委,审裁处并非常设机构,审判人员也不固定,从而减少了产生官僚机构问题的可能性。据有的学者观察,由于法官群体的参与以及其他制度与管理上的保障,香港绝大多数行政审裁处(包括市场失当行为审裁处)很好地保持了其独立性,其裁决基本不受行政力量的影响。② 如果中国内地建立类似的独立裁判机关,如专门的证券法院或金融法院,将有利于提升证券处罚的权威性和公信力。

另外,与证监会享有的行政权不同,专门的证券法院或金融法院具有司法权,能够更加有效地对于证券违法行为进行调查和处罚。根据笔者最近在中国证监会的调研,③中国证监会在执法时经常遇到的一个主要障碍是,虽然《中华人民共和国证券法》第180条在书面上赋予了中国证监会在履行职责时采取很多措施的权力,比如,进入涉嫌违法行为发生场所调查取证;查阅、复制相关资料,并对可能被转移、隐匿或者毁损的文件和资料予以封存;冻结或者查封相关账户和证据等。但在现实中,如果当事人不配合,作为行政机关的中国证监会很难强制性地采用相关措施,导致很多执法权力无法行使。在现有的法院体制下,法院觉得那是中国证监会自己的行政执法问题,不应占用本来已经非常紧张的司法资源,而且认为其他执法机构也有同样问题,如税务机关,中国证监会不应有特殊待遇。实际上,税务机关的行政对象都是监管对象,故执法配合问题并不很严重,但如前所述,中国证监会的行政对象非常广泛,既包括持牌机构,也包括非持牌机构和普通投资者,因而容易出现不配合执法的情况。香港证券市场失当行为审裁处具有等同法院的权威,能够采取强制措施,而且专门针对证券市场失当行为。另外,与香港证监会的行政处罚相比,香港证券市场失当行为审裁处能够施加的处罚可以更严厉。因此,香港证监会能够通过证券市场失当行为审裁处

① 香港《证券及期货条例》第251条第(3)款。

② 陈文敏:*Law of the Hong Kong Constitution*, Sweet & Maxwell, 2011, p. 302。

③ 中国证监会调研记录,2017年9月22日,北京(笔者有存档)。

提升执法行为的有效性。如果中国内地借鉴香港经验设立专门的证券法院或金融法院,就能为中国证监会提供有力的司法保障,从而更加有效地进行证券执法。

(二)当事人的权利保障

程序保障是法治理念的重要组成部分,其要求当事人应当享有与其可能遭受的处罚所相对应的程序性权利。根据《中华人民共和国行政处罚法》(以下简称《行政处罚法》),中国证监会及其执法人员在作出行政处罚决定前须告知行政相对人给予行政处罚的事实、理由与依据,[①]并听取当事人的陈述与申辩。[②] 此外,当中国证监会作出责令停产停业、吊销执照或较大的罚款等严重影响相对人权益的重大决定之前,其应当告知行政相对人有权要求听证;当事人要求听证的,行政机关应当组织听证,且当事人有权委托他人代理。[③] 总体而言,《行政处罚法》为当事人提供了制度上的刚性保障。相较而言,香港行政法采取了灵活处理的态度,即行政处罚决定对当事人的权益影响越大,香港证监会将为当事人提供更全面的程序性保障。[④]

从表面上看,虽然中国香港特别行政区与中国内地的证监会在进行行政处罚时需要遵循类似的程序性规则,但由于两地证监会在处罚权力和独立性等方面存在差异,程序性保障的实际效果并不相同。如前所述,香港证监会的行政处罚对象是持牌人,且处罚方式相对有限,而中国证监会的行政处罚对象不限于持牌人,且处罚方式很广。因此,中国证监会的行政处罚程序保障措施应当更严格。的确,目前两地证监会行政处罚中所涉及的程序保障均未超出行政程序保障的范畴。即便《行政处罚法》明确了中国证监会提供理由的义务,且将公开听证与律师代表规定为当事人的权利,行政程序的保障与司法程序及审裁处所提供的准司法程序仍然存在本质性区别。例如,中国证监会与香港证监会所作出的行政处罚决定都较简短,缺少说理的成分,相较而言,审裁处的决定则说理充

① 《行政处罚法》第31条。
② 《行政处罚法》第32条。
③ 《行政处罚法》第42条。
④ 相关的案例包括 Re Fu Ning Dispensary [1995] HKLY 11。

分，因而篇幅也较长。此外，听证程序（香港的口头聆讯程序）虽包含某些司法原则，如公正原则、回避原则与代理原则，[①]但其仍然与诉讼程序有着本质区别。例如，听证程序并不适用于一般诉讼程序的举证规则。

鉴于行政处罚的局限性，香港特别行政区专门设立市场失当行为审裁处，对于持牌人以外的市场参与者进行处罚，并且处罚方式有所扩展，但适用更严格的准司法性质的程序性规则，包括当事人享有律师代理权，从而有效地保障当事人权益。这样，香港证监会也能够在其权限范围内适用相对灵活的程序规则，高效快捷地进行行政处罚，节省执法成本，亦无侵害当事人权益之虞。如果中国内地设立专门的证券法院或金融法院，可以考虑借鉴香港证券市场失当行为审裁处的做法，采用一些不同于普通法院的特殊程序规则，以更好地契合证券市场失当行为的特点，同时为当事人提供充分的权利保障。

六、结　　语

香港特别行政区的证券市场失当行为审裁处制度富有特色，其是香港特别行政区证券执法机制的一个重要组成部分。香港将非持牌人以及相关的制裁措施等问题交由市场失当行为审裁处管辖，而不是将其纳入证监会的行政处罚体系。这种体制有利于保证裁判机关的独立和保障当事人的权利，符合法治原则。同时，作为介于行政处罚与刑事检控之间的证券执法机制，审裁处制度的引入使香港的证券市场规管体系更全面和科学，层次更分明，包括香港证监会的行政处罚、市场失当行为审裁处的民事惩罚，以及法院的民事救济和刑事检控等，能够对应适用于不同性质、不同情节严重度和不同证据充足度的案件，从而有效地打击市场失当行为和维护市场秩序。

中国内地目前正在进行证券法的修订，其中一个重点就是提升对于内幕交易、操纵市场和虚假陈述等证券失当行为的规管质量。2014 年 10 月 20 日，党的

---

① 章剑生：《公正、公开的行政处罚及其保障——行政处罚听证研讨会综述》，载《行政法学研究》1997 年第 4 期。

十八届四中全会首次以全会的形式专题研究部署全面推进依法治国的基本治国方略,明确指出除完备的法律规范体系之外,还需要高效的法治实施体系。具体到证券失当行为的规管,修订中的证券法准备加强处罚力度,比如大幅提高虚假陈述等失当行为的行政罚款数额等。虽然这些举措是为了进一步威慑市场失当行为,但从法治原则的角度来看,也可能引发一些问题,比如,如何保证这种行政处罚的正当性和保障行政相对人的合法权利等。在这方面,中国内地可以考虑借鉴中国香港特别行政区的经验,比如设立专门的证券法院或金融法院,以提升证券执法的独立性、有效性,同时加强当事人的权利保障。

征稿启事

中证中小投资者服务中心(以下简称投服中心)是由中国证监会批准设立并直接管理的证券金融类全国性公益机构。《投资者》是由投服中心主办、拟向社会公开连续出版的综合性出版物,宗旨是维护投资者权益,为投资者提供保护与服务。

《投资者》以法学领域探究为侧重点,展现国内外投资者权益保护的最新理论与实务动态,内容以境内为主,境外为辅;以实践为主,理论为辅。包括政策解读、理论探究、公司治理、市场实务、投教园地、案例探析、域外视窗等内容,每辑根据实际情况适当调整。

《投资者》拟每季度出版一辑,全年出版四辑。

一、征稿范围

涉及法学、经济学及其他领域,与投资者尤其是中小投资者及其权益保护相关的理论性和实践性作品。要求未公开发表或主体部分未公开发表。

二、投稿须知

1. 文章应论点鲜明、逻辑严谨、可读性强、贴近市场,具有学术深度和实践应用价值,8000~10000字为宜,特别优秀的理论性文章字数不限。

2.《投资者》编委会可对来稿进行文字性和技术性修改。除作者特别说明外,文章均代表个人观点,与其所在单位、职务无关;不代表投服中心观点,文责自负。

3. 请附上作者姓名、单位、职称、职务、通信地址、邮编、电话、电子邮箱。

4. 请将 word 文件发送至电子邮箱 tzzbjb@ isc. com. cn。文章应符合国家著作权规定、学术规范及《投资者》编辑体例要求。

5. 来稿一经录用,编辑部将及时通知作者,并将根据文章质量及字数从优支付稿酬,并奉送样书。

6. 联系人:汤沸 电话:021 -60290620;15801890856

地址:上海市浦东新区世纪大道1701号钻石大厦B座11楼中证中小投资者服务中心《投资者》编委会,邮编:200122。

中证中小投资者服务中心

《投资者》编委会

2017年12月5日

编辑体例

一、标题：宋体四号字，加粗，居中。

二、作者：宋体小四号字，居中，并用上标星号（＊）以脚注形式写明作者，在脚注中注明作者姓名、工作单位、职务、职称、学历。如有两名作者，第二名作者用两个上标星号（＊＊）标明，依此类推。

三、摘要、关键词：中文摘要200字以内、关键词3～5个。

四、正文：宋体小四号字，首行缩进，行距1.5倍。区分标题和要点，标题层级依次为一、（一）1.（1），要点层级依次为1.（1）①。一级标题采用小四号字体加粗；二级标题采用黑体小四号字不加粗；三级标题宋体小四号字，不加粗。引用具体法律文件应加书名号，如《中华人民共和国证券法》（以下简称《证券法》）、《上市公司重大资产重组管理办法》。法条序号（第×条、第×款、第×项），时间（世纪、年代、年月日等），数量金额等用阿拉伯数字，但直接引用原文的从原文。

五、注释：一律采用脚注，全文每页重新编号，注码放标点之后，注码符号为“①②③……”非引用原文者，注释前加“参见”；引用资料非原始出处者，注明“转引自”；宋体五号字。

注释示例如下：

1. 著作类

（独著作品）费孝通：《乡土中国》，人民出版社2015年版，第134～135页。

（合著作品）范健、王建文：《商法的价值、源流及本体》，中国人民大学出版社2007年版，第10页。

(多人合著作品)左卫民等:《中国基层司法财政变迁实证研究(1949—2008)》,北京大学出版社2015年版,第88页。

(编辑作品)何勤华编:《律学考》,商务印书馆2004年版,第65~67页。

(中文译著作品)[英]洛克:《政府论》(上篇),瞿菊农、叶启芳译,商务印书馆1982年版,第15~16页。

(台港澳作品)温洪隆:《新译战国策》(下),台北,三民书局2006年版,第18页。

(间接引用文献)参见王泽鉴:《民法学说与判例研究》,北京大学出版社2009年版,第108页。

2. 期刊论文类

(期刊)顾培东:《也论中国法学向何处去》,载《中国法学》2009年第1期。

(论文集)郭道晖:《社会权利与控制社会》,载江平主编:《比较法在中国》(2003年卷),法律出版社2003年版,第51~58页。

(学位论文)雷丽清:《中美内幕交易罪比较研究》,华东政法大学刑法学2012年博士学位论文,第12页。

3. 报纸类

陈甦、陈洁:《投服中心持股行权:理念创新与制度集成》,载《上海证券报》2017年1月4日,第7版。

4. 古籍类

《清实录》卷一四六。

5. 辞书类

《牛津法律大词典》,光明日报出版社1988年版,第99页。

6. 网络类

贺卫方:《在英国法的圣殿里》,载北大法律信息网文献库:http://article.chinalawinfo.com/ArticleFullText.aspx?ArticleId=77444&listType=0,最后访问日期:2017年8月5日。

7. 外文著作类

Richard H. Thaler, *Misbehaving*: *The Making of Behavioral Economics*, W. W. Norton & Company, 2015, p. 6.

8. 外文期刊类

Forrest Briscoe and Katherine C. Kellogg, "The Initial Assignment Effect: Local Employer Practices and Positive Career Outcomes for Work-Family Program Users", *American Sociological Review*, Vol. 76, 2011, p. 292.

9. 外文案例类

Greebel v. FTP software, Inc., 194 F. 3d 185 (1st Cir., 1999).

10. 外文网站类

Rick A. Fleming, "Enhancing the Demand for IPOs", Accessed July 19, 2017. https://www.sec.gov/news/speech/fleming-enhancing-demand-ipos-050917.

图书在版编目(CIP)数据

投资者. 第1辑 / 郭文英, 徐明主编. -- 北京 : 法律出版社, 2018

ISBN 978 - 7 - 5197 - 1834 - 3

Ⅰ. ①投… Ⅱ. ①郭… ②徐… Ⅲ. ①投资-金融法-研究-中国 Ⅳ. ①D922.280.4

中国版本图书馆CIP数据核字(2017)第325323号

投资者(第1辑)
TOUZIZHE(DI 1 JI)

郭文英 徐 明 主编

策划编辑 陈 妮
责任编辑 陈 妮
装帧设计 李 瞻

出版 法律出版社
总发行 中国法律图书有限公司
经销 新华书店
印刷 固安华明印业有限公司
责任校对 马 丽
责任印制 吕亚莉

编辑统筹 财经出版分社
开本 787毫米×1092毫米 1/16
印张 14.5
字数 200千
版本 2018年1月第1版
印次 2018年1月第1次印刷

法律出版社/北京市丰台区莲花池西里7号(100073)
网址/www.lawpress.com.cn
投稿邮箱/info@lawpress.com.cn
举报维权邮箱/jbwq@lawpress.com.cn
销售热线/010 - 63939792
咨询电话/010 - 63939796

中国法律图书有限公司/北京市丰台区莲花池西里7号(100073)
全国各地中法图分、子公司销售电话:
统一销售客服/400 - 660 - 6393
第一法律书店/010 - 63939781/9782　西安分公司/029 - 85330678　重庆分公司/023 - 67453036
上海分公司/021 - 62071639/1636　深圳分公司/0755 - 83072995

书号:ISBN 978 - 7 - 5197 - 1834 - 3　**定价**:50.00元
(如有缺页或倒装,中国法律图书有限公司负责退换)